入門テキスト

社会保障の基礎

第2版

Nishimura Jun

西村 淳

編著

東洋経済新報社

はじめに——本書のねらい

　現代の生活における社会保障の比重は高い。誰もが医療や年金の給付を受ける。社会保険料や消費税を払う。社会保障給付費は110兆円を超え、国民所得の３割を占める。社会保障・税の一体改革、不安定雇用、高齢者の暮らし、貧困などが、新聞の政治面や社会面、またテレビのニュースなどで連日報道される。現在の制度では立ちいかないとして、「抜本改革」が必要だとする批判も多い。若い世代の多くは、上の世代のために過剰な負担をしていると感じている。受給者のほうは、財政的な理由で給付を削減するのはけしからんと感じている。一方で、社会保障は制度で規定されており、白紙から考えるわけにはいかないので、基本的な仕組みがわからないと論じられない。

　本書は、そのような関心と悩みを持っている一般の方々や大学生向けに執筆した社会保障の概説書である。現在、世の中に出ている社会保障に関連する教科書や概説書は、ごくあらましを書いただけか詳細を究めるかのどちらかになっているものが多いように思われる。法学や経済学の方法論にこだわって、単に社会保障という対象分野で展開しているだけのように見えるものもある。本書は、新進から中堅の研究者に至るまで、社会保障の現実に強い関心を持ちつつ、大学で社会保障を講じている法学および経済学の研究者によって執筆されている。特定の学問的な方法論にはこだわらず、社会保障を知るために必要十分な情報を、バランスよく執筆することに努めた。

　総論（第１章）に続き、各論として年金（第２章）、就労支援と労働保険（第３章）、生活保護（第４章）、医療（第５章）、介護（第６章）、障害者施策

（第7章）、児童福祉と子育て支援（第8章）を置き、最後に全体に関わる権利擁護（第9章）、社会保障と行政（第10章）、社会保障と財政（第11章）の章を置いた。

　各章の冒頭には要約とキーワードを示したので、自分が必要と思われる章から読んでいただいてもよい。また、各論の各章は、「意義」「実態」「仕組み」「歴史と政策の現状」「課題」から構成し、バランスよい記述になるよう心がけた。より説明が必要と思われるトピックについては、「コラム」を設けた。各章をお読みになった後は、「練習問題」を復習に使うとともに、「Further Readings」にある文献を読んでより理解を深めていただきたい。コンパクトながらも最新かつかなりの情報量を取り入れた充実した概説書になったと思う。大学などで授業を受けながら本書を使う方だけでなく、実務家の方にも学び直しのために手に取っていただきたいテキストである。本書が多くの読者に活用され、社会保障の仕組みや改革の動きについて関心を持っていただくようになれば幸いである。

　最後に、今回多忙の中執筆いただいた方々に感謝申し上げるとともに、本書の企画・編集・出版についてお世話になった東洋経済新報社および本書担当の村瀬裕己氏に心から御礼申し上げる。

2016年2月

編著者　西村　淳

はじめに——第2版にあたって

　本書の初版は幸いにして好評を博して第4刷まで刊行したが、このたび第2版を刊行することとなった。改版にあたっては、社会の変化を踏まえ改正が頻繁な社会保障の制度変更を丁寧にカバーするとともに、統計数字や図表の改訂を行い、復習問題（穴埋め問題）を新たに設けた。

　なお、2020年から新型コロナウイルスの感染拡大が大きな社会問題となっているが、社会保障制度は長期的なものであることから、改版にあたってはコロナ感染拡大を機に恒久的に制度化されたものについてのみ言及した。

　また、オンラインにて補助教材を提供することにし、図表の改訂および練習問題・復習問題の追加をオンラインで提供することになった。こちらも本書とともに活用いただければ幸いである。

2022年2月

編著者　西村　淳

■入門テキスト　社会保障の基礎──執筆者一覧

第1章　社会保障総論　　　　　西村　淳（神奈川県立保健福祉大学）

第2章　年金　　　　　　　　　西村　淳（神奈川県立保健福祉大学）

第3章　就労支援と労働保険　　丸谷浩介（九州大学）

第4章　生活保護　　　　　　　田中聡一郎（駒澤大学）

第5章　医療　　　　　　　　　田中伸至（新潟大学）

第6章　介護　　　　　　　　　長沼建一郎（法政大学）

第7章　障害者施策　　　　　　福島　豪（関西大学）

第8章　児童福祉と子育て支援　常森裕介（東京経済大学）

第9章　権利擁護　　　　　　　西森利樹（熊本県立大学）

第10章　社会保障と行政　　　　西村　淳（神奈川県立保健福祉大学）

第11章　社会保障と財政　　　　上村敏之（関西学院大学）

目　次

第6章　介護　179

第10章　社会保障と行政　279

第11章　社会保障と財政　309

図表目次

図目次

表目次

第1章 社会保障総論

　本章では、社会保障の総論的事項について取り扱う。社会保障の目的は、生活保障・自立支援・参加支援であり、所得再分配やリスク分散を機能とする。社会保障の権利の基礎は、直接には憲法第25条に定める生存権であるが、より根源的には個人の自由や社会連帯などに求められる。

　現在、社会保障制度は、少子高齢化と雇用の不安定化を背景にして、給付と負担の増大が進んでいる状況にある。社会保障の制度体系は、社会保険方式と税方式、普遍主義と選別主義、現金給付とサービス給付など、いくつかの切り口から論じられる。

　戦後の社会保障制度は、国民皆保険の達成以後拡充を続けてきたが、1980年代から適正化、2000年代からは構造改革の時期に入っている。諸外国においては、異なる福祉国家レジームの下にそれぞれの制度体系を築いてきたが、福祉国家の危機以降はどの国も同じような悩みを持って改革を行っている。わが国の社会保障も、社会参加の支援、効率的で質の高い給付の提供、地域コミュニティにおけるサービスの総合的な提供などの課題をかかえている。

【キーワード】

生存権　再分配とリスク分散　社会保険方式と税方式
普遍主義と選別主義　現金給付とサービス給付
少子高齢化と雇用の不安定化
国民皆保険・福祉元年・構造改革・一体改革
福祉国家の類型　福祉国家の危機

1 社会保障の意義と理念

1.1　21世紀における社会保障

　人が生きているといろいろなことが起きる。健康で生きていたかと思うと、突然病気や障害になって、医療や福祉のサービスを受けなければならなくなる。それなりの収入を得て暮らしていたかと思うと、会社の倒産で失業して収入が途絶え、失業給付や生活保護を受けることもある。老齢になると退職し、年金で暮らしていく。現代人は、まさにライフ・ステージごとに社会保障給付を受けている。給付を受けていない時でも、働いて得た収入の中から少なからぬ社会保険料や税金を払うことで、社会保障に関わっている。経済社会における比重も大きく、社会保障給付費は1年間に120兆円を超え（2019年度：124兆円）、国民経済に占める比率は約3割となっている（対国民所得比）。

　このように、**社会保障は現代社会における個人の生活に不可欠なものになっている**。困った時に助け合う仕組みであり、特別な一部の人だけが関わるものではない。社会に生きるすべての人がライフ・ステージのいずれかの段階で受給し、そのための負担を行っている。社会保障を考えることなしに、現代社会での生活は考えられなくなっているのである。

　社会保障は、ニーズのある人に給付し、負担能力のある人が負担する移転の仕組みであるから、社会全体としての**給付と負担は同時に一定の水準に決定される**。給付だけが大きく、負担は小さくてすむ、ということや、その逆のことはありえない。したがって、**皆が納得する助け合いの範囲と程度が問題になる**。負担と給付を比較して損得を論じるのではなく、納得できるようにしなければならない。費用対効果が高い仕組みづくりも求められる。社会保障を考えることは、一定の変数を入れると自動的に決まってくるという計算問題ではなく、どのような社会の姿を選ぶかという価値判断の問題である。つまり、「この国のかたち」を選ぶことなのである。

　日本には、長く国民に支持されてきた、世界に誇るべき日本国憲法がある。その中でも第25条に定められた「**健康で文化的な最低限度の生活を営む権利**」

をすべての国民が有するとした生存権規定は、他国に例を見ず、社会保障の根拠となり、戦後の制度の拡充を支えてきた。現在でも生存権は社会保障の根拠であり続けるが、社会保障を論じる際には、生存権があるから給付を受ける権利があるというだけの給付中心の権利論から、**負担する側が納得できるように何のためどのように給付するかを論じる**ことが求められるようになっている（⮕ 1.5）。少子高齢化、雇用の不安定化、個人社会化などの社会の変化に応じた新たな社会連帯のあり方（理念）と制度設計が求められているのである。

1.2　社会保障の定義と範囲 ●

　社会保障とは何だろうか。本書で取り扱う定義と範囲を確認しておこう。

　社会保障にあたる英語の social security は、アメリカでは年金を、イギリスでは所得保障（現金給付）を指し、フランス語の sécurité sociale はフランスでは社会保険を指す。いずれも日本での一般的な社会保障の範囲よりも狭い。

　日本の社会保障制度の基本的設計を示した1950年の**社会保障制度審議会勧告**では、「いわゆる社会保障制度とは、疾病、負傷、分娩、廃疾、死亡、老齢、失業、多子その他困窮の原因に対し、保険的方法又は直接公の負担において経済保障の途を講じ、生活困窮に陥った者に対しては、国家扶助によって最低限度の生活を保障するとともに、公衆衛生及び社会福祉の向上を図り、もってすべての国民が文化的社会の成員たるに値する生活を営むことができるようにすることをいう」としており、広く社会保険・国家扶助・公衆衛生・社会福祉を4つの要素としている。

　国際労働機関（ILO：International Labour Organization）は、社会保障費用調査上の定義として、以下の3基準を満たすすべての制度を社会保障制度と定義する。(1)制度の目的が、①高齢、②遺族、③障害、④労働災害、⑤保健医療、⑥家族、⑦失業、⑧住宅、⑨生活保護その他のリスクやニーズのいずれかに対する給付を提供するものであること。(2)制度が法律によって定められ、それによって特定の権利が付与され、あるいは公的、準公的、もしくは独立の機関によって責任が課せられるものであること。(3)制度が法律によって定められた公的、準公的、もしくは独立の機関によって管理されていること、あるいは法的に定められた責務の実行を委任された民間の機関であること。

　国立社会保障・人口問題研究所は、上記の基準に従い、社会保障制度として、社会保険制度、家族手当制度、公務員に対する特別制度、公衆衛生サービス、公的扶助、社会福祉制度、戦争犠牲者に対する給付などが含まれるとしている。

　また、講学上は、法学、経済学、社会学、政治学など、どの学問分野から社会保障にアプローチするかによって着眼点が違うので、定義も異なる。法学では、体系的な社会保障法学を始めた荒木誠之は「社会保障とは、国が、生存権の主体である国民に対して、その生活を保障することを目的として、社会的給付を行う法関係である」（『社会保障法読本』）としているが、最近ではこれでは狭いとする議論がある。経済学の例では、小塩隆士は「社会保障は、人々が最低限度の生活を営むことができなくなるというリスクを社会全体でプールするとともに、そのようなリスク自体を引き下げることを目指す制度である」（『社会保障の経済学』）とし、社会保障による所得再分配に批判的な立場から定義している。社会福祉学や社会政策学では、その一部に社会保障を含むものとしている。

　このように、社会保障をその目的、機能、制度のどれからアプローチするのかによって定義も異なってくる（➡ この議論の意義については3.1）。本書は、社会保障という対象分野について、法学と経済学によって学際的にアプローチするものであり、一般に社会保障と呼ばれる現実の制度を扱うものであるから、社会保障を広くとらえ、公的な給付だけでなく私的な給付も、また給付のみならず規制も含めて取り扱うこととする。ただし、社会における慈善博愛事業や共済事業と区別するため、また国家権力が国境内で行うものとして、国家の責任は不可欠な要素としてとらえる。このような考え方から、社会保障を**「国家の公的責任の下に、個人が自立して社会参加や社会貢献を行えるように支援することを目的に、生活保障ニーズに応じた給付などを行うこと」**と定義しておきたい。具体的には、年金、労働保険、生活保護、医療、介護、障害者福祉、児童福祉の各制度を含むものとする。公衆衛生は医療との関わりの範囲内で扱い、社会政策論では一般に扱われる住宅や教育については除くものとする。

1.3　社会保障の目的と機能 ───────────────── ●

社会保障の目的

社会保障の目的の第1は、**生活保障**である。生活上のニーズに対応し、生活していくのに不足しているものを補うものである。収入が最低生活費に足りない場合に現金を補足給付する生活保護や、要介護者が必要とする生活支援などを提供する介護サービスなどが代表的である。生活保障といった場合、ニーズに積極的に対応する意味でとらえることもあるが、やや最低保障的な意味合いが強く、セーフティネット（転落を受け止める安全網）としての社会保障に通じる。

目的の第2は、**自立支援**である。個人が自立して自由に生を追求できるよう支援するものである。例えば、障害者が能力に応じて自立して暮らすことを支援する障害者福祉や、病気からの回復を支援する医療サービスなどが代表的である。社会への復帰を支援するトランポリン（転落しても再び活躍できるような反発力のある網）としての社会保障に通じる。

第3の目的は、これより一歩進んで、**参加・貢献支援**である。個人が孤立して生きるのではなく、その能力に応じて社会に参加し、貢献できるように支援するものである。例えば、生活困窮者や生活保護受給者が就労できるように支援する事業などが代表的である。社会的包摂としての社会保障に通じる。ただし、一定の社会の文化的価値の受け入れや、就労の強要は、個人の自由の侵害になりかねないので注意が必要である。

社会保障の機能

社会保障の機能は何だろうか。目的が「何のために」であるのに対し、機能とは「どうやって目的を達するか、どのように働いているか」ということである。

第1に、**最低保障機能**である。それがなければ生きていけない最低限のものを補う機能を持つ。

第2に、**リスク分散機能**である。生活していくうえで直面する病気、失業、老齢など様々なリスクに対して社会全体で備え、そのような事故が起こった個

人に対し社会的に支援を行う。事前に拠出して保険事故が起こった時に給付される社会保険が典型的であるが、社会扶助も同様の機能を持った仕組みであると言えるので、保障方法にはかかわらずこの機能を持つ。最低保障を上回るニーズへの対応に通じる。

第3に、**所得再分配**である。高所得者から低所得者への垂直的再分配（例：生活保護）と、同一所得階層内でのニーズを持つ者への水平的再分配（例：医療、年金）がある。特に少子高齢化に伴い、水平的再分配の中でも世代間再分配が大きくなっているのが現代の社会保障の特色である。所得再分配は税のみならず社会保険においても行われており、それが単なるリスク分散である民間保険と異なる社会保険の意義ともなっている。

第4に、**経済安定機能**（ビルト・イン・スタビライザ）である。給付によって消費を確保し、所得比例の負担によって景気を調整する（例：年金）。また、拡大するビジネスとして経済成長や雇用創出にも寄与する（例：医療・介護）。

第5に、**社会統合機能**である。家族や市場では対応できない見知らぬ者同士のつながりを補い、新たな連帯を醸成する（例：社会保険）。

1.4　社会保障の歴史

社会保障の誕生と発展

古来、地域共同体や大家族などの自然共同体における助け合いや、為政者や宗教団体による慈善博愛事業は行われていたが、国家の公的責任としての社会保障が誕生したのは、産業化が進んで地域共同体や大家族が崩壊していった19世紀末であると言われる。それまで貧困は個人の責任とされていたが、この時代には、社会問題であるという認識が広まり、制度としての社会保障が求められるようになったのである。

現代の社会保障制度の原型の1つとされるのが、イギリスの『ベヴァリッジ報告』に基づく社会保障制度（1948年施行）である。イギリス産業革命による賃金労働者の発生と19世紀の救貧制度に由来している。救貧制度は、受給者に強制労働を課す労役場における劣等処遇を特色としており、社会保障給付を受ける権利の基礎として労働が義務づけられている点は、その後の社会保障制度にも受け継がれている。国家責任による最低保障を特色とする**ベヴァリッジ型**

社会保障は、その後世界各国で展開し、1つの原型となった。

　現代の社会保障のもう1つの原型とされるのが、19世紀末ドイツのビスマルク時代に創設された社会保障制度である。労働者運動を抑制するための「飴と鞭」の政策の一環として、職業集団における共済制度を国家が制度として取り入れたものであった。社会保険と団体自治を特色とする**ビスマルク型社会保障**も、その後、世界各国で展開する制度の1つの原型となった。

　先進諸国において戦後に一応の完成を見た社会保障制度は、1950年代から60年代の高度成長期に経済・雇用の拡大とともに拡充され（**ケインズ=ベヴァリッジ型福祉国家**と呼ばれる）、受給の権利が福祉権として確立された（日本では生存権）。社会保障給付は貧困対策から普遍的サービスへ拡大していき、年金・生活保護などの現金給付だけでなく、医療や福祉などのサービス給付も拡充されていった。

　思想的には、社会的シティズンシップ（市民権）として社会の構成員であることに基づき福祉権を認める**T・H・マーシャル**や、自分の属性を知らずに生まれてくるとしたら、最も恵まれていない人々に最大の利益をもたらすように不平等は調整されるべきであるとした**ロールズ**の思想が社会保障を支えた。一方で、福祉国家は官僚制が個人の自由に介入する**管理国家**であるとの批判もあった（ハーバーマス、フーコーほか）。唯物史観に基づき、福祉国家は国家による資本の延命策であるとする**国家独占資本主義論**も有力であった。

社会保障の適正化と再編

　1980年代になると、石油ショックに端を発する低成長への移行と管理国家批判が結び付き、社会保障が経済発展を阻害しているのではないかと批判され、**福祉国家の危機**と呼ばれるようになった。とりわけ、イギリスのサッチャー政権とアメリカのレーガン政権は、社会保障給付の抑制、規制緩和と民営化を特色とする積極的制度改革を進め、**新自由主義**（ネオ・リベラリズム）と呼ばれた。日本においても、行政改革の中で家族など伝統的共同体の機能を強調する「**日本型福祉社会**」を目指す動きがあり、**社会保障の給付の伸びの適正化**が図られた。思想的には、社会保障は個人の自由への過度の介入であるとして自由放任経済を目指す**ハイエク**や**ノージック**の思想が影響力を持った。

COLUMN　ワークフェアとベーシック・インカム

　経済の低成長や少子高齢化の中で、経済の成長を前提としてきたこれまでの社会保障の考え方を乗り越えようと、新たな社会保障を支える理念として模索されている考え方が、ワークフェアとベーシック・インカムである。

　ワークフェアは、個人の就労と自立を促す方向での社会保障の再編であり、公的扶助や母子家庭の児童扶養手当の給付の条件としての就労努力義務の強化や、就労努力をしない受給者への支給制限の強化など、英米諸国をはじめとする先進各国で具体的な政策となっている。

　これに対してベーシック・インカムは、就労や所得に関係なく、すべての人に一定水準の現金給付を行おうとする考え方であり、現行の社会保障制度のわかりにくさや不公平を批判し、ワークフェアによる就労の強制に反対する考えから、最近多くの論者が主張するようになっている。その主張の力点は、生活保障、自由の重視、簡潔な制度、多様な社会参加促進効果など人によって異なっており、一方で財源、就労インセンティブへの悪影響、高所得者への給付の妥当性など多くの批判があるが、安定的な雇用を前提としてきた現在の社会保障制度が雇用の不安定化で揺らいでいる中で、労働と社会保障との関係を見直すことで新たな視点を示していることは間違いないであろう。

　実際の制度も、有償労働にかかわらず育児・介護やボランティアなどを広く社会的参加と見て社会保障の受給資格を満たすものとする方向に動いており、ワークフェアとベーシック・インカムは見かけほど対立的なものではなく、今後の社会保障の方向性を示すキーワードであると言える。

　その後、2000年代に入ると、新自由主義の行きすぎに対する揺り戻しが見られるようになった。少子高齢化、雇用の不安定化、家族構造の変容による社会保障ニーズの増大への対応が求められる一方、経済財政による制約の高まりはむしろ強くなり、保守側の新自由主義のみならず、福祉国家を守ろうとする側もこれまでの社会保障は変わらざるをえないと認識し、社会保障給付の伸びの適正化を超えて**福祉国家の再編**が図られるようになってきている。代表的なものが1990年代終わりから提唱されたイギリス労働党政権の「**第三の道**」であり、社会保障と経済の両立を追求した。その後も各国において社会保障の再編のための模索が続いている（➡ 4.2）。思想的にも、**センの潜在的能力論やコ**

ミュニタリアンの共同体の価値に基づく地域社会における相互扶助論など、社会保障の根拠づけとしての新たな正義論が誕生したり（➡ 第10章 5 ）、**ワークフェアとベーシック・インカム**の思想的対立が激しくなっている（➡ COLUMN）。

1.5　社会保障の規範的理念

　社会保障の権利は、これまではもっぱら憲法第25条の**生存権**（「健康で文化的な最低限度の生活を営む権利」）に根拠を求めてきた。憲法第25条が社会保障制度の直接の実定法上の権利の根拠となるかどうかについては、判例・通説は当初いわゆる**プログラム規定説**の立場にあり、生存権は裁判上請求できる権利ではなく、国に対して立法により具体化する政治的義務を課したものにすぎないとされていた。これに対し、1960年の**朝日訴訟**第一審判決は、生活保護基準額が健康で文化的な最低限度の生活を維持するに足りないものとの朝日氏の主張を認め、憲法第25条の裁判規範性を認めた。憲法学ではこの判決を契機に、憲法第25条の裁判規範性を認める見解が出され、違憲審査基準の議論とあいまって議論されていった。原告の請求は広汎な立法裁量を認めた上級審で否定されたが、抽象的権利としては認めたものとして解されてきている（**抽象的権利説**）。戦後を通じて社会保障制度の監視役であった**社会保障制度審議会**は生存権論にこだわり、制度立案にも影響を与えてきた。

　社会保障法学においては、生存権を根拠として権利としての社会保障を目指す議論（小川政亮など）が、社会保障給付の充実と権利性を求める運動論としてさかんであり、大きな役割を果たした。こうした権利論は、経済成長と安定した雇用や家族構造の下で、社会保障を支える人（支払う側）と支えられる人（受給する側）の軋轢を考えずにいられた時代には問題を生じなかった。しかし、20世紀末以降、雇用や家族が不安定化し、社会保障を支える側のあり方を考えなければならなくなると、拠出や受給の条件について論じられず、雇用や家族の安定を前提にするだけで受け身の立場に立つ従来の生存権論は、乗り越えられなければならないものと批判もされるようになっている。

　こうした中で、わが国の社会保障法学においては、近時、生存権論を超えた**社会保障の法理念**をめぐる議論がさかんに行われるようになっている。 1 つ

は、**社会連帯**を社会保障の規範的根拠とするものである。この考え方は、社会保障が社会構成員間による互恵的な関係を前提として国が制度化したものである点に着目し、自治体や保険者など多元的な主体を再認識させた意義がある。もう1つは、**自由**を根拠と考えるものである。社会保障の目的を、自律した個人の主体的な生の追求による人格的利益の実現のための条件整備としてとらえ、憲法との関係では第13条に規範的根拠を置く、個人的自由の確保に着目したもので、負担や選択、手続的参加などの重要性も論じられるという意義を持つものである。

　これらの社会保障の法理念をめぐる議論については、まず、社会連帯論は、社会保障は単に国と個人の縦の関係ではなく、社会構成員の間の横の関係に基づくという新しい視点を示したという意義を有するものの、わが国においては社会全体の利益の中に個人を埋没させ、個人の自由ないし自律を抑圧する危険性をはらんでいるとともに、連帯の社会的基盤自体が脆弱化している中で、社会連帯の理念の存在を所与の前提とすることができない状況にある。また、自由基底論は、個人の積極的・能動的な主体性に着目した大きな意義を持つが、個人の自由の保障を社会保障の指導的理念とすることで、必然的に社会の側に個人の自律を支援する義務が生じるとするところに、不明確性があると言えないでもない。個人の自由を尊重するために、社会保障給付の水準をミニマムレベルのものにしてしまうことにもつながりかねない。

　このように、いずれも不十分であると言え、社会保障の権利の規範的基礎づけはなおいっそう議論の発展が求められる。規範的基礎づけを一歩進めたものとして、個人の社会参加または何らかの社会貢献を支援するものとして社会保障を位置づけることが考えられる。このような**参加や貢献に基づく権利**を論ずることは、個人が社会を作っていく契機を強調するとともに、個人が社会貢献できるようになるための社会の側からの支援義務を明確に導くことができるようになり、要支援者が参加・貢献できるようになるための社会保障の水準拡大に寄与するという意義を持つのではないかと思われる。

2 社会保障の現状とそれを取り巻く環境

2.1 社会保障の現状

　ここでは、社会保障の社会に占める比重の大きさ（マクロ面）と、生活に占める重要性（ミクロ面）について確認しておこう。

　マクロ的に見た社会保障の大きさは、まず**社会保障給付費**の大きさで表される。2021年度（予算ベース）の社会保障給付費は129.6兆円にのぼり、対国内総生産（GDP）比は23%となっている。このうち、年金が45%、医療が31%、介護が10%、子ども・子育てが7%を占める。財源は、保険料が6割、税が4割であり、この中には、社会保険の事業主拠出（27%）や地方負担（13%）も

図 1-1　社会保障の給付と負担の現状（2021年度予算ベース）

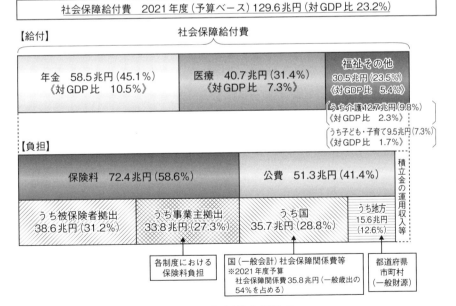

（注）　社会保障給付の財源としてはこのほかに資産収入などがある。
（出所）　厚生労働省資料。

図1-2　社会保障負担の国際比較

【国民負担率＝租税負担率＋社会保障負担率】

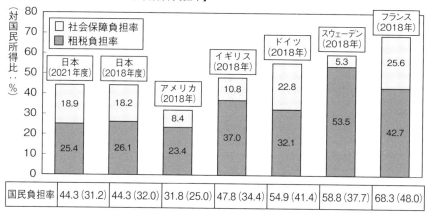

（注）　1.　日本の2021年度（令和3年度）は見通し、2018年度（平成30年度）は実績。諸外国は2018年実績。
　　　　2.　財政収支は、一般政府（中央政府、地方政府、社会保障基金を合わせたもの）ベース。ただし、日本については、社会保障基金を含まず、アメリカについては、社会保障年金信託基金を含まない。

（出所）　日本：内閣府「国民経済計算」等。諸外国：OECD *National Accounts*、*Revenue Statistics*、*Economic Outlook* 108（2020年12月1日）。

（出典）　財務省資料。

含まれている。

　予算について見ると、2021年度の国の予算の**社会保障関係費**は35.8兆円であり、一般会計歳出の34％、国債費と地方交付税交付金を除く一般歳出の54％を占める。歳出全体の伸びに比べて社会保障関係費は大きな伸びを示している。

　社会保障負担を国際比較で見てみよう。2018年の国際比較で見ると、日本の**社会保障負担率**（国民所得比）は18.2％、租税負担率を加えたいわゆる**国民負担率**は44.3％、アメリカに比べて大きいが、ヨーロッパ諸国に比べると小さい規模にとどまっている。また、他の先進国と比べて年金の比重が高いことが特色となっている。

　ミクロ面として、生活と社会保障との関わりについて見てみよう。出生時の出産や医療に始まり、子どもの時には保育を、病気になれば医療を、失業した場合には雇用保険や生活保護を、障害になった場合には障害福祉の給付を受ける。高齢者になれば年金や介護の給付を受ける。生涯において社会保障給付を

図1-3 ライフ・サイクルで見た社会保険および保育・教育等サービスの給付と負担のイメージ

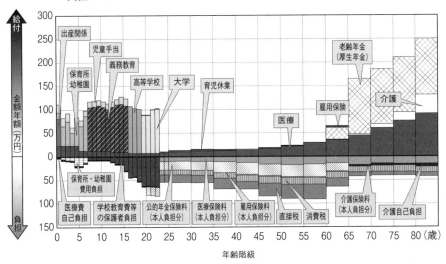

（注）　1.　平成29年度（データがない場合は可能なかぎり直近）の実績をベースに1人当たりの額を計算している。
　　　　2.　直接税および消費税は、国税および地方税の合計である。
（出所）　厚生労働省資料。

受けない人はほとんどいない。給付を受けていない間も、社会保険料や税などで負担を行うことで、生涯社会保障と関わりを持っていると言えるのである。

　ライフ・ステージごとの給付と負担を見ると、子どもの頃は医療や保育などの給付を受け、負担は親が行っている。教育を受けている間の教育に関する給付は大きい。その後、青壮年の働き盛りの時期には社会保険料や税による負担を行うが、社会保障給付はあまり受けない。ただし、負担も給付も年をとるにつれて大きくなっていく。そして高齢になり、職業生活から引退すると負担は少なくなり、年金、そして医療や介護の給付が大きくなっていくことになる。

2.2　日本の人口と社会

　社会保障の背景として、まず人口統計を中心とした社会の変化を見てみよう。日本人の**平均寿命**は、女87.74歳、男81.64歳（2020年簡易生命表）と世界最高水準となっている。こうした寿命の伸びにより、2020年における**高齢化率**

図1-4 平均寿命の推移と将来推計

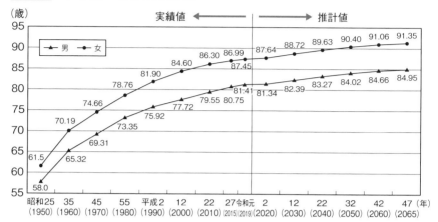

(注) 1970年以前は沖縄県を除く値である。0歳の平均余命が「平均寿命」である。
(出所) 1950年は厚生労働省「簡易生命表」、1960年から2015年までは厚生労働省「完全生命表」、2019年は厚生労働省「簡易生命表」、2020年以降は、国立社会保障・人口問題研究所「日本の将来推計人口(平成29年推計)」の出生中位・死亡中位仮定による推計結果。
(出典) 内閣府『令和3年版 高齢社会白書』。

(65歳以上人口割合)は28.8%、それに対して生産年齢人口(15歳〜64歳)割合は59.3%であり(2019年人口推計)、急激な高齢化は日本を世界一の超高齢社会に押し上げた。**合計特殊出生率**(1人の女性が生涯に産む子どもの数)は1.34(2020年)で(2020年人口動態統計月報年計(概数)の概況)、最低であった2005年以来若干回復しているが、人口を維持するのに必要な人口置換水準(2.1)には大きく及ばず、世界で最も低い水準となっている。こうした少子化の要因としては、婚姻年齢と出産年齢の上昇のほかに未婚率の上昇があげられる。

世帯構造について見てみると、2019年「国民生活基礎調査」によると、日本の平均世帯人員は2.39人で、単独世帯が28.8%で最も多く、次いでいわゆる核家族(夫婦と未婚の子のみの世帯)が28.4%となっている。世帯類型別に見ると、高齢者世帯(65歳以上の者のみで構成または18歳未満の未婚の子が加わった世帯)は28.7%、ひとり親世帯(母子世帯および父子世帯)は1.4%となっている。

こうした世帯の貧困率を見ると、「国民生活基礎調査」によると、2018年の**相対的貧困率**、つまり等価可処分所得(世帯の可処分所得を世帯人員の平方根

図 1-5　日本の人口の推移

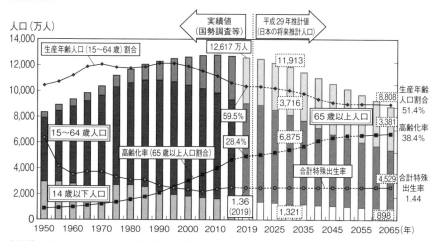

(出所)　2019 年までの人口は総務省「人口推計」(各年 10 月 1 日現在)、高齢化率および生産年齢人口
　　　　割合は、2019 年は総務省「人口推計」、それ以外は総務省「国勢調査」。
　　　　2019 年までの合計特殊出生率は厚生労働省「人口動態統計」、2020 年以降は国立社会保障・
　　　　人口問題研究所「日本の将来推計人口 (平成 29 年推計):出生中位・死亡中位推計」。
(出典)　厚生労働省『令和 3 年版　厚生労働白書』(2021年)資料編 5 頁。

で割って調整した所得) の中央値の半分の額にあたる「貧困線」(127万円) に
満たない世帯の割合は15.4%であり、これらの世帯で暮らす18歳未満の子ども
を対象にした「子どもの貧困率」も13.5%となっている。

2.3　日本の経済と雇用

　経済と雇用について見てみよう。日本経済は1980年代までは輸出産業を中心
に他の先進国に比べ好調であったが、1990年代のいわゆるバブル崩壊以降、こ
の30年間の経済成長率は 1 %に満たない。

　注目されるのは**雇用構造の変化**である。1990年代初めまで 2 %台で推移して
いた**失業率**は、その後急激に上昇し、2000年代初めには 5 %に達した。その後
若干低下しているが、完全雇用という状況に戻ることはもはや期待できない。
また、パート、派遣、契約職員等の**非正規雇用労働者**の雇用者全体に占める割
合は、1990年代初めには20%未満であったものが、その後大きく増加し、37%
を超えるに至っている (総務省「2020年労働力調査 (詳細推計)」)。このよう

図1-6 GDP 成長率の推移（実質 GDP 前年度比増減率）：1956年度〜2020年度

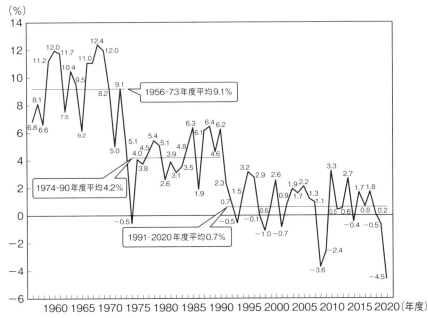

（注）　年度ベース。複数年度平均は各年度数値の単純平均。
（出所）　1980年度以前は「平成12年版国民経済計算年報」（63SNAベース）、1981〜94年度は年報（平成21年度確報、93SNA）による。それ以降は2006SNAに移行。2021年4-6月期1次速報値〈2021年8月16日公表〉。
（出典）　内閣府SNAサイト。

な非正規雇用は、働き方の多様化という面もあるが、やむなく非正規雇用で働いている者（不本意非正規）の割合も高くなっており、特に15歳〜24歳の若年層で高くなっていること、夫婦共働きの女性のみならず世帯主の男性が非正規化していることが特色になっている。また、**女性の雇用**を取り巻く環境も大きく変化している。1997年には共働き世帯数が片働き世帯数を上回り、その後その差は拡大傾向にある。一方で、わが国の女性の労働力人口は依然として30代後半を底とするM字カーブを描いており、女性の平均勤続年数も男性と比べて低く、平均賃金も低い。さらに、わが国の**高齢者の就業率**は、65歳以上の男性が34.2％、女性が18.0％（総務省「労働力調査（2020年)」）と諸外国と比べ高いとはいえ、年功賃金やそれと裏表にある定年制の存在により、高齢者の雇用が抑制される仕組みになってきたが、近年では変化の兆しがある。このよう

図 1-7 完全失業率の推移：1980年〜2020年

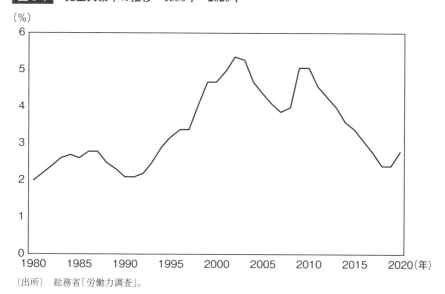

（出所）総務省「労働力調査」。

図 1-8 正規雇用と非正規雇用の労働者の推移：1984年〜2020年

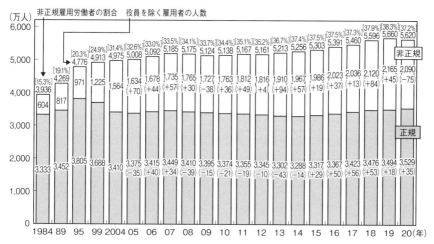

（注） 1. 実数の下の（ ）は前年差、棒グラフの上の［ ］は非正規の職員・従業員の割合である。
　　　 2. 雇用形態の区分は、勤め先での「呼称」によるもの。
　　　 3. 2000年までは総務省「労働力調査（特別調査）」（2月調査）、2005年以降は総務省「労働力調査（詳細集計）」（年平均）。
（出所）厚生労働省資料。

図 1-9　女性の年齢階級別労働力率の推移

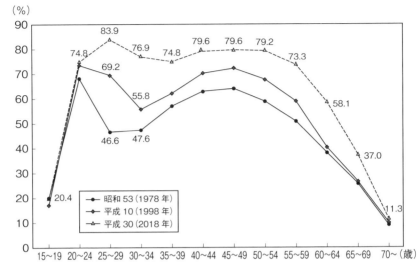

(注)　1.　総務省「労働力調査（基本集計）」より作成。
　　　2.　労働力率は、「労働力人口（就業者＋完全失業者）」/「15歳以上人口」×100。
(出所)　内閣府『令和2年版　男女共同参画白書』。

な雇用構造の変化は、雇用で得た収入から拠出する社会保険を中心とする社会保障に大きな影響を与えている。

3　社会保障の制度体系と保障方法

3.1　社会保障の制度体系

　社会保障の制度体系をどのように考えるべきであろうか。1950年の社会保障制度審議会勧告以来、伝統的に社会保険・公的扶助・社会福祉に分ける**制度別体系**が多く用いられてきた。今でも多くの社会保障法・社会保障論の教科書がこの制度別分類を用いている。

　社会保障法学では、現行制度を前提とするのではなく、各法の相互関係を法理論的に検討しようとする立場から、様々な制度体系論が論じられてきた。ま

ず、制度別体系論に対し新たな切り口を提唱するものとして、**給付別体系論**が
あった（荒木誠之）。生活保障を必要とする原因と保障給付の内容・性質に
よって、所得保障給付（生活危険給付、生活不能給付）と生活障害給付に分け
るもので、現行法で抜けているところの検証に役立つという意義がある。これ
を発展させたものとして、目的によって、最低所得保障法・所得維持保障法・
健康保障法・自立支援保障法に体系化する**目的別体系論**がある（河野正輝）。
ニーズ別のものとして所得保障・医療保障・社会サービスに分けるものもある
（菊池馨実）。これは、社会保険と社会扶助という保障方法の違いへのこだわり
からは脱却しているものの、現金給付とサービス給付のニーズを区別し、供給
手法になお縛られており、現金給付におけるソーシャルワークの重要性など、
現金給付とサービス給付の違いの相対性に対応できていない面がある。

　ニーズから見た場合には、対象者のニーズから見た**機能別の制度体系**が考え
られる（例：「所得保障ニーズ」でなく「高齢者のニーズ」）。この場合、対象
者とはニーズを有している人のグループであり、現金給付・サービス給付、社
会保険方式・税方式などの保障方法の違いにこだわることなく、その組み合わ
せによる保障方法のあり方についても議論できるというメリットがある。この
体系論によれば、高齢者法、障害法、子ども法、医事法などと分類され、実践
的な議論がしやすくなるため、アメリカの実務法曹教育で行われており、日本
においても研究と実務の架け橋の議論として提唱されている。国立社会保障・
人口問題研究所は、社会保障費用の分類の1つとしてこの機能別分類を用いて
いる。

　以上のような制度体系論はそれぞれ意義があるものであるが、本書における
章立てにおいては、本書が現行制度を説明するものであることから、基本的に
は実定法の制度別とした。また、対象者のニーズにも注目して、より一般的な
人に用いられる制度から並べるとともに、その相互関係にも留意した。このよ
うな考え方から、総論の次に、高齢者になれば誰もが受給し社会保障給付の規
模も最も大きい年金を置き、次に現役時代に誰もが関わる可能性のある労働保
険と生活保護、そして特定のニーズが生じた場合の制度である医療と介護、さ
らに特定の対象者に対する制度である障害者福祉と児童福祉、最後に全体に関
わる権利擁護、行政、財政に関する章を置いている。

3.2　社会保障の保障方法 ────────────────────────●

社会保険方式と税方式

　社会保障の保障方法の区分としては、社会保険方式と税方式の区分が重要である。**社会保険方式**とは、事前に拠出した者のみが拠出に対応して給付を受ける方式である。これに対し**税方式**とは、受給時の必要のみに応じて給付を受ける方式である（社会扶助方式とも言う）。わが国では年金・医療・介護・労災・雇用が社会保険方式であり、それ以外が税方式による保障となっている。社会保険方式と税方式の違いは、**給付と負担の牽連性の有無**にあり、財源が保険料か税かということとは異なり、名称とも関係しないことに注意が必要である。制度に対し税財源が多く投入されていても、負担をしたもののみが給付を受けられるという牽連性があれば社会保険方式である（例えば、国民健康保険の給付財源は半分以上が税財源であり、名称は自治体によって国民健康保険料であったり国民健康保険税であったりする）。また、特定目的にのみ支出されるが、負担した者のみが給付を受けられるのではない目的税とも異なっている。例えば、消費税は社会保障に使われることになっているが、消費税を支払ったものだけが社会保障給付を受けられるわけではない。さらに、社会保険方式において、負担した者だけが給付を受けるという牽連性は必要とされるが、負担が多いほど給付が多いという意味での比例性は必ずしも必要とされない（例：医療）。

　社会保険は民間保険とも異なっている。保険とは、リスクに対してあらかじめ備え、リスクが起こった場合に加入者で助け合うというリスク分散の手法であり、給付反対給付均等（加入者の保険料は保険事故発生の際に支払われる保険金と数学的期待値が等しい）と収支相等（保険料の総額は保険金の総額と等しい）の原則の考え方に立つものである。社会保険においては、公費負担、応能保険料などによってこの原則は修正されている。

　社会保険方式の意義としては、裁量や所得制限がなく、要件に応じて定型的に給付されるため権利性が強いこと、強制加入によって全国民に助け合いを強制すること、事業主負担と公費負担があること、社会に対する貢献に応じて給付が行われ理解されやすいこと、といった点があげられ、これらが税方式など

図 1-10　ILO 基準における社会保障財源と社会保障給付のイメージ（2019年度）

（単位：兆円、%）

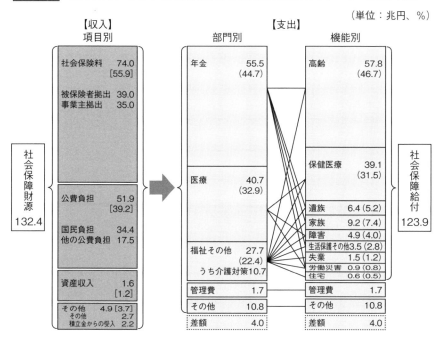

（注）　1.　2019 年度の社会保障財源は 132.4 兆円（他制度からの移転を除く）であり、[　]内は社会保障財源に対する割合。
　　　　2.　2019 年度の社会保障給付費は 123.9 兆円であり、（　）内は社会保障給付費に対する割合。
　　　　3.　収入のその他には積立金からの受入等を含む。支出のその他には施設整備費等を含む。
　　　　4.　差額は社会保障財源（132.4 兆円）と社会保障給付費、管理費、運用損失、その他の計（136.4 兆円）の差であり、他制度からの移転、他制度への移転を含まない。
（出所）　国立社会保障・人口問題研究所「社会保障費用統計」。

他の方式に比べて優位性を持ち、社会保険方式が社会保障の保障方式の中心になっている理由となっている。一方、稼得能力がなく拠出できない人に対しては給付がなされない点が弱点となっており、雇用の不安定化は社会保険の基盤を掘り崩している。

社会保険の種類

　社会保険の種類としては、長期保険と短期保険、積立方式と賦課方式の区別がある。**長期保険**は負担する時期と受給する時期が異なり（例：年金）、**短期**

保険はそれらの時期が一致するものである（例：医療）。また、**積立方式**は保険料を積み立てておいて必要な場合に積立金から支出するもので、**賦課方式**は保険料がそのまま支出に回されるものである。さらに、社会保険の保険者は、国家や地方自治体である場合（例：年金、介護）と民間保険者である場合（例：医療）がある。

　保険者を組織する範囲の問題は、どの範囲の人で助け合うかという問題であり、社会保険の制度設計にとってきわめて重要である。基本的には同じグループに属していると意識しうる人々で組織される。多くのグループに分立していると社会変動に対して基盤が脆弱になるが、大きくなりすぎると助け合いの意識が弱くなり制度が支持されにくくなる。例えば、医療保険の保険者には、職域単位のもの（健康保険組合）と地域単位のもの（国民健康保険）があるが、特に地域保険者については、高齢化と地方の弱体化によって小さな規模の市町村では保険財政が成り立たなくなってきており、最近は広域連合や都道府県単位化が進められている。それとともに、保険者間の負担の不均衡を調整するための財政調整が拠出金の形で行われている場合がある（例えば、後期高齢者医療支援金制度による健康保険の保険者から国民健康保険の保険者への財政移転。■➡第5章）。

社会保障にとっての普遍主義と選別主義

　普遍主義と選別主義は、社会保障の受給の際に資力要件を設けて、低所得者のみに給付対象を限定するか否かにより区分するものである。**普遍主義**とは、所得にかかわらずニーズを有する者に対して給付するもの、**選別主義**とは低所得者にのみ給付するものをいう。日本では、年金や医療保険は普遍主義の例であり、生活保護や児童扶養手当は選別主義の例である。社会保障拡充期のイギリス（1960年代）では、「普遍主義か選別主義か」として、現金給付（特に児童手当）に所得制限を設けることが適当かどうかという点をめぐってさかんに論争があった。日本においても、児童手当の所得制限を撤廃し、所得にかかわらず子ども手当を支給すべきだという公約を掲げて2009年に民主党が政権についたことから議論になった（2010年〜12年に導入されたが、財源の手当がなかったことから廃止され、基本的には元の児童手当に戻ったが、なお特例給付

という形で所得制限以上の所得を有する者にも支給されている）。

　わが国においては、従来各種社会福祉サービス（老人、障害、児童）が生活
保護から派生してきたために、貧困対策の色彩が抜け切れず、その対象者が低
所得者に限定されていた（選別主義）のに対し、ニーズを有する者に対し広く
サービス給付を行い、その代わりに能力に応じた自己負担を求めるべき（普遍
主義）として、現金給付でなくサービス給付を中心に、1980年代に議論が行わ
れたことが特色である。現に貧困な者に給付される公的扶助から、拠出に対応
して給付される社会保険へ、という形での保障方式の変更によって普遍化が行
われ、社会保障が拡充されてきた（年金や介護が代表例）。一方、このような
社会保険への流れが、保険料負担や利用時自己負担の導入とともに、サービス
の民営化につながるものであり、公的責任の放棄であるとして批判する意見が
根強く存在する。

　なお、このこととの関連で、応能負担と応益負担の問題がある。これは事前
に支払う保険料ではなく、要保障事由が発生し受給する際に求める利用時自己
負担についてのことである。利用時に所得に応じて負担額が決まるものが**応能
負担**であり（例：障害福祉サービス）、所得とは関係なく利用料に応じた定率
や定額で負担額が決まるものが**応益負担**である（例：医療や介護）。保障方法
が社会保険方式でも税方式でも利用時自己負担は発生しうるが、社会保険方式
のほうが、拠出に対応して定型的な給付を受けるために、応益負担になじみや
すい。

現金給付とサービス給付

　社会保障制度の中には、現金が給付される制度（年金、生活保護、児童手当
など）と現物サービスが給付される制度（医療や介護）がある。**現金給付**は、
生活保障のために必要な費用の補填に充てる目的で給付され、現金であるため
その使途は特定されない点に特色がある。**サービス給付**は、特定のニーズに対
して費用ではなく専門性を有するサービスが給付される点に特色がある。

　これらは従来、異なるニーズに対する異なった給付であると区別されてき
た。しかしながら、その区別は必ずしも明瞭ではない。現金給付も給付それ自
体が目的なのではなく、自立支援や社会参加が目的なのであり、現金給付がそ

の効果を発揮するようにソーシャルワークなどの支援と組み合わせて行われることが必要である（例：生活保護におけるケースワーク）。また、サービス給付においても、サービスに要した費用をサービス提供者が受給者に代わって代理受領し、受給者への給付はサービスの形で行われるのが通常であり（例：保険医療機関における診療）、逆に、サービスに要する費用を受給者がいったん提供者に支払って、後で現金給付の形で保険者等から支給される償還払いの方式もあるからである（例：高額療養費）。現金か現物サービスかが制度によって絶対的に区別されていると考えるよりも、ニーズに対応するために適切な保障方法を組み合わせて提供するものと考えたほうがよい。

　なお、最近では、受給者に対する専門家や公権力の介入を避け、受給者の自己決定を尊重する観点から、現金給付化を指向する動きがある。**バウチャー制度**は、規制緩和を主張する立場から、保育サービスを購入できる現金代わりのバウチャーを給付し、それを使って民間事業者から市場でサービスを購入する仕組みを提案するものである。一方、障害者の当事者としての自己決定を尊重し、ケアマネジャーによるケアマネジメントなどを介入として排除する観点から、障害者に現金給付を行い、障害者自身が介助者を雇用する仕組みである**直接支払い**（ダイレクト・ペイメント）制度を求める動きがある。また、介護保険において、家族等の介護者への現金給付を求める議論が根強くあり、ドイツやイギリスなどにおいては存在しているが、わが国の介護保険制度では、要介護者に対する専門的な介護サービスに結び付かなくなるとして否定されてきた。さらに、最近とりわけ多くの人が論じるようになった**ベーシック・インカム**は、拠出やニーズ判定などの要件なしですべての人に無条件に生活保障に必要な水準の現金給付を行うことを提案するものである。

高齢者向け給付と全年齢向け給付

　その他の分類としては、高齢者のみを対象にする制度と、年齢にかかわらずニーズに応じて給付を行う制度がある。高齢者は医療や介護や年金などニーズが大きい場合が多いので、高齢者向けとして作られている制度が多い（介護保険、後期高齢医療など）。ほかに特定年齢層向けの制度としては、子どものみを対象としたものもある（例：児童福祉、障害児福祉）。

　このような**年齢による制度の区別**に対しては、年齢にかかわらずニーズに対応した給付を行う仕組みを作るべきだとする議論がある。例えば、介護保険は加齢に伴う要介護のみを要保障事由としているが、若年障害者も区別せず、介護保険の対象とすべきだとする議論がある（ただし、これまでのところは若年障害者側からの社会保険方式への批判や若年世代の保険料負担への懸念が強く、実現の見込みは立っていない）。後期高齢者医療制度の導入時は、後期高齢者特有の医療ニーズがあるためとされたが、後期高齢者だけを区別した仕組みには批判がある（2010年代初めの民主党政権は後期高齢者医療制度の廃止を公約にしていたが、代案が見つからずそのままになった）。諸外国を見ると、アメリカではメディケアなど高齢者のみを対象とする制度があるが、その他の国では介護サービスなどでも年齢による区別はあまり見られない。

　現在の社会保障給付は7割が高齢者向けであり、高齢者に偏った給付となっていることから、近年、現役世代に対する支援や子育て支援の重要性が指摘されている。2013年の「社会保障・税の一体改革」においては、全世代型の社会保障への転換を謳い、負担についても世代間公平のため「年齢別」から「負担能力別」に切り替えることを提唱した。

3.3　社会保障の保障水準

　社会保障の保障水準としては、まず最低保障と従前保障の区別がある。これは、主に現金給付で用いられる。**最低保障**がどの程度の水準であるかについては議論の対象であるが、憲法第25条にいう「健康で文化的な最低限度の生活」を営むに足る最低の水準を指し、具体的な制度としては生活保護で保障される。**従前保障**は、退職などにより収入の道を断たれた場合に、突然生活水準を変えることは困難であるから、それまでの生活水準の何割かを保障するものであり、個人によってその水準は異なることになる。具体例としては、現役時代に賃金に応じて支払った保険料に比例して給付を受ける厚生年金があげられる。

　ほかに、主にサービス給付を対象に、最低保障と適正保障の区別がある。**適正保障**は、最低保障を超えて、ニーズのうち公的給付で対応すべき範囲に対し給付を行うものであり、医療や介護に対して考えられる。サービス給付の場

合、どこまでを最低保障と考えるかは難しいためである。

　なお、保障水準を考える際には、公的主体が提供すべきものとして考えるのではなく、公的な負担で給付すべきものを考えるべきである。サービスの専門化や効率性の追求のため、公的な負担で公的主体以外に委託して給付を行うことが一般的になっているためである（■➡ 第10章）。また、公的負担によって給付を行う仕組みであるが、一部を利用者負担にする場合もある（例：介護や保育）。

4 社会保障の歴史と国際的動向

4.1　わが国の社会保障の歴史

　わが国においては、奈良時代の悲田院に始まる君主や仏教の慈善事業、地域共同体における相互扶助などがあったが、それらは社会保障として定義される公的な制度的給付とは言えなかった。

　明治になった1874年（明治7年）の太政官達「恤救規則」からが社会保障の前史であり、相互扶助がなされない極貧の単身生活者で就業できない者などに対して救済を行うとしたものであった。1929年（昭和4年）の救護法は、扶養されない老衰者・幼者・妊産婦・障害者に対し、居宅保護と養老院などでの収容保護を行うとしたものであったが、著しく怠惰な者に対する欠格条項や被保護者の選挙権停止を含んだものであった。

　戦前、1922年（大正11年）の健康保険法は労働運動激化への対応などのため初めてできた社会保険制度で、事務職や高所得者等を対象外とした。その後戦時立法として、1938年（昭和13年）に国民健康保険法、1939年に船員保険法と職員健康保険法、1941年に労働者年金保険法ができた。これらは戦争のための兵士の健康確保や国民総動員の意味合いを持つが、戦後の社会保障制度に直接つながっていく。

　戦後になって、1946年（昭和21年）旧生活保護法ができ、国家責任による最低生活保障を規定したが、憲法第25条の生存権との整合性で保護請求権を認め

るため、1950年に現行**生活保護法**が制定された。そのほか、戦災孤児や傷痍軍人の対策として、1947年の児童福祉法、1949年の身体障害者福祉法ができ、**福祉3法**と言われた。1951年には社会福祉事業法も制定された。

　1950年（昭和25年）の**社会保障制度審議会勧告**は、戦後創設すべき社会保障制度の体系を示したもので、大きな意味がある。戦後の日本再興の夢を描き、生存権理念に基づく4分野からなり、社会保険を中心とする制度体系を提言し、その後の各種社会保障制度の青写真を描いた。その後も社会保障制度審議会は、生存権理念に基づき様々な提言を行い、財政負担の現実性を重視する厚生省と意見の対立を見つつも、戦後社会保障立法に影響を与えていくが、2000年に廃止される。

　戦後は貧困対策を超えて社会保険制度が整備されていった。1947年（昭和22年）に失業保険法と労働者災害補償保険法ができ、その後、1953年の健康保険法改正による適用対象者の大幅拡大と1954年の年金保険法全面改正による財政基盤の仕組みづくりを経て、1958年の国民健康保険法全面改正と1959年の国民年金法の制定により、1961年に全国民が医療と年金の社会保険に加入する**国民皆保険**を達成した。

　1960年代の高度成長期には、社会保障制度の拡充と給付水準の引き上げが進んだ。国民皆保険を達成した社会保険は、年金では1万円年金・2万円年金・5万円年金と給付水準を引き上げ、医療では保険給付率を7割へと引き上げていった。社会福祉分野でも、1960年（昭和35年）に精神薄弱者福祉法、1963年に老人福祉法、1964年に母子福祉法が制定され、**福祉6法**体制と呼ばれた。また、1971年（昭和46年）には、「最後の社会保障立法」と呼ばれて先進諸国における社会保障制度体系の完成とされた**児童手当法**が制定された。これらは貧困対策から脱しニーズのある者に対する普遍的な社会保障制度を整備していったものと位置づけることができる。年金の物価・賃金スライドが導入され、老人医療の無料化が実施された1973年は**福祉元年**と呼ばれ、戦後社会保障の拡充の到達点を象徴的に示した。

　奇しくも福祉元年とされた1973年（昭和48年）に石油ショックが起こり、高度成長は終焉し、低成長経済に移行することになった。財政問題とともに高齢化への対応のため、**社会保障の適正化**が課題となることになった。年金では

1985年の改正で**基礎年金**を創設するとともに給付水準が引き下げられた。医療では1982年の老人保健法制定で**老人保健制度**を創設するとともに老人の本人一部負担が導入され、1984年の健康保険法改正で被用者本人の1割の定率自己負担が導入された。これら社会保険の改革はいずれも、給付水準の適正化に加え、産業構造の変化に伴って、被用者保険から地域保険へ財政移転を行う**財政調整**の仕組みを導入したものであった。福祉分野では、1986年の機関委任事務の整理合理化法や1990年の福祉8法改正により、**地方分権**が進められるとともに、**施設福祉から在宅福祉への**流れが作られていった。

　2000年代からは、バブル崩壊後の日本経済への危機感や、少子高齢化の進行、家族構造や雇用構造の変化などの社会変化を背景に、社会保障改革もそれまでの適正化・調整から**構造改革**へと進んでいくことになった。年金では、若年世代の年金負担の限界への認識から、2000年（平成12年）の年金法改正と2001年の企業年金2法の制定によって、**公的年金の給付抑制と公私年金の組み合わせ**による老後保障へ向かうことになった。2004年改正では保険料を固定し給付を調整していく財政方式（マクロ経済スライド）と基礎年金国庫負担の引き上げにより保険料負担を抑制することとし、年金財政が長期的に自動的に安定する仕組みが導入された。医療では、2006年改正で医療費適正化計画、**後期高齢者医療制度**の導入などが行われた。福祉では、1997年法により2000年に**介護保険制度**、2000年改正により2003年に障害支援費制度（2006年に**障害者自立支援制度**）が導入され、契約による利用と民間事業者の積極活用を目指した**社会福祉基礎構造改革**が進んだ。

　2009年（平成21年）の政権交代で、民主党政権が公的年金改革、子ども手当、子ども・子育て新システム導入、後期高齢者医療および障害者自立支援制度廃止といった改革を企図したが、2012年の自民党への政権交代で揺り戻しが起こるなど、制度体系は動揺した。しかしながら、与野党合意により同年成立した**社会保障・税の一体改革**により、消費税の引き上げを財源に年金・医療・介護・子育て支援などの改革が行われることになり、2013年には改革の全体像や進め方を明らかにするプログラムを定めた法律が成立し、その後それにしたがって制度改正が行われてきている。経済社会の変化と少子高齢化の進行という状況の下で、社会保障の課題は明らかで、進めなければならない制度改革の

大きな方向は政権交代にもかかわらず変わらないと言える。

4.2　社会保障をめぐる国際的動向 ────────●

福祉国家の国際比較と先進各国の動向

　日本の社会保障を理解するためには、国際比較はおおいに参考になる。ただし、諸外国の制度について、単に「先進的な」ものとして取り入れていこうとするアプローチには限界がある。各国の制度は文化や歴史などの社会的背景に支えられたものだからである。1980年代以降の**福祉国家の危機**への対応には、多様な類型が見られる。一方で、各国において共通する流れも見られる。低成長の下で経済財政的な面での**社会保障の効率化**と、新たなニーズに対応した**社会保障の拡充**の両面である。各分野でも共通した流れが見られる。このように、国の文化的歴史的背景に基づき制度が**異なる面**と、改革の方向性が**共通する面**の両方に着目して国際比較を行うべきである。各国とも同じように悩んでいるのであり、お互いに学びあう双方向の交流が必要である。

　福祉国家の類型論としては、エスピング=アンダーセン（Esping-Andersen）の類型論が有名である。これらを参考にして、主に1980年代以降の福祉国家の改革動向に着目して福祉国家の類型を整理すると、大陸ヨーロッパ型、北欧型、アメリカ型、日本型をあげることができる。

　第1の類型は、**大陸ヨーロッパ（フランス・ドイツ）型**である。被用者を対象とする社会保険制度を中心としており、年金の比重が高く、介護や保育などの福祉サービスに相対的に遅れが見られる。企業従業員・公務員・自営業者など職業的地位に応じて制度が分立していることが特色である。家族の扶養義務を重んじる傾向もある。1980年代以降の福祉国家の見直しでは、優良産業の競争力維持のために、中核的な技能労働者を保護し、高賃金・時短・雇用の保護など高い労働基準を達成した。社会保障の分野においても、高負担を覚悟しつつ、レベルの高い水準を維持しようとした。こうしたアプローチによって、特定部門の競争力を維持し、同時に社会的平等・再分配も達成することができた。一方で、雇用の硬直化により高い失業率を招き、福祉依存やホームレスなどを増やすことになるとともに、高水準の社会保障は、高失業や高齢化とあいまって、財政赤字や企業のコストを高めた。こうしたマイナス面は、福祉国家

維持ルートの限界を露呈し、1990年代に入ると行き詰まり感が強くなり、その後社会保障の積極的な見直しが続いている。

　第2の類型は**北欧型**である。税財源による、全国民を対象とする普遍的な社会保障制度を中心としており、福祉サービスが充実している。家族主義も弱く、社会的扶養の考え方が一般的である。公的負担率も高い。中核的技能労働者の保護のほか、非熟練労働者にも公的サービスを中心に雇用を提供し、公的部門の比重は欧州で最も高くなっている。また、男女平等政策と教育訓練政策を重視する積極的労働市場政策を進めてきた点が特徴になっている。このような政策は、特定部門の競争力を維持し、同時に社会的平等・再分配も達成した一方、高失業や高齢化とあいまって、社会保障費の上昇を招き、財政赤字を深刻にした。さらに税・社会保障の高い負担は、高賃金とともに企業のコスト増となった。北欧諸国においても、1990年代以降、社会保障の積極的な見直しが続いている。

　第3の類型は**アメリカ型**である。アメリカでは伝統的に自己責任の精神が強く、社会保障制度にもその特色が現れている。広く国民一般をカバーする公的年金制度は存在しているが、その他の社会保障制度は貧弱で、公的医療保障は、高齢者向け医療保険であるメディケアと低所得者向け医療扶助であるメディケイドしかなく、公的扶助もきわめて限定されたものしか存在しない。1980年代には、レーガン=ブッシュ政権によって福祉国家政策の大幅な見直しが行われ、市場機能を強化することで、失われつつあった経済の国際競争力を回復しようとした。もともと自助努力を重視し、政府の役割を限定するものであった社会保障の分野でも、機会均等のためのノーマライゼーション（障害者をできるかぎり通常の人々と同様な生活を送れるようにする）の理念がいっそう重んじられる一方、所得保障の水準はミニマムなものに引き下げられ、民間事業者による社会サービスの供給を促進し、医療費の効率化を積極的に行おうとした。また、生活保護や児童扶養手当の受給に際して、福祉依存を防ぐために、所得制限の強化や職業訓練への参加の義務づけ強化などを行ってきた。こうしたアプローチによって、産業の国際競争力を維持することに成功し、賃金の抑制で低賃金の雇用を確保し、比較的低い失業を維持することができた一方で、所得格差が広がり、貧困層の増加が著しくなった。これまで経済の好調と国力の優位

性で注目されてきたアメリカ・モデルは、最近経済のかげりとともにその限界が認識されるようになっている。

　これらに対し**日本型**の特色は次のとおりである。まず、職業別に分立した社会保険制度を中心としている。扶養手当や福利厚生など手厚い企業福祉も、社会保障制度を補完してきた。また、国民健康保険や政府管掌健康保険など、農業者や中小企業などに配慮した制度が、社会保障制度の普及に不可欠な役割を果たし、世界に例のない国民皆保険制度を達成した。さらに、こうした社会保障制度は、労働側との合意よりも、官僚が欧米先進国の制度を輸入する形で発展してきた一方で、健康保険組合や医療法人・社会福祉法人など、民間事業者が実施主体になってきたことも、特色としてあげられる。経済成長の持続を優先課題とし、社会保障制度の成熟が比較的遅れている間に、急速な高齢化・コスト増への危惧に由来する社会保障の合理化の動きが1980年代に始まった。こうした改革により、1980年代以降も、給付水準が高く（特に年金・医療）、コストも低く（GDP比や医療費）、これまで総じて良好なパフォーマンスを示してきた。しかしながら、これまでのアプローチは、様々な面で行き詰まりを見せている。まず、経済のグローバル化の波により、これまでのやり方は国内の閉鎖的慣行であるとされ、政府規制や補助などの政策介入を難しくしている。また、急速な高齢化や経済社会の変動は、老齢年金・介護保険・雇用保険・生活保護・児童扶養手当などの社会保障給付を急速に増やしている。さらに、雇用の流動化による労働市場の変動や、女性の職場進出等による家族構造の変容は、これまでの経済社会システムが前提としてきた、家族と企業への依存を許さなくしている。

　次に、各国で共通に見られる流れとして、社会保障の各分野ごとの世界的潮流をあげてみよう。まず、年金政策の方向性としては、**公私の役割分担と生涯現役時代の実現**が大きな課題となっている。支給開始年齢の引き上げや給付率の引き下げにより、年金財政を安定化させるための制度変更が進められつつある。同時に、公的年金の給付水準の引き下げを補う形で、私的年金の制度を整備し、公私年金の組み合わせの下に老後生活を保障しようとする政策が進められている。また、高齢者の労働市場からの引退と年金生活への移行を遅らせるため、支給開始年齢の引き上げなど年金制度における対応のほか、年功賃金や

定年制など柔軟な雇用形態を阻害する慣行の改革などの雇用政策が行われている。

医療政策では、**効率化と質の向上**の追求が特徴的である。1970年代には、全体としての医療費の抑制が追求されてきたが、1980年代からは、医療サービス自体の効率化（費用対効果を高めること）と質の向上が問われるようになっている。競争原理の導入、支払方式の出来高払いから包括払いへの変更、マネージド・ケア（保険者による受診制限）などの医療提供側のサービス提供行動の効率化と、自己負担の引き上げ、介護サービスの充実、健康増進施策の推進などによる患者側の受診行動の効率化策が世界的にとられつつある。

社会福祉制度については以下のとおりである。高齢者介護に関しては、個人のニーズに応じ、できるだけ自宅や地域で暮らすことができるようにコーディネートするとともに、財政的にも、公平でかつ適切な個人負担を伴いつつ、効率的で安定した公的財源を確保した**統合的な介護システムの構築**が、共通の課題となっている。わが国およびドイツで導入されている介護保険制度は、こうしたものの代表であり、世界的にも注目されている。児童福祉に関しては、**職場と家庭の両立支援、子どものいる家庭や母子家庭への適切な生活支援、虐待や遺棄に対する児童の保護**が課題になっている。これらは、単に出生率を向上させるための政策ではなく、家族構造の変化、家族機能の低下に伴う多様なニーズに的確に対応することを目的にしている。障害者政策に関しては、社会の側を障害者が暮らしやすい方向に変えていくべきだとするノーマライゼーションの考え方の下、都市・居住環境のバリアフリー化や雇用機会の均等を通じた**アクセスの平等・差別禁止**と、介護などのコミュニティケア・サービスを通じた**生活支援**の、2つの方向で進められている。失業者や母子家庭・生活保護家庭の所得保障に関しては、**教育・訓練と所得保障とのリンク**が積極的に追求されている。これらの人々が長期の福祉の受給から脱却し、就労することを援助する「**ウェルフェアからワークフェアへ**」（福祉から就労へ）と呼ばれる流れであり、重要施策となりつつある。

グローバル化と社会保障

社会保障制度はその国の文化や社会的背景によって規定されている部分が大

きく、制度体系も各国で大きく異なっているが、グローバル化に伴い、国際社会との関わりは無視できなくなっている。

　まず、各種の条約は、社会保障の法源となるとともに、政策決定に対し大きな影響を与えている。このうち基本的なものとしては、ILO102号条約（社会保障の最低基準に関する条約、1976年批准）、国際人権規約 A 規約（経済的、社会的および文化的権利に関する国際規約（社会権規約）、1979年批准）がある。そのほか国内法に大きな影響を与えたものとしては、難民条約（社会保障各法における国籍要件を撤廃、1981年批准）、障害者権利条約（障害者基本法改正や障害者差別解消促進法の制定、2014年批准）、子どもの権利条約（1994年批准）などがある。

　また、経済のグローバル化によって人的交流が拡大している。**社会保障制度は外国人に対しても適用**されており、健康保険や厚生年金などの被用者保険は雇用関係のある労働者に対し、国民健康保険や国民年金などの地域保険は居住者に対し適用されており、外国人か否かで適用関係に差別はない。その他の社会保障各法でも国籍要件は撤廃されている。生活保護については依然として国籍要件があるが、永住権を有する者に対しては人道上の見地から自治体において準用されている。在住外国人の多い地域においては、外国語による表記などにより社会保障制度を利用しやすくするための方策が取られている一方、社会保障の適用により外国人の受け入れコストが大きくなることが、外国人労働者受け入れ問題の検討にあたっては大きな要素となっている。

　各国ごとに異なる社会保障制度のハーモナイゼーション（調整）として、2国間の**社会保障協定**を締結し、両国の移動に伴う社会保障の適用調整が行われている。短期の在外勤務（原則として5年以内）の場合は、派遣元国の制度だけを適用し、それを超える場合は居住国の制度だけを適用するが、年金のように最低加入期間を必要とする制度については、両国において加入していた期間を通算する。日本は2021年11月現在20カ国との協定が発効している。

　そのほか、社会保障分野での**国際協力**が開発途上国への開発援助の一環として行われており、世界保健機関（WHO）など国際機関を通じたものと、国際協力機構（JICA）などを通じた2国間協力がある。これまでは感染症対策など保健医療分野での技術協力が多いが、中小企業や農業・自営業者を制度の対

象にし、世界に類を見ない国民皆保険制度を有している日本への注目は大きく、社会保障における制度整備支援についての協力も期待されている。

5　社会保障の課題

　本章の最後に、現在の社会保障について、分野横断的に課題を整理すると次のようになろう。

　第1に、**雇用と社会参加の支援**である。失業や非正規雇用の増加などの雇用の不安定化は、従来の社会保障制度の基盤を揺るがせているとともに、貧困や格差が増大し、複合的な問題をかかえて社会から排除される人たちを増加させている。雇用や社会参加の積極的な支援を行うことで、給付を受ける側から支える側に変えていくポジティブな社会保障制度とし、社会的包摂を進めていくことが必要である。そのためには、安定した雇用による事前拠出を前提としてきた社会保険の限界を踏まえ、税による支援も組み合わせていく必要がある。

　第2に、**利用者本位のサービス**とそのための支援である。利用者本位で個々人のニーズに適合したサービスを生活の場で提供するため、多様な実施主体が提供する多様なサービスを、利用者が選択できるようにすることが求められている。そのためには、弱者が選択できるように相談支援、情報提供、権利擁護などの支援を行うとともに、地域において一体的な提供が行われるような連携の仕組みや計画づくりが進められていく必要がある。

　第3に、**質と効率性の向上**である。高い質と費用対効果の向上は、給付に対する満足度を高め、負担に対する理解を得ることができる。質の評価、説明と同意、標準化、監査体制の整備などが求められる。

　第4に、**適切な公私分担**である。社会保障の実施主体は必ずしも国や自治体が直接行う必要はなく、各種法人や営利企業など多様な実施主体がその能力を生かして提供するとともに、地域の非営利法人・ボランティア・地域住民などによって支えられる。この場合、国や自治体はその責任を免れるのではなく、適切な財政支援や供給・質の確保などに対して公的責任を果たしていくことが必要である。

第5に、社会保障が人と人との助け合いであることに対する基本的な合意を作り直し、制度に**人々の理解**を得られるようにしていくことである。社会保障は救貧的な制度から出発して、福祉国家の拡充でより普遍的で広範な助け合いの制度に発展した。しかしながら、給付と負担が大きくなったために、改めて助け合いの範囲と程度を皆が納得できるものになるようにしていく必要がある。上記で述べた4つのいずれも、制度に対し理解を得ることにつながるが、給付と負担の範囲と程度そのものに関しては、世代間公平を進めるために高齢世代の雇用促進と適切な負担に努めるとともに、高低所得者間・職種間・地域間の世代内公平が理解が得られるものになるようにしていくことも求められる。

キーワード

生存権　再分配とリスク分散　社会保険方式と税方式　普遍主義と選別主義
現金給付とサービス給付　少子高齢化と雇用の不安定化
国民皆保険・福祉元年・構造改革・一体改革　福祉国家の類型
福祉国家の危機

復習問題

1　社会保障の目的には、□□□□、自立支援、参加・貢献支援があげられ、社会保障の機能には、最低保障機能、□□□□機能、所得再分配、経済安定機能、社会統合機能があげられる。

2　社会保障の権利は、これまでもっぱら憲法第25条で定められた生存権である「健康で□□□□な最低限度の生活を営む権利」に根拠を求めてきたが、近時、社会保障の法理念をめぐる様々な議論が行われるようになっている。

3　わが国の社会保障給付費は、2021年度で約130兆円であり、対GDP比は□□□□％程度となっている。

4　日本人の平均寿命は、2020年で女は87歳、男は81歳を超え、高齢化率（65歳以上人口割合）は□□□□％程度となっている。

5　社会保障の歴史を見ると、戦後社会保障制度が整備されて、1961年には全国民が医療と年金の社会保険に加入する□□□□を達成し、その後も拡充がされて1973年は「福祉元年」と呼ばれた。

練習問題

1　社会保障の意義や理念は、経済社会の変化に伴って変化しているが、現在ではどのように考えられているだろうか。

2　少子高齢化と雇用の不安定化は、社会保障にどのような影響を与えているだろうか。

3　社会保険方式と税方式はどのように異なり、具体的な制度ではどのようになっているだろうか。

4　日本と世界の社会保障の歴史を踏まえると、現在における社会保障の課題は何だろうか。

Further Readings

菊池馨実『社会保障法』（第2版）、有斐閣、2018年

厚生労働省『厚生労働白書』（各年版）

西村淳『社会保障の明日――日本と世界の潮流と課題』（増補版）、ぎょうせい、2010年

第2章 年金

　年金は社会保障費用の5割を占める最大の社会保障制度であるとともに、高齢者世帯の所得の6割を占めるなど、老後の所得を支える中心的役割を果たしている。雇用されている人は厚生年金に、それ以外の人を含むすべての20歳以上の人は国民年金に加入して保険料を支払い、それに応じた年金を原則として65歳から受給する仕組みである。適切な年金額の保障のため、下の世代から上の世代への世代間の再分配と、基礎年金制度を通じた世代内（職種間）の再分配が行われている。また、年金積立金を運用する仕組みや、公的年金を補完する企業年金の制度も存在する。

　少子高齢化や雇用の不安定化が進む中で、給付と負担の均衡のために、たび重なる制度改正が行われてきたが、保険料未納率の高さなどは、年金に対する信頼の低下を表しているとも言われている。

　本章では、上記のような年金制度の基本的な仕組みのほか、これまでの経過を踏まえて、年金制度を将来的に安定して安心できるものにするための課題を明らかにする。

【キーワード】

国民年金と厚生年金　基礎年金　所得代替率

マクロ経済スライド　財政検証と資産運用　支給開始年齢

保険料の未納　賦課方式と積立方式　確定給付と確定拠出

企業年金

1　年 金 の 意 義

　年金は、現役時代に支払った保険料に応じて老後に支給されるものであり、高齢になると誰でも受給し、その老後所得を支える中核的役割を果たしている。それとともに、社会保障給付費の約半分を占め、社会保障制度最大の存在となっている（➡2.1）。こうしたことから、本書においては、年金を各論の最初である第2章に置いている。なお、本章では老齢年金と遺族年金を扱い、障害年金については障害者施策についての章で扱う（➡第7章）。

　年金は、**老齢や生計維持者の死亡といった所得の喪失を補塡し、予想できない長生きや経済変動があっても生活を支えるという意義**を持っている。制度としての年金は、個人で老後のために貯蓄する金融商品や、親に対する仕送りとは異なり、国家により強制的に加入義務が課され、要件を満たした場合に支給が行われる社会的な再分配システムである。

　年金制度はこのような意義を有していることから、次のような制度的特色を持っている。

　第1に、人口構成や経済状況などの社会変動があっても制度が長期的に安定し、年金の**実質的価値が維持**されるよう制度設計されていることである。日本の年金制度は若い時期に就労収入の中から保険料を拠出し、老後になって受給する社会保険方式となっている。老後に備えて負担し、後で受け取る、いわば「賃金の後払い」の形になっている。したがって、人口や経済の変動にもかかわらず制度が安定して運用されるように、給付と負担の水準は同時に決定するように制度設計がされている。少子高齢化と雇用の不安定化の進行により、制度が安定的に運営されるような調整の仕組みが課題となってきている。

　第2に、事前に払ったものが後でそのまま戻ってくるのではなく、**社会的な再分配**が行われていることである。年金は社会保険制度であるため、長生きや死亡といった個人のリスクを社会の構成員で分担する仕組みである。一方で、長寿化で長生きして年金を受給することが当たり前になり、少子高齢化で若い世代に対する老齢世代の比率が高くなっていることから、若い世代から老齢世代への**世代間の再分配**になっている。また、安定して負担できる被用者集団か

ら、多くの負担をしにくい被用者以外の職種や無業者への同一**世代内の再分配**
という要素もある。再分配における助け合いの範囲と程度をどうするかという
ことは、社会的価値判断に基づく人々の決定による。

　第3に、老後の所得保障については**公私の役割分担**に基づいて行われている
ことである。社会的システムにより給付すべきものが公的年金として給付され
るが、老後に必要な所得のすべてが公的年金で賄われるのではなく、個人の貯
蓄や就労、あるいは特定集団内の積立（企業年金等）と組み合わせて老後保障
を行うという考え方に基づいて制度設計がされている。

2　年　金　の　実　態

2.1　公的年金制度の実態

　公的年金の受給者数は、**4,051万人（2021年3月末）**で、国民の3人に1人
が年金を受給している。**年金総額は56兆円**に達している。2019年度の社会保障
給付費の44.7％を占め、国民所得に占める比率は約14％と、きわめて大きいも
のとなっている。厚生年金について見ると、受給者数3,596万人のうち老齢年
金（通算老齢年金を含む）は2,968万人、遺族年金は567万人であり、1人当た
り平均年金月額は、老齢年金（通算老齢年金を含まない）で14万6,145円と
なっている。国民年金について見ると、受給者数3,596万人のうち老齢年金
（通算老齢年金を含む）は3,383万人、遺族年金は9万人であり、1人当たり平
均年金月額は、老齢年金（通算老齢年金を含まない）で5万6,358円となってい
る（「2020年度厚生年金保険・国民年金事業の概況」）。

　公的年金の**加入者数は、6,756万人**であり、人口の約半数にあたる（2021年
3月末現在）。1.7人で1人を支える構造であり、成熟化が進んでいる。加入者
のうち被用者年金の被保険者（国民年金第2号被保険者）は4,513万人（厚生
年金4,047万人、共済組合466万人）、被用者以外である国民年金第1号被保険
者は1,449万人、専業主婦などの国民年金第3号被保険者は793万人となってい
る。国民年金保険料の全額免除者数は609万人（学生納付特例を含む）、申請一

図 2-1　年金制度の体系（2021 年 3 月末現在）

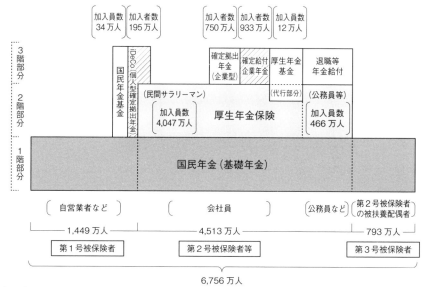

（出所）　厚生労働省資料。

部免除者は36万人であり、あわせて公的年金加入者の9.5％となっている。

　財政的には、年金財政総額約53兆円に対し、加入者の保険料が39兆円、国からの負担が13兆円、ほかに積立金総額190兆円（代行部分を含む時価ベース）の運用収入で賄っていることになる（2019年度）。

　高齢者の生活について見ると、**高齢者世帯（65歳以上の者のみで構成するか、またはこれに18歳未満の未婚の者が加わった世帯）の収入のうち、63.6％を年金が占め**、稼働所得の23.0％、財産所得の6.5％などを大きく上回っている。また、公的年金等を受給している**高齢者世帯の約半分は年金収入だけで生活している**（2019年国民生活基礎調査）。

2.2　企業年金と年金運用の実態

　これに対して、企業年金の加入者を見てみると、**2021年3月末において、確定給付企業年金に933万人、確定拠出年金（企業型）に750万人、厚生年金基金が12万人**となっている。重複を考えずに合計しても厚生年金加入者（民間サラ

図 2-2　高齢者世帯の所得の種類（2018年）

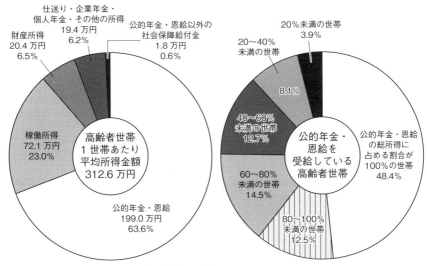

（出所）　厚生労働省「国民生活基礎調査」（2019年）。

リーマン）に占める割合は42％であり、中小企業などにおける普及は十分ではない。厚生年金基金は減少し、確定拠出年金は増加しているが、**確定給付企業年金が減少しつつあるとはいえなお主流**である。企業の側から見ると、退職年金制度がある企業割合は26.7％であるが、企業規模別に見ると、1,000人以上が72.4％であるのに対し30人～99人では17.9％となっており、企業規模が大きいほど退職年金制度がある割合が高くなっている（2018年就労条件総合調査）。

　公的年金の積立金の額は、2020年度で195兆円であり（代行分除く）、約4年分を確保し、運用収入の年金財政に占める割合も高くなっているが、年金財政の単年度収支は近年赤字であり、すでに毎年取り崩しが行われている。2014年からは原則として債券50％・株式50％の資産構成割合で運用されており、年度による変動が大きいものの、自主運用を開始した2001年度から2019年度までの平均で3.64％と、年金財政上必要な運用利回りを確保してきている。

図 2-3　年金積立金の運用実績：2001年度〜2020年度

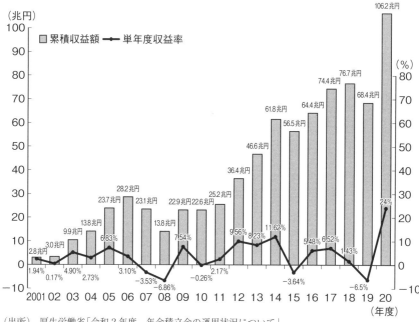

（出所）　厚生労働省「令和2年度　年金積立金の運用状況について」。

3　年金の仕組み

3.1　年金制度への加入と負担

年金制度への加入

　わが国の公的年金制度は2階建ての体系とされており、基本的には、**日本国内に居住する20歳以上のすべての者が国民年金に加入し、被用者はそれに加えて厚生年金に加入する**ことになっているが、制度の沿革により、実際の加入要件は職種別に異なっている。

　厚生年金の適用事業所で働いている70歳未満の者は、厚生年金に加入義務があり、同時に国民年金の**第2号被保険者**になる。**法人の事業所はすべて、またそれ以外でも常時5人以上の労働者を使用する事業所は厚生年金の適用事業所**

となっている。かつては共済年金として国鉄などの公社や農協職員の加入する
ものなどいくつかの制度があったが、次第に厚生年金に統合されていった。
2015年10月からは、最後に残った国・地方公共団体の公務員や私立学校の教職
員の共済年金も厚生年金に統合され、被用者年金はすべて厚生年金に一元化さ
れている。

　厚生年金加入者の配偶者であって扶養されている者は、**国民年金第3号被保
険者**となる。第3号被保険者は自ら保険料を支払わなくても、その期間に応じ
て基礎年金の給付が受けられるので、第3号被保険者の要件である年収130万
円未満に就業調整が行われ、女性の就労を阻害しているとの批判がある。第3
号被保険者制度は1986年に、それまで加入義務がなく自らの保険料を支払わな
かった専業主婦が、老後に自らの年金を受給できないことが問題視されたこと
から創設された。創設以来約30年が経過し、**女性の年金権の確立**に役立ってき
た制度であったが、女性の就労が一般化し、専業主婦を優遇するものだという
批判が強くなり、議論が行われている（なお制度上は第3号被保険者は女性に
限らない）。第3号被保険者からも保険料を徴収することを前提に、本人に定
額の負担を求める案、配偶者に上乗せの保険料を求める案などがあるが、同一
所得の世帯は同一保険料である現在の取り扱いを変えることになり、また基礎
年金制度全体を改める必要があり、合意に至っていない。論議の結果現在まで
に、離婚時に第3号被保険者が配偶者の厚生年金を分割請求できる制度が創設
されている。

　これら以外のすべての20歳以上60歳未満の者は、**国民年金第1号被保険者**と
なる。従来は、被用者以外の自営業者や農業者などを中心とした制度であった
が、現在は自営業者・家族従業者等は23.7%にすぎず、パート労働者などの被
用者が40.3%、無職が34.2%となっており、正規雇用を主な加入者とした厚生
年金に入れない人の制度となってきている（2017年国民年金被保険者実態調
査）。

　パート労働者（短時間労働者）については、原則として所定労働時間および
労働日数が通常労働者の4分の3に満たない場合には厚生年金に加入しないも
のとされている（かつ年収130万円未満の第2号被保険者の被扶養者であれば
第1号被保険者として加入することもなく、第3号被保険者となる）。同じ労

図 2-4　年金制度への加入（2021年現在）

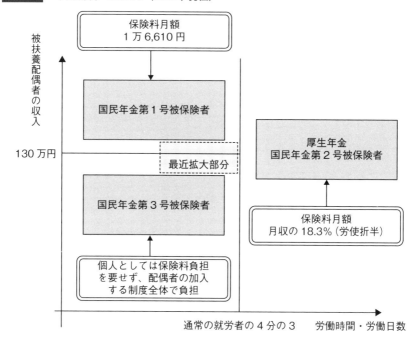

働者でありながら不利益な取り扱いとなることが問題視され、最近数次にわた
る改正で徐々に厚生年金適用の拡大が行われてきているが、要件が限定的で
（所定労働時間が週20時間以上、年収106万円以上、労働者数51人以上など）、
拡大の効果は大きくない。なおいっそうの厚生年金適用拡大が求められている
が、事業主負担や本人負担の増加を懸念する業界や本人の抵抗が強い。

　外国人については、被用者であれば厚生年金が適用され、居住者であれば国
民年金が適用される（実務的には、在留が3カ月を超えるかどうかで加入の扱
いが決められる）ので、日本人との差別的取り扱いはない。保険料の支払いが
年金給付に結び付かない短期滞在外国人の場合は、加入期間に応じて脱退一時
金が支払われるほか、日本と**社会保障協定**（いわゆる年金通算協定）が締結さ
れている国の年金制度に加入している場合は、日本の年金制度への加入は免除
されることになっている。

年金制度における負担

　保険料は、**国民年金第1号被保険者については、収入にかかわらず毎月定額保険料**（2021年度は1万6,610円）を自分で納付する。

　国民年金第2号（厚生年金）被保険者は、給与や賞与をもとに定められた**標準報酬月額**（4月～6月の3カ月の平均給与をもとに毎年9月に改定され、32等級に分けられる）に応じて厚生年金保険料率（18.3%）で計算した額を事業主と折半して負担する。賞与については、150万円を超えない部分につき標準賞与額として保険料の算定対象に加えられる。保険料納付義務は事業主にあり、給与から本人負担分を源泉徴収して納付する。

　国民年金第3号被保険者は、保険料を納付する必要はなく、配偶者の事業主を通じて届出を行うだけで足りる。第3号被保険者の年金給付に要する費用は、その配偶者ではなく、第2号被保険者全体で負担している。

　低所得など一定の条件を満たした場合には、**保険料を免除する制度**がある。失業して所得がないなど世帯所得が一定以下のため一時的に保険料を納められない場合には、市町村に申請を行うことで保険料の全部または一部（4分の3、半額または4分の1）が免除される（**申請免除**。2021年度の場合には、4人世帯・全額免除の所得免除基準は172万円以下）。免除期間に対応した給付は減額されるが、10年以内であれば追納することもできる。また、生活保護の受給者や障害基礎年金の受給権者は**法定免除**の対象となる（ただし、申請免除と同様に給付額は減額される）。これらは、国民年金には所得にかかわらず加入し、定額の負担を行わなければならないという日本特有の「**国民皆年金制度**」において、所得のない者を救済するための制度であるが、免除期間に対応した給付は減額されてしまい、基礎年金額を保障できなくなるもので、社会保険方式の難点を示していると言える。

　このほか、学生（大学生、大学院生、短大生など）については、現在所得がないが将来は払えるようになる立場であることを考慮して、本人の所得が一定以下の場合には、在学中の保険料の納付が最大10年猶予され、後で追納することができる**学生納付特例**がある。猶予期間は受給資格期間に算入され、期間中の事故に対しては障害年金等の対象になる。50歳未満の第1号被保険者についても、同様の納付猶予制度がある（2025年度まで）。

　また、出産育児を支援するため、**育児休業・産休期間中の厚生年金保険料は免除**され、その期間は保険料を納めた期間とみなして将来の年金給付額に反映される。また、産前産後期間の国民年金保険料も免除される。

　国民年金（第1号）の保険料の**納付率**は、現年度の納付率が一時6割を割り込むほどになった。経済的困窮の拡大や、年金に対する不安が原因であると言われるが、2017年国民年金被保険者実態調査によれば、世帯の総所得金額が1,000万円以上の滞納者の47.5％が「保険料が高く、経済的に支払うのが困難」であると回答し、1号期間滞納者の50.8％が生命保険・個人年金に加入しているなど、年金制度に対する理解不足や誤解が大きな要因になっている。実際には2年以上未納の者（未加入者含む）は134万人（2019年度末）で公的年金加入者全体の2％にすぎず、未納者に年金は給付されないので年金財政上の問題は生じないが、将来困窮する者が増加する懸念や正常に納付している人への不安などの問題があり、年金への理解を得るための努力や、納付督励や強制徴収などの対策が進められてきている。納付率は近年回復してきている。

　基礎年金給付に要する費用は、各制度からの基礎年金拠出金と国庫で半分ずつ負担する。**基礎年金拠出金**とは、厚生年金保険料として厚生年金（国民年金第2号）被保険者から徴収した保険料と国民年金保険料として国民年金第1号被保険者から徴収した保険料から、加入者数に応じて頭割で基礎年金の財源を拠出するものであり、国民年金第1号被保険者の減少にしたがって財政基盤の強い厚生年金からの財政移転となり、制度間で財政調整する役割を果たしている。**基礎年金給付に要する費用の2分の1が国庫負担**とされているのは、保険料負担を抑制するためである。以前は国庫負担割合は3分の1であったが、少子高齢化の進展で保険料が引き上げられていき、現役世代の負担の限界が問題になってきた1990年代から国庫負担の引き上げが議論されるようになり、2004年度から多様な財源を確保して引き上げが着手されてきた。2012年の社会保障・税の一体改革で消費税率の引き上げの財源を基礎年金に充てることで、国庫負担2分の1への引き上げの恒久的な財源が確保されることになった。基礎年金の国庫負担は、保険料負担以上の給付が行われることや、免除者にも国庫負担分の給付が行われることで、公的年金の民間金融商品に対する優位性を引き出すものとなっているとも言える。

　年金の適用と保険料徴収、記録管理と裁定・給付の事務は、国の委託を受けて、全国で312カ所の年金事務所を持つ**日本年金機構**が行っている。市町村は住民記録の利用が不可欠な第1号被保険者の届出や免除申請の受付のみを行っている。なお、年金の納付記録の管理は、年金制度にとってきわめて重要なことであるが、加入者1人ひとりに振られている基礎年金番号により統合されていない年金記録の存在や、紙台帳からの入力ミス、事業主が保険料負担を圧縮するための届出による不適切な訂正などが問題になり、2007年度〜13年度まで年金特別便による確認や紙台帳との突合など年金記録の回復作業が行われた。

3.2　老齢年金 ●

老齢年金の受給要件

　老齢年金は、**保険料納付済期間と免除期間の合計（受給資格期間）が10年以上ある者に支給される**。受給資格期間は、以前は25年であり、諸外国と比べてもかなり長かったが、成人後老齢になるまでの長い間のうち25年加入することは無理なことではなく、受給資格期間を短くすることは低年金を招くことになるとされてきた。しかし、未納の増加に伴い無年金を避けるため、2017年から受給資格期間は10年に短縮された。

　老齢基礎年金は**65歳から支給**される。老齢厚生年金も原則として65歳から支給されるが、1994年改正および2000年改正による支給開始年齢の60歳から65歳への段階的な引き上げが経過的に進行中で、報酬比例部分について男子は2025年度に、女子は2030年度に支給開始年齢の65歳への引き上げが完了する。男子は1961年4月2日生まれ以降、女子は1966年4月2日生まれ以降は全面的に65歳支給になることになる。本人の請求により、支給開始を60歳以上65歳未満に繰り上げることができ、この場合は月に0.4%（2022年4月から）の減額が一生続くことになる。65歳よりも繰り下げることもでき（75歳まで）、この場合は月に0.7%加算される。5年繰り下げれば0.7%×12カ月×5年＝42%毎月の年金額が増額して支給されることになる。

　年金を受給しながら厚生年金の被保険者として賃金を得ている場合には、年金と賃金の調整を行う**在職老齢年金制度**がある。総報酬月額と基本年金月額の合計が47万円を超える場合に、一定額が支給停止される。所得保障としての年

金の趣旨と負担抑制の観点から設けられた制度であるが、高齢者の就業を抑制するとして批判もある。

　年金財政の負担の軽減と高齢者雇用の促進のため、**支給開始年齢のいっそうの引き上げ**が課題になってきた。これまでの65歳への年金支給開始年齢の引き上げは、**雇用との接続**を重視して行われてきた。高年齢者雇用安定法の改正により、1994年には60歳定年制の義務化、2000年には65歳までの雇用確保措置の努力義務化、2004年には65歳までの雇用確保措置の段階的義務化、2012年には65歳までの希望者全員の継続雇用の義務化が決められている。2020年改正では70歳までの企業の就業機会（雇用以外を含む）の確保の努力義務が設けられた。今後の65歳を超える支給開始年齢の引き上げ論議においても、高齢者の雇用確保策との関係が論点になってくることであろう。

老齢年金の給付額

　基礎年金に加え、厚生年金に加入していた期間に応じて厚生年金が支給される。年金の支給は2カ月に1回、偶数月の15日に行われる。なお、厚生年金に20年以上加入していた者が受給権を取得した時に生計を維持していた65歳未満の配偶者または18歳未満の子などがいる場合は、加給年金が支給される。

　基礎年金額は、40年加入で満額となり、2021年度の新規裁定者では月額65,075円である。加入期間が40年よりも短い場合は期間に比例して減額される。保険料免除を受けていた期間は減額され、全額免除を受けていた場合は国庫負担相当額（基礎年金額の2分の1）のみ支給されることになる。この額は、1986年に基礎年金制度が創設された時に高齢者の基礎的消費支出（衣食住）を賄える額として決められたものを、その後に物価等各種の指標に基づいて改定してきたもので、現在は厳密に言うと基礎的消費支出に準拠して決められてはいない。

　厚生年金の額は、加入期間の平均標準報酬額の1000分の5.481（**給付乗率**）に加入月数を掛けた額である。**平均標準報酬額**は、加入期間中の標準報酬を平均して算出するが、過去の低い標準報酬をそのまま平均すると、年金の実質価値が低くなってしまうため、過去の標準報酬を現役世代の手取り賃金の上昇率に応じて見直したうえで平均している（**再評価**）。厚生年金額の設計は、過去

の制度改正においては、労働者の平均賃金を得て40年間厚生年金に加入してきた片働き世帯をモデルにして、夫婦の年金額の合計（基礎年金2人分＋厚生年金）が現役時代の賃金に対する割合（**所得代替率**という）の6割程度になるように行われてきた。2004年の改正でマクロ経済スライド（後出参照）が導入され、長期的に年金水準が低下していっても所得代替率は50％を下回らないものとされるようになった。女性の就労が一般的になった現代において、片働き世帯をモデルにして年金水準を論ずることには批判があり、多様な世帯類型で検証すべきだという意見もある。

　年金は保険料の拠出から受給する高齢期までが長期間にわたり、かつ受給が長期間にわたる。その間の経済変動や生活水準の変化に対応して、年金の実質的な価値を維持するために年金額の改定（スライド）の仕組みが設けられている。私的年金にはない公的年金の特徴である（ただし、マイナス改定もありうる）。経済成長は現役世代の賃金水準に反映し、財源となる保険料も賃金水準に連動することから、年金の給付水準は賃金水準の動向に対応して改定される。具体的には、新規裁定者については原則として**名目手取り賃金変動率に連動**して給付額が改定される。一方、既裁定者（65歳以上で年金を受け取り始めた後の者）については、経済成長による生活水準の向上を反映するのではなく、物価による変動を調整して実質価値を維持すればよいとの考え方から、消費者物価指数の変動に応じ年金額が改定される（**物価スライド**）。ただし、物価上昇が賃金上昇を上回る場合には、年金受給者が現役世代以上の生活水準の向上を享受することは不公平であるので、賃金上昇分しか改定しないこととなっている。実際には、物価や賃金の下落局面では、物価下落率までしか引き下げないことになっていたり、1999年〜2001年に物価の下落にもかかわらずマイナスの物価スライドを行わず年金額を据え置いた特例水準が設けられたりして（2013年度から2015年度の3年間で解消）、これまで年金額の経済変動に応じた改定は十分には行われてこなかった。

　このような改定方式に加え、2004年には、物価や賃金による改定率に対し一定の調整を行う仕組み（**マクロ経済スライド**）が導入された。年金の実質価値を維持するという考え方を一部転換して、現役世代の負担の上限を考えて将来の**保険料率を固定**し（18.3％を上限とする）、その中で給付と負担の均衡が見

込まれるまでの期間（調整期間）、年金額の伸びを上記の改定率よりも一定の調整率だけ差し引いて改定する。調整率は、被保険者の減少率（直近3カ年度の実績値の平均値）に平均余命の伸びを勘案した一定率（0.3%）を加えたものである。これは、年金制度を支える力の変化と受給者側の寿命の伸びに対応して、年金財政が均衡するよう給付水準を自動的に調整する仕組みである。5年ごとに政治的な議論に巻き込まれることなく自動的に調整し、また給付でなく負担を固定した点はそれまでと違う画期的なものであると言える。

　公務員等の旧共済年金については、2015年10月に厚生年金に統合された後、厚生年金に加え「退職等年金給付」が支給される。これは、民間では企業年金を有する企業が半分を占めていることを考慮し、従来の共済年金の職域年金部分（3階部分）に代わって設けられたものである。有期年金と終身年金からなる積立方式年金で、別途徴収した保険料を財源に充てる。

年金税制

　年金に対する課税は、老後保障の観点から他の所得に比べ優遇されており、事実上、拠出時・給付時ともに免税になっている。拠出時は本人保険料については**社会保険料控除**が適用され、事業主の保険料は損金算入できる。給付時は雑所得として課税されるのが原則であるが、**公的年金等控除**として、定額控除額に加えて5%〜25%の定率控除がある（65歳以上は所得に応じ90〜110万円が最低保障される）ため、多くの年金受給者は課税されていない。現役世代との公平の観点から年金課税を強化すべきだという意見がある。

3.3　遺族年金

　遺族年金は、年金の被保険者や受給者が死亡した場合に、生計を維持されていた遺族に支給されるものであり、本人の老齢年金の遺族への振替えのような性格を持っている。遺族基礎年金は、生計を維持（年額850万円以下が収入要件）されていた配偶者（子と生計を同じくする場合）または子（18歳未満）に支給される。支給額は満額の老齢基礎年金と同額で、配偶者に子がいる場合は加算される。遺族厚生年金は、生計を維持されていた配偶者、子、父母、孫または祖父母に支給される。子のない配偶者にも支給されるが、妻が30歳未満で

子のない場合には5年の有期支給である。また、夫、父母または祖父母は、55歳以上である必要があり、60歳から支給される。支給額は被保険者等の老齢厚生年金額の4分の3である（被保険者期間が25年に満たない場合は25年分を保障）。配偶者が老齢厚生年金の受給権を得た場合は、死亡した者の老齢厚生年金額の4分の3か、死亡した者の老齢厚生年金額の2分の1プラス本人の老齢厚生年金額の2分の1の合計額かを選択できる。ただし、本人の老齢厚生年金の受給が優先され、差額が支給される。なお、遺族年金は非課税である。

3.4　年金財政

年金の財政方式

　年金の財政方式にはいくつかの種類があるが、まず第1に、社会保険方式と税方式の区別がある。**社会保険方式**は、あらかじめ支払った保険料に対応して年金給付が行われるものである。**税方式**は、受給時のニーズのみに応じて年金給付が行われるものである。社会保険方式においては、負担した者だけが給付を受けるという意味での負担と給付の牽連性があるが、再分配が行われるので、負担額と給付額が比例することまでは求められておらず、給付の財源に保険料以外の税財源が投入されることもしばしばである。諸外国の年金制度を見ると、社会保険方式が多いものの、税方式の国も存在する（例：オーストラリア、ニュージーランド、カナダなど）。拠出要件を満たせば給付されるので権利性が強い、一般に所得制限がなく普遍性が強い、財源が確保しやすい、自主的責任を涵養するといった点では社会保険方式に長所があるが、就労が不安定で収入がなく保険料を払えない者の権利保障には限界がある。

　日本の年金制度は社会保険方式である。国民年金創設当時には福祉年金という税方式年金があったが、経過的なものとされ、現在は20歳以上のすべての居住者が所得にかかわらず加入し保険料を払うこととなっている。これが世界に他に例を見ない皆年金制度であるが、所得のない者や被扶養者は保険料を払わなくてもよいなどの例外がある。未納や世代内移転への不満を解消するとして、基礎年金を税方式化すべきだとする意見があるが、所得制限付きの選別的な給付にならざるをえないことや、財源調達の問題などがあり、現実的なものとは言えない。しかしながら、雇用の不安定化や低所得者の増加で、保険料を

長期にわたって継続的に支払うことが困難な者が増えてきたことは事実であり、社会保険方式の限界を補うために、税による何らかの補足を行うことが課題になってきている。

　財政方式の種類の第2として、賦課方式と積立方式の区別がある。**賦課方式**とは、現役世代が納めた保険料をその時の年金受給者への支払いに充てるものであり、公的年金に特有のものである。**積立方式**とは、保険料を積み立て、市場で運用して将来の給付の財源にするものである。賦課方式は、後の世代がいるかぎり実質価値を維持した年金を給付することができるが、少子高齢化が進むと現役世代の負担が重くなるなど、人口変動のリスクに弱い。一方の積立方式は、市場環境の良い時は有利であるが、インフレによって年金の実質価値が維持できなくなるおそれがあるなど、経済変動のリスクに弱い。日本を含む各国の公的年金の財政方式は、積立方式で始まったものが経済社会の大きな変化に対応するため賦課方式に変わっていった。一方で、シンガポールなど積立方式の公的年金を持つ国もある。私的年金である企業年金や個人年金などは積立方式である。以前は、厚生年金を民営化して積立方式で運用すべきだという意見もあったが、市場における運用環境の悪化に伴い、主張する人は少なくなっている。日本の公的年金は、人口の高齢化が急速であるため、保険料を早めに引き上げて備える必要があることから、先進国の中では突出して多くの積立金を有しており、運用収入が給付の財源の不可欠な部分を占めており、賦課方式と積立方式を混合した仕組みになっているとも言うことができる。

　財政方式の種類の第3は、給付建てと拠出建てである。**給付建て**は、年金制度の設計においてまずニーズに基づいて給付に必要な額を決め、それに必要な負担額を算出する方法である。**拠出建て**は、まず負担できる額を決め、その範囲内で給付を行う方法である。給付建ての場合は予想を超えた経済社会の変動により負担が増加するリスクがあり、拠出建ての場合は給付が減少するリスクがある。公的年金はニーズに応じて給付する社会保障制度であるから通常は給付建てであるが、2000年にスウェーデンが、若年世代の理解を得るために、拠出額が個人勘定に賃金上昇率等によるみなし運用利回りを付けて積み上がっていき、年金受給開始時点で年々の給付額が決まる「みなし拠出建て」の制度を導入し、公的年金における拠出建ての可能性を開いた。日本においても、2004

年の改正で保険料の上限に収まるように年金額の改定率を決めていくマクロ経済スライドが導入され、拠出建ての考え方が取り入れられている。

　社会保険方式の日本の年金制度においては、給付と負担は長期的に均衡するように決定される。将来にわたり保険料率が一定に保たれるように決められるものを**平準保険料方式**と言うが、当初から高水準の保険料を徴収することは困難であることから、日本の年金においては、給付費用の増加に伴い段階的に保険料率を引き上げていく**段階保険料方式**を取ってきた。これまで、5年に1度財政再計算を行い、そのたびに長期的に均衡するように給付と負担の水準を修正してきた。しかし、予想を超える少子高齢化の進展により保険料が急上昇する見通しとなっていったため、若年世代の理解を得るため、2004年の改正で保険料の引き上げは将来にわたり18.3%を上限とすることになり、現在の厚生年金保険料は18.3%となっている。

年金の財政見通し

　以前は5年に1度、国勢調査に基づく人口推計を踏まえて財政再計算をして、給付と負担に関する制度改正を行っていた。マクロ経済スライドが導入されて自動的に給付と負担が均衡する仕組みとなった2004年改正から、5年に1度、将来の経済と人口について一定の前提を置いて、100年間にわたる年金の給付と負担についての見通しを作成することとなった。これを**財政検証**という。財政検証とは、いわば年金財政の健康診断であり、過去の人口推計が的中したかどうかを審査するものではない。このような経済前提を置けば年金財政はこのようになるということを示し、経済社会のあり方について政策努力をすることで年金財政のあり方も変わることを示すという意義を有するものである。

　直近の財政検証は2019年に行われた。社会・経済状況について複数の前提を置いて、6通りのケースについて将来の給付と負担の見通しを所得代替率の形で表している。主な前提としては、出生率や平均寿命などの将来推計人口、労働参加がどのくらい進むかという労働力率のほか、経済前提として、全要素生産性（資本と労働の増加によらない技術進歩や効率化などによる生産の増加）、物価上昇率、賃金上昇率、運用利回りなどを置いている。経済前提は、専門家による委員会の議論を経て置かれたものであり、内閣府の各種経済見通しとも

図2-5　2019年年金財政検証結果

(1)　6通りの経済前提

		将来の経済状況の仮定	経済前提					(参考)
		労働力率	全要素生産性 (TFP)上昇率	物価上昇率	賃金上昇率 (実質〈対物価〉)	運用利回り		経済成長率 (実質) 2029年度以降 20〜30年
						実質 〈対物価〉	スプレッド 〈対賃金〉	
ケースI	内閣府試算 「成長実現 ケース」に接 続するもの	経済成長と労働参加 が進むケース	1.3%	2.0%	1.6%	3.0%	1.4%	0.9%
ケースII			1.1%	1.6%	1.4%	2.9%	1.5%	0.6%
ケースIII			0.9%	1.2%	1.1%	2.8%	1.7%	0.4%
ケースIV	内閣府試算 「ベースライン ケース」に接 続するもの	経済成長と労働参加 が一定程度進む ケース	0.8%	1.1%	1.0%	2.1%	1.1%	0.2%
ケースV			0.6%	0.8%	0.8%	2.0%	1.2%	0.0%
ケースVI		経済成長と労働参加 が進まないケース	0.3%	0.5%	0.4%	0.8%	0.4%	▲0.5%

(2)　結果のまとめ

経済前提	最終的な所得代替率	(基礎年金(1階部分)) (厚生年金(2階部分))	給付水準調整の最終年度
ケースI	51.9%	(26.7%) (25.3%)	2046年度
ケースII	51.6%	(26.6%) (25.0%)	2046年度
ケースIII	50.8%	(26.2%) (24.6%)	2047年度
ケースIV	46.5%	(23.4%) (23.1%)	2053年度
ケースV	44.5%	(21.9%) (22.6%)	2058年度
ケースVI	36〜38%	国民年金は2052年度に 積立金がなくなる	

(出所)　厚生労働省資料。

整合性を図っている。マクロ経済スライドにより所得代替率が低下していって
も、50%を下限とすると法の附則で定められていることから、各ケースが50%
を維持できるかどうかが評価の焦点となった。結果としては、経済の回復と高
い労働参加率の確保を前提とした3ケース（I〜III）では50%を確保し、そう
ではない3ケース（IV〜VI）では50%を確保できない、というものであった。
この見通しの結果自体については、経済状況が良ければ年金財政も健全であ

り、経済が悪ければ年金だけを維持することはできない、という当たり前の結果を表したものにすぎない。経済が悪ければ年金は破綻する、といってあわてることなく、経済を良くすることで年金財政の健全性を確保するような政策努力が必要であるととらえるべきであろう。なお、2019年財政検証では、いくつかの制度改正を行った場合の財政見通しについてもオプション試算として行っており（（A）非正規労働者に厚生年金適用を拡大する場合、（B-1）65歳まで国民年金に加入する場合、（B-2）在職老齢年金の基準を緩和・廃止した場合、（B-3）厚生年金に75歳まで加入する場合、（B-4）受給選択時期を75歳まで延長できるようにする場合）、制度改正による影響もこの方法で計算することができることが示され、このうち2020年改正で一部が取り入れられた。

　注目すべきこととしては、従来の想定に比べ、マクロ経済スライドを発動して財政が均衡するまで給付水準を引き下げる期間（**調整期間**）が長くなっていることである。これは、デフレが長く続く間マクロ経済スライドが発動されず年金水準が高く維持されたため、今後給付水準を長い時間をかけて引き下げていくことが必要になったためである。その結果、現在の受給者に比べて将来の受給者の水準が大きく低下することになる。厚生年金受給世帯の所得代替率が50％を確保できたとしても、基礎年金の水準は大きく下がり、基礎年金（国民年金）の比重の高い低所得世帯に対する影響が大きくなることが懸念される。

3.5　私的年金

企業年金の意義と種類

　企業年金は、従業員の退職後に備える私的年金の1つである。日本においては、長期勤続や人材の確保のために退職金制度がある企業が多いが、企業としても退職時に一時金として払うのではなく、掛金を定期的に払えるメリットもあり、退職金の一部または全部を企業年金の形で支払う企業が多くなっている。公的年金を補完し、または公的年金とともに老後の所得保障に資する役割を担っている企業年金に対しては、設立・解散や受給権保護のための規制、税制上の優遇措置などの公的な介入が行われている。

　企業年金の種類には、①確定給付企業年金、②企業型確定拠出年金、③厚生年金基金、④自社年金がある。

　確定給付企業年金は、年金給付の額が決められており、給付の財源として原則として事業主が定期的に掛金を負担し、従業員数や経済状況などが変化した場合には、決められた給付の額が確保できるよう掛金額を変更するような仕組みを持った企業年金である。労使が合意した年金規約に基づく規約型と、母体企業とは別の法人格を持つ基金を設立して年金給付を行う基金型がある。状況の変化にかかわらずあらかじめ受給する年金額が決められていることから、退職後のライフ・プランの設計がしやすく、老後所得保障のための仕組みとして大きな意義を持っている。加入者数も多く、企業年金の中で中心的な存在である。

　企業型確定拠出年金は、掛金の額が決められており、企業が従業員の個人ごとの勘定に掛金を拠出し、個々の従業員が指図した資産運用の結果で年金給付額が変化する仕組みを持った企業年金である。個人勘定なので労働者の企業間移動への対応にすぐれ、また企業にとっては、掛金拠出の後は経済状況の変化などの影響を受けないといった利点を有する。

　厚生年金基金は、1966年に創設され2002年に確定給付企業年金と確定拠出年金ができるまで企業年金の中心的存在であったが、2013年改正法で制度としては廃止された。企業年金としての給付のほかに、**厚生年金の一部を代行**することが特色となっている。具体的には、厚生年金給付（基礎年金を除く）のうち、スライド部分を除く部分を代行し、それを超える「プラスアルファ部分」とともに基金から支給する設計である。母体企業とは異なる法人格を有し、主に大企業が設立した単独型と主に業界・地域ごとに中小企業が合同で設立した総合型があるが、現在単独型の多くは代行部分を国に返上（代行返上）して確定給付企業年金になり、残っているもののほとんどは総合型となっている。制度廃止後の現在は、基金新設は認められないほか、他の企業年金制度への移行や分割納付などによる特例解散を促進し、財政的に健全なごく一部の基金に限って存続が認められることとなっている。

　このほか、給付に必要な資産を外部積立せずに内部留保し、年金各法の規制下になく、税制上の優遇措置も受けない自社年金がある。

企業年金の変遷

　戦後復興期から経済成長期にかけて、企業は労働力確保のため退職金制度の

充実を図ってきたが、賃金の上昇に伴って増大する退職一時金の給付費用を平準化するため、退職金を年金化する企業が多くなった。税制上の措置が求められるようになり、1962年に一定の要件を満たした退職年金に税制上の優遇を行う適格退職年金制度ができた。一方、公的年金の充実が図られていったが、そのためには企業の厚生年金保険料負担と退職金との調整が求められた。その結果、1965年改正で厚生年金の保険料を引き上げて給付を充実するとともに、厚生年金の一部を代行する厚生年金基金を設けた企業の保険料を軽減することとなった（免除保険料制度）。厚生年金基金は、高度成長期の良好な運用環境の下で代行部分の資金も運用することでスケール・メリットがあったほか、税制上の優遇措置も行われたため、その後急速に普及した。特に、業界・地域ごとに総合型基金が多く設立され、中小企業従業員への退職金・企業年金の普及に大きな役割を果たした。

　1990年代に入ると、企業や業界別に作られた厚生年金基金は企業の経営状態や産業構造の変化の影響を受けるようになった。企業業績の悪化と金融危機に伴う運用難で企業年金財政が悪化したこと、企業の長期雇用を前提とした人事・賃金制度や福利厚生制度の見直しが迫られるようになったこと、会計基準の変更で退職給付債務がバランスシートに計上され、積立不足がある場合には企業本体の経営にも影響が生じるようになったことなどから、企業年金制度の見直しが求められた。一方で、退職後の所得保障のための企業年金の受給権保護が強く求められるようになり、積立基準の強化や外部積立が行われていない適格退職年金制度の見直しも求められた。このような背景の下に、2002年に**企業年金改革**が行われた。適格退職年金の10年以内の廃止と厚生年金基金の代行返上の容認を決めるとともに、その受け皿として確定給付企業年金と確定拠出年金が創設された。これは、多様な選択肢を用意する中で企業の退職金制度の自由な設計を認めるとともに、受給権保護のため積立基準を中心とした財政規律を強化し、厚生年金水準を引き下げた2000年改革とあいまって、公私年金を組み合わせて老後保障を図ろうとするものであった。

　制度改革後、大企業の単独型厚生年金基金の多くは代行返上し、確定給付企業年金と確定拠出年金に移行した。一方、総合型厚生年金基金は不況業種が多く積立不足の解消ができなかったため存続したが、掛金の引き上げを避けるた

図 2-6　適格退職年金の企業年金等への移行状況（2012 年 3 月31日）

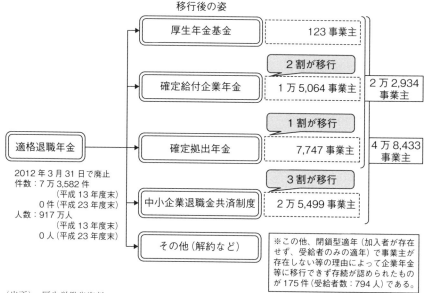

移行後の姿

（出所）　厚生労働省資料。

め高い予定利率を維持し高リスク運用を行っていた基金が多く、運用利回りの乱高下と財政不安定を招いた。積立不足により加算部分の圧縮を行った基金も多かった。

　制度改革から10年後の2012年に、いわゆる AIJ 事件（投資顧問会社 AIJ が基金の運用資産の大半を消失させた事件）をきっかけに、厚生年金基金のこうした問題点が批判され、2013年法で厚生年金基金制度は廃止されることになった。適格退職年金は2012年にすべて廃止され、退職金として給付を約束していたこともあり、確定拠出型よりも確定給付型に多く移行した。

企業年金の制度

　確定給付企業年金は、確定給付企業年金法に基づき、労使合意と大臣認可によって設立される。年金資産は、信託銀行や生命保険会社と契約を結び、母体企業の外で管理運用される。年金給付は終身または 5 年以上の有期の給付であり、支給開始要件は60歳以上70歳未満か、50歳以上の退職時であることを要す

る。20年以上の加入期間を要件とすることはできない。一方で一時金での支給も認められており、実際には多くの加入者が退職時に一時金を受け取っている。掛金は事業者負担を原則としているが、合意により本人負担も可能となっている。減額や解散については、加入者と受給者の利益を守るため規制されており、必要性についての実質的要件や労使・加入者の合意手続きなど厳しい要件が定められているが、合意があればすでに受給している年金についても減額できるなど、諸外国に比べれば柔軟で、存続を重視した規制になっている。

　企業型確定拠出年金は、確定拠出年金法に基づき、労使合意と大臣認可によって設立される。信託銀行や生命保険会社と契約を結び、母体企業の外で年金資産が管理運用される。掛金は事業主が資産管理機関に支払い、上限は月5万5,000円（確定給付企業年金を行っている場合はその半分）であり、規約により本人が掛金拠出することもできる（マッチング拠出）。資産は個人勘定で管理され、加入者が運用指図を行う。3つ以上の運用方法が提示されなければならない。給付要件として、年齢に応じた最低加入期間がある（例：60歳以上で10年、65歳以上で1カ月など）。年金に代わって規約で定めれば一時金での受給もできるが、上記年齢に達する前の脱退による一時金の受給は厳しく制限されている。

　企業年金の受給権を保護する仕組みとして、確定給付企業年金、企業型確定拠出年金はともに**企業の外部に積み立てる義務**が課されている。確定給付企業年金については、積立金の額が将来にわたって年金給付を行っていくのに十分で（責任準備金）、解散した場合でもこれまでの掛金に応じた給付を行っていくのに十分な額（最低積立基準額）を上回っていなければならない。事業主または基金は、毎年度これを財政検証し、不足している場合は掛金を追加拠出しなければならない。このほか、**受託者責任**として、事業主および理事の忠実義務と善管注意義務が定められている。事業主の加入者に対する**情報提供義務**も、受給者保護の1つであると解することができる。

　企業年金に関する税制は、拠出時・運用時・給付時とも実質ほとんど非課税となっており、各種の規制がある代わりに、所得保障としての企業年金促進の観点から税制上優遇されている。拠出時には、事業主掛金は全額損金（必要経費）算入される。本人掛金は、確定給付企業年金の場合は生命保険料控除（限

度あり）、確定拠出年金の場合は小規模企業共済等掛金控除（限度あり）、厚生年金基金の場合は社会保険料控除（限度なし）となる。運用時には、積立金について1.173％の特別法人税が課せられる（厚生年金基金は代行部分の3.23倍まで非課税）ことになっているが、運用環境の悪化を配慮し課税は現在停止されている。給付時には、年金払いの場合は雑所得として課税されるが公的年金等控除が適用され、一時金払いの場合は退職所得として課税される。いずれも一般の所得に比べ大きく優遇されている。

　企業年金は積立方式であり、**積立金の運用**はきわめて重要である。確定給付企業年金においては、信託銀行や生命保険会社に委託して運用することが一般的であるが、長期的な資産配分割合（政策アセットミックス）の作成、運用機関構成の決定など企業年金側の責任は大きい。確定給付企業年金は、長期安定的な運用を旨とするが、2019年度の資産構成割合は、債券41％、株式21％、一般勘定18％、ヘッジファンド5％などと多様化し（企業年金連合会調査）、高利回りも追求しており、運用実績も市場環境にあわせて乱高下している。一方、確定拠出年金は、加入者が個人ごとに運用商品を選択するものであるが、預貯金36％、保険16％、投資信託・金銭信託等48％となっており（運営管理機関連絡協議会調査）、元本保証型の運用が多い。

企業年金の課題

　今日の企業年金は、2002年の年金制度改革後の厚生年金基金の代行返上と確定給付企業年金・確定拠出年金という新しい選択肢への対応という嵐を経た後、2014年にはこれまで企業年金の中核を占めてきた**適格退職年金と厚生年金基金制度の廃止**という新たな転機を迎えた。そうした中で第1の課題は**企業年金の維持と普及**である。企業年金は公的年金を補完し、あるいは公的年金とあいまって老後の所得保障を支えるという意義を持つ制度である。現在の普及率は重複を勘定しても4割台であるが、企業年金数の減少傾向も見られる。これまで総合型の厚生年金基金が中小企業労働者に企業年金を提供する重要な役割を果たしてきたが、厚生年金基金制度の廃止の後の受け皿を用意することが必要である。また、適格退職年金制度の廃止時に、とりあえず移行した小規模の確定給付企業年金が多数存在する。こうしたものの中には、長期の存続が厳し

いものもあり、適切な見直しによって存続を図っていく必要があろう。

　第2に、**財政リスクへの対応**である。運用規制の自由化と市場のグローバル化により、運用環境によって実績が乱高下し、年金給付に必要な積立金が不足するといった財政リスクに翻弄されている。幸い日本ではこれまで、諸外国のように確定給付型から雪崩を打って確定拠出型に移行するというようなことまでは起こっていない。これは、日本の企業年金が退職金の変形であるということのほかに、柔軟な規制により減額や積立不足への対応猶予を認め、存続を重視してきたことも理由であろう。受給者保護のための財政運営基準などの規制は必要であるが、厳しくしすぎて企業年金をやめてしまうというような、角を矯めて牛を殺すことにならないように、性急な規制強化ではなく、事後的介入などを含めた総合的な受給者保護のための仕組みを講じていくべきである。

　第3に、**従業員への説明と参加**である。企業年金は事業主と加入者の合意で運営されるものであるが、これまで従業員に対する情報提供や参加の仕組みは必ずしも十分ではなかった。確定給付企業年金における運営への加入者の参加や情報開示の徹底が必要である。また、確定拠出年金は、加入者個人が運用を行いリスクを負う仕組みであるが、商品選択に関する説明や情報提供が不十分であり、主体的な運用が行われず低い利回りに甘んじているなど特に多くの問題があり、事業主の加入者教育の責任の強化などの課題がある。

個人年金

　企業年金の他の私的年金として、任意加入の個人年金の制度がある。**国民年金基金**は、基礎年金給付しかない国民年金第1号被保険者に上乗せ給付を行うもので、国民年金法に根拠を置く任意加入・積立方式・確定給付の仕組みであり、都道府県単位の地域型基金と業種別の職能型基金がある。**個人型確定拠出年金**は、公的年金加入者が任意加入できる制度である（愛称iDeCo）。国民年金基金連合会が運営し、加入者は拠出した掛金の運用指図を行う。そのほか、民間金融機関が提供する一部の個人年金には、生命保険料控除の一種である**個人年金保険料控除**が適用され税制上優遇されるが、諸外国のように個人年金を広く優遇する仕組みは日本には存在しない。

3.6　年金積立金

年金積立金の運用

　ここでは公的年金の積立金について述べる（企業年金については➠3.5）。2020年度末の**年金積立金は約195兆円**（時価ベース）となっている。これだけの積立金が積み上がっているのは、高齢化に伴う将来の給付費の増大に備えあらかじめ保険料の一部を積み立てる形になっているためである。積立金の運用収入は年金財政に大きく貢献し、賦課方式による人口変動リスクを緩和する役割を果たしている。しかしながら、積立金はすでに単年度収支の赤字を埋めるために取り崩しが始まっており、財政見通しにおいては、100年後にほぼ使い切る制度設計としている。

　年金積立金は、以前は政府系金融機関などを通じた財政投融資の資金となっていたが、次第に自主運用が増え、2009年度には全額自主運用となった。公的年金積立金の運用のほとんどは、厚生労働大臣の寄託を受けた**年金積立金管理運用独立行政法人**（GPIF：Government Pension Investment Fund）が行っている。運用の専門家により分散投資が行われ、運用額は2020年度末で186兆円におよび、世界最大の機関投資家と言われ、運用方針は市場に大きな影響力を持っている。年金の運用にあたっては、長期的な観点を持って、必要なリターンを最低限のリスクで確保することを目指す観点から、各資産を組み合わせた資産構成割合を「**基本ポートフォリオ**」として定めている。2021年現在の基本ポートフォリオは、国内債券25％、外国債券25％、国内株式25％、外国株式25％と、債券と株式が半々となっている。運用実績は市場環境によって大きく異なり、損をした期には大きく報道されるが、自主運用の始まった2001年度から2020年度までの通期利回りは3.61％、累積収益額95兆円と財政計算上のベンチマーク（基準指標）を上回る収益を計上している。

　2014年になって資金運用のあり方の改革が議論になり、GPIFの政府からの独立性を高めるとともに、よりリスクを取った積極的な運用を進めることとなった。しかしながら、積立金の運用は長期で年金給付に必要な財源を確保できるものでよく、過度なリスクを取って短期で一喜一憂するようなものであってはならないであろう。

年金福祉事業

　年金の積立金は、以前は財政投融資の原資となり、社会資本整備、政策金融等に活用されるとともに、その一部は還元融資として、1961年に設立された年金福祉事業団の下で、被保険者や事業主に対する貸付事業、あるいは大規模年金保養基地（グリーンピア）の設置運営事業が行われてきた。これは年金制度の普及段階で、高齢になって受給する前には恩恵を被らない若年の被保険者の理解を得るために、それらの人々の福祉向上のために年金積立金を利用する制度に基づいたものであり、被保険者や事業主への住宅・施設等の低利の建設資金提供や、十分な保養施設がなかった時代の保養施設の建設や地方開発に貢献し、大きな役割を果たしてきたものと言える。

　その後、時代の変化とともに年金積立金の使途についての考え方も変わり、議論の結果2001年に年金福祉事業団は解散し、年金積立金については、市場を通じた運用を基本とすることとなった。大規模年金保養基地は2005年までに地方自治体等に譲渡された。年金住宅投融資事業は2006年に新規貸付を終了し、現在は**独立行政法人福祉医療機構**（WAM）で債権の管理回収事業だけが行われている。年金担保融資事業は、年金を担保に保健・医療、介護・福祉、住宅改修、冠婚葬祭、生活必需物品の購入などの支出のために一時的に小口の資金が必要な場合に融資するものであり、2006年に財源を年金積立金から WAM の機関債に切り替えて、生活保障のため一般には禁止されている年金担保融資を法律に基づき WAM だけが行う事業として行われてきたが、2021年度で終了した。

4　年金制度の歴史と政策

4.1　創設から拡充まで
──年金制度の創設と1959年の国民年金法制定──────●

　日本ではすでに戦前の1941年に**労働者年金保険法**が成立し、被用者年金保険制度が創設されていた（1944年には厚生年金保険法に改められた）ため、その

後の全国民を対象とした年金制度創設の論議にあたっては、先行した被用者年金制度との調整・通算が大きな課題となった。戦後社会保障制度の基本設計を提言した1950年の**社会保障制度審議会勧告**では、原則定額給付の単一の年金制度創設を勧告しながらも、国民年金の創設は経済回復まで後回しとされた。1954年には適用範囲拡大と給付水準引き上げのため**厚生年金保険法が全面改正**され、最低保障の理念から定額給付制を主張する社会保障制度審議会と現実的な負担のため所得比例制を主張する厚生省との妥協で、結局、定額部分を持つ 2 階建ての厚生年金制度となった。その後の年金制度史は、1959年、1985年、2000年の 3 つの法改正がエポックとなっている。

　第 1 のエポックは、1959年の**国民年金法の制定**である（1961年施行）。1950年代半ば頃からの経済成長、軍人恩給復活、農林共済分離など各種共済制度成立の動きなどを背景にして、国民年金創設の機運がもりあがった。制度設計に関しては様々な議論があったが、その結果創設された国民年金制度は、被用者年金制度に加入していない全国民を対象として国民年金制度を創設し、「**国民皆年金**」を実現した画期的なものであった。社会保険方式、定額拠出・定額給付であり、就労や所得の有無にかかわらず加入義務を課すこととなったほか（ただし保険料免除制度を設けた）、一部設けられた福祉年金（税方式年金）は、保険料を負担できなかった者やすでに老齢に達している者に対する補完的・経過的なものに限られた。

　その後1960年代以降、経済成長を背景に**給付水準の引き上げ**が続いた。1965年改正では、厚生年金基金加入者に対しては厚生年金の報酬比例部分への加入を免除する形で退職金との調整がなされたため、事業者側も保険料引き上げに合意して給付の充実につながった。この時、厚生年金において 1 万円年金を実現し、1966年改正で国民年金で 1 万円年金を達成した。1969年改正では 2 万円年金を達成した。1973年改正では、 5 万円年金を達成し、賃金再評価・自動物価スライドの創設とあわせ「**福祉元年**」と呼ばれた。この時、厚生年金の水準を平均賃金比60％とし、国民年金もそれを基準に給付額を定め、賃金・自動物価スライドも設けたため、その後年金の給付水準は大幅に高まることとなった。1976年改正では厚生年金で 9 万円年金、国民年金で 3 万円年金、1980年改正では厚生年金で13万円年金、国民年金で 4 万円年金を達成した。

4.2　調整と適正化──1985年の基礎年金の創設 ────────●

　第2のエポックは、1985年改正による**基礎年金の創設**であった。1970年代後半には、低成長への移行、急速な高齢化、制度間格差への対応などのため、制度再編と給付と負担の水準の見直しが求められるようになった。制度再編論議の中では、国民共通の基礎年金の創設が大きな課題となっていた。社会保障制度審議会が税方式の基本年金構想を掲げた影響も受けて基礎年金が創設され、2階建ての制度体系とされたが、制度審構想とは異なって基礎年金は拠出制であり、実質的には従来の国民年金と厚生年金の財政調整を図るものであった。また、従来もっぱら引き上げを続けてきた給付水準を引き下げていくこととし、基礎年金（国民年金）の水準は高齢者の基礎的支出分とし、加入期間の伸びを踏まえて水準を引き下げた。また、障害者以外に新たな福祉年金は創設せず、免除で対応することとした。

　その後も給付水準調整の努力は続けられ、1994年改正では、基礎年金額が引き上げられた一方、賃金スライド方式は名目賃金でなく手取り賃金に基づいて改定する方式へと改められた。

4.3　負担からの再編──2000年年金法改正以降 ────────●

　バブル崩壊が明らかになり、高失業・非正規化などの雇用構造や家族形態の変化が明らかになってきた2000年に行われた改正が、戦後日本年金制度史の第3のエポックであると言える。この改正では従来のように給付改善を標榜せず、現役世代の負担の抑制という拠出側の論理を正面から訴え、給付乗率の5％引き下げなどで給付総額を2割削減するものであった。また、保険料の抑制を図るため**基礎年金国庫負担の引き上げを約束**し、ほぼ同時に公私年金の役割分担を進めるための**企業年金改革**（確定給付企業年金と確定拠出年金の創設）も行った。さらに、1994年改正で始められた支給開始年齢の引き上げや育児期間中の保険料免除のいっそうの推進も行い、就労と育児の支援に努めた。少しでも拠出しやすくするため、半額免除制度も創設された。

　2000年改正で始まったこうした就労世代の負担の限界を踏まえた負担抑制（税負担と公私分担の拡大を含む）と就労・育児の支援の方向はその後も続い

ている。2004年改正では若年世代の拠出能力に応じて給付抑制を行う保険料上限の設定と**マクロ経済スライド**の導入、基礎年金国庫負担引き上げの法定化、在職老齢年金の在職停止割合の緩和、育児期間中免除の改善、多段階免除の創設、若年遺族の遺族年金受給の制限などが行われ、2000年改正で始められた取り組み（財政フレーム）が完成した。2009年、2012年および2016年の改正では基礎年金国庫負担2分の1の恒久化、非正規労働者への厚生年金適用の一部拡大、最低加入期間の25年から10年への短縮、低所得者に対する年金生活者支援給付金の創設、第1号被保険者の産前産後期間の保険料免除、マクロスライドの徹底などが行われた。2020年改正では非正規労働者に対する厚生年金適用の一層の拡大、65歳未満の在職支給停止の緩和、受給開始時期の選択肢の拡大などが行われている。

　このように、2000年以後は、不安定雇用の増加、女性の就労の増加など、働き方の変化への対応が図られ、現役世代の就労に基づく拠出能力の限界を明確に意識し、拠出から発想した制度設計になってきている。マクロ経済スライドを代表とする負担上限の設定、税負担と公私分担の拡大のほか、不安定な就労収入により拠出できない者への対応として、福祉的・補足的給付が求められるようになった。また、高齢者の就労支援と現役世代の育児支援を行う動きが進むとともに、既婚女性の被扶養を前提とした第3号被保険者制度は批判されるようになってきた。つまり、生存権思想よりも就労との関係の強化が見られ、就労・育児を前提とする制度から支援する制度への変化が見られると言える。

5　年金制度の課題

5.1　年金制度の全体状況

　年金は高齢者の生活に不可欠な存在となり、制度は長い歴史の中で微調整が行われてきた。年金が必要か必要ないかについては、改めて論じる意味はもはやなくなっている。**抜本的な改正**をやみくもに唱えるのではなく、制度を具体的にどのように微調整していくかが重要な段階に達している。現在は、1980年

代から行ってきた少子高齢化に対する対応よりも、雇用の不安定化と格差に対する対応が大きな課題になってきている。社会保険方式の年金制度が前提としてきた、安定した雇用に基づく長期間の拠出がもはや前提にできなくなってきたからである。

　少子高齢化に対応した給付と負担の水準に関する基本的な制度設計については、2004年改正で作られた財政安定化の仕組み（財政フレーム）と2012年の**「社会保障・税の一体改革」**で完成したと言える。2004年改正で負担は収入の2割、給付は所得代替率で5割とし、将来の負担は固定して人口や経済の変化に対し自動的に給付を調整するマクロ経済スライドを導入し、その前提となっていた基礎年金国庫負担引き上げの財源を消費税の引き上げで手当てしたからである。これによって仕組みのうえでは年金財政については自動的に安定することとなった。ただし、実際にはデフレが続いた間、特例措置によって給付額の引き下げやマクロ経済スライドの発動が行われなかったため、制度導入当時に想定していた調整は遅れており、それだけ将来の給付引き下げが厳しいものにならざるをえなくなっている（➡3.4）。

　雇用の不安定化は、年金制度のいろいろな面に軋みをもたらしている。**非正規雇用労働者**の多くには厚生年金が適用されず、定額負担で事業主負担がないため負担感が強い国民年金第1号被保険者の多くが被用者・失業者となっている。そのため保険料の未納が多くなり、受給時の低年金が懸念される。こうした制度体系に関する問題については、民主党が政権公約として、所得比例の制度に一本化するという提案を行って2009年に政権についたが、与野党合意で行われた社会保障・税の一体改革の中で、給与所得とそれ以外で公平な所得捕捉ができていない現状の中では難しいとされ、どのような制度体系を目指そうとも必要となる課題である厚生年金の適用拡大や滞納者に対する徴収強化の解決をまず進めるということにされている。この問題は、本質的には安定した雇用を前提としてきた社会保険の雇用の不安定化の中での限界の問題であり、税による補足的な保障制度が不可欠になってきていると言える。

5.2　世代間格差と若年世代の理解

　年金制度に関し若年世代に最も不安と不信を与えているのは、年金の給付と

COLUMN　年金の損得

　年金制度に対する不信の中に、「払った以上の給付を受けられず、払い損になるのではないか」という漠然とした不安に基づくものがある。保険料を払わない代わりに民間金融商品を買っている人も少なくない。第1号被保険者の6割が生命保険・個人年金に加入しており、加入者の平均保険料は国民年金とほぼ同じ月額1万5,000円程度となっているという調査がある（厚生労働省「2017年国民年金被保険者実態調査」）。しかし、生涯に払う公的年金の給付額を本人保険料負担額と比べると、1985年生まれ以降の人でも、厚生年金で2.3倍、国民年金で1.5倍と、けっして払い損にはならない（厚生労働省「平成26年財政検証結果レポート」、ケースEの場合）。これは、基礎年金の2分の1の国庫負担や厚生年金保険料の事業主負担分があるためである。公的年金は民間よりも圧倒的に有利な金融商品なのであり、払わないことは明らかに「損」である。

　一方で、1945年生まれの人の場合は厚生年金で5.2倍、国民年金で3.8倍であり、下の世代ほど倍率は悪くなるので、少子高齢化による世代間の差は確かに存在する。これに対しては、人は生まれてくる時代を選べないし、公的年金が存在しなかった世代はそのぶんだけ私的な扶養負担が多かったわけであり、不公平として論ずるのは適当でないという意見もある。しかしながら、給付と負担の均衡や平均寿命等にリンクして給付の調整を行う仕組みや積立金の安全で適切な運用などで、大きすぎる世代間格差は緩和していく努力が必要だろう。世代間扶養という助け合いと損得感情のバランスが大事であり、「損得より納得」が求められていると言えよう。

負担に関する**世代間不公平論**であろう。上の世代ほど負担に対する給付の倍率が高いので、若い世代は年金は「払い損」になるという漠然とした不安がある。これは若い世代における保険料未納の要因にもなっている。

　年金は払い損になるというのは明らかに誤解である（ ■➡ COLUMN）。一方で、上の世代ほど負担に対する給付の倍率は高いというのは、少子高齢化が急激に進んでいるのであるからやむをえないことであり、誤りではない。問題は、このことを「世代間不公平」ととらえるかどうかである。現在の受給者世代が保険料として納めた額は現在と比べて少なかったが、所得が低い時代であり、また実際はそれに加えて私的扶養の負担があったのに対し、現在の現役世

代の親世代は年金制度により社会的に扶養されているうえに、現役世代も昔に比べれば高い生活水準の中から保険料を負担していることを考慮する必要がある。年金制度は民間金融商品とは異なる助け合いの社会制度であるから、給付と負担のあり方は価値判断であり、損得ではなく納得の問題である。将来に自分が十分な給付を受けられるか、他の人と比べて公平な取り扱いを受けているかということに納得ができれば、負担は甘受されうるだろう。拠出した分があたかも積み立てられていって将来の自分の原資になるということを目に見える形で示すことができる、拠出建て的な説明はその１つの方法であろう。

　世代間格差問題のより根本的な解決方法は、**少子化対策と高齢者雇用の推進**である。年金制度を支える将来世代を確保し、高齢者ができるだけ受給者から支える側に回るような仕組みを作っていくことが必要である。少子化対策については、子どもをつくることは個人の自由であるという基本的価値を重んじながら、子どもを育てることを支援する仕組みが求められる。子どもの数ではなく、将来の経済社会を支える子どもの質が重要であるという視点も忘れてはならないだろう（■➡ 子育て支援については第8章）。年金制度の中での育児支援として、育児休業中の保険料免除などが講じられているが、期間も短く、年金増額などの積極的な制度を設けている諸外国に比べると見劣りがするものであり、いっそうの拡充が必要であろう。高齢者雇用については、年金の支給開始年齢の引き上げと在職老齢年金制度の是非が問題になっている。在職老齢年金制度については、支給開始年齢が65歳まで引き上げられる中で、批判のある雇用抑制効果はほぼなくなっているとの研究もあり、高額年金者の給付適正化や年金課税の強化とともに、高所得者から低所得者への再分配の問題として考える必要があろう。支給開始年齢については、65歳を超える年齢への引き上げが高齢者の雇用を本当に促進するかどうか、そのための条件が整えられるかどうかということを考えていく必要がある。

5.3　財政方式と制度体系上の課題

　制度の基本的な問題としては、1990年代から基礎年金の税方式化、厚生年金の積立方式化や民営化が経済学者を中心に論じられてきたが、これらの議論はいずれも非現実的であり、国民の理解を得る具体的な案にはなりそうもない。

税方式論は、財源確保が困難という問題があり、所得制限を伴う選別的なものにならざるをえない、また移行時に二重の負担（自分の積立保険料のほかに受給世代の給付に必要な費用も負担しなければならない）が生じるといった問題もある。**積立方式論**や**民営化論**には、経済変動に弱く特に近時の市場環境では十分な給付水準が確保できる見通しがない、自分で備えられない人をどうするか、といった問題があり、いずれも制度的な議論としてはすでにほぼ終わっている。

　世代間の再分配の問題については5.2で論じたとおりであり、制度体系の問題として残されているのは、**世代内の再分配**の問題である。まず垂直的な再分配の問題として、低年金者に対する補足的給付の必要の問題がある。雇用の不安定化により、長期にわたり拠出を安定的に支払って老後に十分な給付を受けるということができない人が多くなることが懸念されている。基礎年金だけの人も多く、マクロ経済スライドにより基礎年金水準が最低生活保障水準を大きく割り込むことも予想されるので（➡3.4）なおさらである。こうした低年金者に対しては、社会保険方式の年金制度の中でいっそうの再分配を効かせて給付を手厚くするか、税方式による福祉的給付で補填する必要が出てくるであろう。その場合には、高額所得者に対しては、給付乗率を引き下げるか、基礎年金の国庫負担分を削減するなどして年金を抑制するか、年金税制を強化して給付した年金を還元してもらうかといった仕組みが必要になろう。すでにこのような問題意識から、2012年改正で低年金者への福祉的給付（年金生活者支援給付金）の制度が創設され、2019年から施行されている。なお、低年金者への対応に関しては、年金だけではなく、医療や介護の保険料や自己負担における低所得者軽減とあわせて考え、手取りで生活保障に必要な額を確保するべきであろう。

　水平的な再分配の問題としては、職種・身分間の公平の問題がある。被用者でありながら厚生年金に加入できず、不利な取り扱いを受けている非正規雇用労働者への厚生年金適用拡大の必要性の問題と、自ら保険料を支払っていないのに基礎年金給付を受けられることについて、働く女性を中心に不公平感があるが、基礎年金の構造と関係するので解決が困難である第3号被保険者問題については言及した（➡3.1）。第3号被保険者については育児による離職期間

についての年金制度による支援を拡充することで、専業主婦保護のための年金制度から育児支援のための年金制度に組み替えていくことも検討に値するだろう。

　制度体系の問題として最大のものは、公的年金と私的年金の役割分担のあり方である。日本においては、公的年金のみで老後保障を行うことを基本とし、私的年金は公的年金を上乗せ補完するものと考えるにとどまっているが、少子高齢化等により公的年金の給付水準には限界があることから、公的年金と私的年金を組み合わせて老後保障を行っていくものと考えていく必要があろう。ただし、企業年金の普及率が十分ではなく、終身年金が少ないなど公的年金の補完性も低いことや、中小企業労働者など中所得者に対する支援がないこと、個人年金支援が弱いこと、といった問題があり、こうした問題を解決していくような制度的対応が不可欠であろう。

キーワード

国民年金と厚生年金　基礎年金　所得代替率　マクロ経済スライド
財政検証と資産運用　支給開始年齢　保険料の未納　賦課方式と積立方式
確定給付と確定拠出　企業年金

復習問題

1　公的年金の受給者数は［　　　　］万人を超え、総額が国民所得に占める比率は［　　　　］%に及ぶ。高齢者世帯の収入のうち［　　　　］割を年金が占めている。

2　日本国内に居住する［　　　　］歳以上のすべての者は国民年金に加入しなければならない。法人の事業所等の被用者は第2号被保険者（厚生年金被保険者）、その被扶養配偶者は［　　　　］被保険者、その他の者は［　　　　］被保険者となる。

3　年金の支給開始年齢は原則として［　　　　］歳となっているが、60歳から繰り上げて、あるいは75歳まで繰り下げて受給することもできる。年金を受給しながら働く場合には年金の一定額が減額されて支給される［　　　　］制度もある。

4　企業年金の種類には、年金給付の額が決められている確定給付企業年金と、掛金の額が決められている［　　　　］がある。

5　年金の積立金は、百数十兆円におよび、そのほとんどは厚生労働大臣の寄託を受けた［　　　　］により市場運用されている。

練習問題

1　年金制度の国民の生活における役割と意義について説明しなさい。

2　公的年金制度と生活保護制度について、その仕組みや考え方がどのように異なっているか整理し、現在の役割分担と、あるべき役割分担についての考えをまとめなさい。

3　現役世代の負担に対する理解を得られるように、年金制度においてこれまで行われてきた様々な工夫について説明しなさい（例：マクロ経済スライド）。

4　公的年金の水準に制約があることから、企業年金などの私的年金との組み合わせで老後所得の保障を図っていく必要があるが、私的年金の普及のためにはどのようなことが必要だろうか。

5　国民年金の未納を減らすためにはどのような工夫が考えられるだろうか。

Further Readings

駒村康平『日本の年金』岩波新書、2014年

西村淳編著『雇用の変容と公的年金——法学と経済学のコラボレーション研究』東洋経済新報社、2015年

日本年金学会編『人生100年時代の年金制度』法律文化社、2021年

第3章 就労支援と労働保険

　多くの人は、誰かに雇用されて働き、収入を得て生活をしている。人は、生活することができるほどの収入を得ることが必要であるが、それには一定の職業能力を持っていることが前提となる。また、自ら会社を辞めたり、会社の都合で退職を余儀なくされたような場合には、生活を維持することができなくなってしまうかもしれない。さらに、仕事に関連して病気や怪我をしたならば、できるだけ早く仕事に復帰しなければ、たちまち生活に困ってしまうことになる。

　このような場合に必要なのは、職業生活に入るための支援と、失業中の所得保障、再就職の支援、労働災害の補償である。

　近年、雇用の不安定化、過重労働によるメンタルヘルスといったように、職業生活をめぐる環境は激変している。これらを踏まえて本章では、将来も安心して働くことができる労働保険と就労支援に関する課題を明らかにする。

【キーワード】
失業と非正規雇用　雇用保険　第2のセーフティネット
求職者支援　生活困窮者の自立支援　労災保険　業務災害
過労死　過労自殺　通勤災害

1　労働保険の基本

1.1　労働保険の意義

　多くの人は学校を卒業すると、企業などに所属して働くだろう。働くことは自己実現の方法であると同時に、自分自身と家族の生計を維持するための手段でもある。したがって、働き続けなければ生きがいを失うし、生計を維持し続けることができないとも言える。

　使用者に雇用されて働くことを、民法では雇用契約と呼んでいる（民法第623条参照）。雇用契約とは仕事と報酬を交換する契約であるから、提供された仕事の量と支払われる報酬が対価関係になる必要がある。生計を維持することができるだけの報酬を得るためには、報酬に見合った仕事が提供できなければならない。しかし、学校教育において一定程度以上の職業能力を身に付けることは難しく、身に付けたとしても日々進化する技術に適応できないかもしれない。技術が身に付いていたとしても、私的な事情で仕事を続けることができなくなったり、労働市場の需要と供給がマッチせずに仕事が見つからなければ生活に窮してしまう。さらには仕事に関連する事故によって仕事を継続することが困難になることは、労働者のみならず使用者にとってもリスクとなる。

　わが国には医療保険、年金保険、介護保険、労働者災害補償保険、雇用保険という5つの社会保険があるが、このうち労働者災害補償保険と雇用保険をあわせて労働保険と呼んでいる。労働保険は、このような労働生活を維持し、それができない時に生活を維持することを目的とした社会保険である。労働保険とそうでない社会保険を区別する理由は、労働保険は労働関係に固有のニーズに対応することにしているからである。そしてこれらの労働保険の費用は、「労働保険の保険料の徴収等に関する法律」によって一元的に管理されている。

1.2　日本的雇用システムと労働保険

　日本的雇用慣行の特徴として、①長期安定雇用、②年功的処遇、③企業内における能力開発、④企業別労働組合をあげることができる。新規学卒者が会社

に就職すると、その会社が長期的な雇用を保障すると同時に、企業内で有用な能力開発を施し、企業内の配置転換によって様々な職種を経験することで年功的に賃金が上昇していくのが日本的な雇用慣行であった。

このような日本的な雇用慣行を可能にしたのには、労働保険の存在が大きく寄与している。雇用保険では、事業主に対して解雇を防止するための様々な助成金を支給しているし、労働者が職業訓練を受ける際の手助けもしている。長期に働いていた労働者が離職した場合には、じっくりと求職活動を行うことができるよう求職者給付が支給される。育児や介護といった事情で離職しなくてもすむように雇用を継続するための給付も設けられている。労災保険では、労働災害の発生を未然に防止するための仕組みを設けることで労働者の離職と企業経営の悪化を防いでいる。このように、労働保険は可能なかぎり同じ企業で雇用を継続するための下支えとして機能してきた。

もっとも、労働を取り巻く状況は日々変化している。労働保険は日本的な雇用システムを維持強化することだけが目的ではなく、労働市場の変化に応じた柔軟な対応をすることも重要である。そこで雇用保険も労災保険も、その対象者や給付内容、費用負担関係などが変化している。次に雇用保険と労災保険の制度を見ることで、日本の雇用システムがどのように変化しているのかを確認しよう。

2 労働保険の実態

2.1 雇用保険

雇用保険の適用状況

雇用保険の**被保険者**は、**適用事業に雇用される労働者**である。1人でも労働者がいれば適用事業所となる。

2020年度末（令和2年度末）の適用事業所は232万事業所である。産業別には建設業が最も多く、卸売・小売業、製造業がこれに続いている。適用事業所の規模では従業員数4人以下が最も多く60.6%であり、5人〜29人が30.0%と、

全体の9割以上が小規模事業所である（厚生労働省『令和2年度　雇用保険事業年報』）。

　このような事業所で働いている者は雇用保険の被保険者となる。2020年度平均の雇用者数は5,973万人である（『令和2年　労働力調査年報』）。もっとも、雇用保険は労働時間や雇用期間などによって労働者であっても加入しないことがある。その結果、雇用保険の被保険者は4,435万人程度となっている（厚生労働省『令和2年度　雇用保険事業年報』）。

失業者数と受給者数

　雇用保険制度の中核部分は、失業者への所得保障である。その対象となるのは失業者であるが、失業者は統計上と法律上では異なるものとして理解されている。まず、**統計上の失業者概念**について確認しておこう。

　失業者に関する統計は、一国の労働政策を決定する指標となると同時に国際比較の指標ともなる。**国際労働機関（ILO）は、失業を、①仕事に就いていない、②仕事があればすぐに就くことができる、③仕事を探す活動をしていた、**のいずれにも該当するものと定義している。したがって、今は仕事をするつもりがないがいずれは就職するつもりの人や、就職活動を続けていたけれどもうまくいかないので就職活動を中断しているような人は失業者に該当しないことになる。

　ILOの定義では、なぜ失業状態になっているのかの原因を探ることはできない。失業は企業の倒産、解雇のほか、定年退職や労働者の辞職などによって生じる。そのような人が求職活動を続けているかぎりは失業者にカウントされるが、不況で仕事が見つかりそうにないので求職活動を断念してしまうと、非労働力人口になってしまう。これを就労意欲喪失効果と言い、結果として見かけ上の失業者数が減ってしまうことになる。そのような人が健康状態に不安をかかえているような場合には、失業者から傷病・障害者に分類されることによって**非労働力化**してしまうこともある。

　しかし、ひとたび好況期に入って労働力不足になると、非労働力化していた人の就労意欲が増し、再び求職活動を始めることによって失業者へ分類される。そうすると、好況期なのに失業者が減らないという現象が生じるのである。

図 3-1　　雇用状況の推移：2005年～2020年

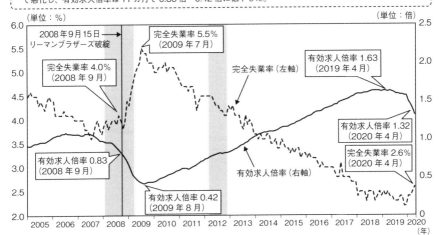

○足下の雇用情勢は、求人が求職を上回って推移しているものの、求人が大幅に減少しており、弱さが見られる。新型コロナウイルス感染症が雇用に与える影響に、より一層注意する必要がある。
○なお、リーマンブラザーズの経営破綻（2008年9月15日）後には、完全失業率は10カ月で4.0％→5.5％にまで悪化し、有効求人倍率は11カ月で0.83倍→0.42倍に低下した。

（注）　完全失業率および有効求人倍率は季節調整値。シャドー部分は景気後退期。
（出所）　総務省「労働力調査」、厚生労働省「職業安定業務統計」。

　義務教育を終了した15歳以上人口が労働可能人口であり、そのうち家事専従者、通学している者、高齢者などを除いたのが労働力人口となる。2020年度平均の労働力人口は6,868万人であり、そのうち就業者は6,676万人であるから、失業者数は平均192万人となる（『令和2年　労働力調査年報』）。

　これに対し、2020年度に雇用保険の求職者給付基本手当を受給したのは平均48万人である（『令和2年度　雇用保険事業年報』）。そうすると、失業者のうち25％程度しか基本手当を受給していないことになる。失業者のうち7割以上が所得保障を受けていないということについて、ILOも問題視したことがある。

　なお、失業者が受給する求職者給付の基本手当は、所定給付日数が定められている。実際にこれを受給している者の半数程度が最も短い90日であり、短期失業の所得保障機能が中心となっている。

図3-2　労働災害による死亡者数、死傷者数の推移：1974年〜2020年

・死亡者数、休業4日以上の死傷者数ともに、長期的には減少傾向にある。
・死亡者数は、過去最少となった。
・休業4日以上の死傷者数は、近年、増加傾向にあり、平成14年以降で過去最多となった。

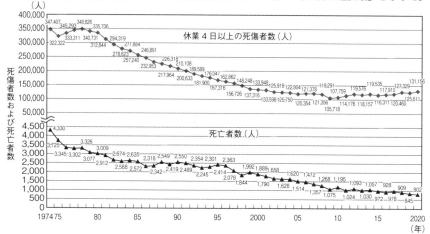

（出所）　平成23年までは、労災保険給付データ（労災非適用事業を含む）、労働者死傷病報告、死亡災害報告より筆者作成。
　　　　　平成24年からは、労働者死傷病報告、死亡災害報告より筆者作成。

2.2　労災保険の適用と受給者

　労働者災害補償保険の対象となる適用事業場は、2019年度末で286万事業場である。業種別にはその他の事業（商業、金融・保険、医療・福祉など）が最も多く、建設事業、製造業がこれに続いている。対象となる労働者は6,043万人であり、1事業場当たりの労働者数は21.1人となっている。

　業務災害と通勤災害により2019年度新たに保険給付を受けた者は68.7万人であり、業種別には「その他の事業」「製造業」で全体の8割以上を占めている。労働者が亡くなったことで葬祭料を支給されたのは2,671人で、業種別には建設事業が最も多く、製造業、鉱業がこれに続いている（『令和元年度　労働者災害補償保険事業年報』）。

3　雇用保険制度

3.1　社会保険としての失業保険 ————————————●

失業の保険化

　失業保険は、なぜ存在するのであろうか。失業保険を設けることのメリットとデメリットを考えてみよう。

　失業保険の当事者は、国、事業主、労働者と失業者である。失業保険を設けることに関する国のメリットは、失業者の要求を緩和させることにより社会の安定が図られること、景気の安定化機能が働くことである。事業主にとってのメリットは不況期に労働者を解雇しやすくなること、解雇補償の代替的機能を担うことができることにある。労働者にとっては、柔軟な労働移動が可能になること、失業時に生活保障が行われるという安心感を得られることがあろう。

　これに対するデメリットとしては、国にとっては不況期に財政支出が必要になること、事業主にとっては保険料負担が生じることと解雇補償金を支払った場合に保険のメリットが失われること、労働者にとっては失業する心配がないにもかかわらず保険料負担を強いられることがある。

　ただ、失業時の生活保障のために、労使が拠出する財源を政府が管掌して行うというのは自明のことではない。初期の失業保険は国の東西を問わず、労働組合による労働者の互助制度から出発している。そして今でも国家が関与せず、労使の自治だけで失業保険を運営するフランスのような国もある。また、政府が管掌するとしても、保険料の拠出を行うのは原則として事業主だけであり、保険給付は事業主が労働者を解雇した場合に限られるアメリカのような国もある。このようにメリットとデメリットを考慮して、費用負担者が決定されているのである。

民営失業保険の可能性

　失業保険を政府が公的に社会保険で行わなければならない理由は、どこにあるのであろうか。

　これを考えるには失業保険がない国家において、民間保険会社が失業保険を売り出した場合には、それが成立するのかを検討してみよう。社会保険は国家の法律によって加入を強制することができるが、民間保険は任意加入にならざるをえない。そして、民間保険会社は利益をあげなければならない。そのためには、保険事故のリスクに応じて保険料（率）を設定しなければならない。

　民間保険会社は、失業保険へ加入を希望する者の情報を取得する。その情報は年齢や性別、職歴といった失業リスクを構成するすべてである。失業リスクが高いと判断された労働者の保険料は高額になるだろう。そして、失業リスクが低いと判断された労働者の保険料は比較的低額になるだろう。そうすると、高リスクの労働者は保険料が高いので加入しないだろうし、低リスクの労働者は加入する必要性がないために保険に加入しないことになる。**その結果、民間保険の失業保険は成立しないことになる。**

　もっとも、高リスク労働者であっても、勤務先企業が解雇をしない企業であれば保険が成立するかもしれない。しかし、企業の経営状態を正確に把握することは困難であるし、低リスク労働者が突然解雇されることもある。そして失業者が再就職に向けた努力をしないのであれば、過剰な保険給付が行われることになる。そもそも好況期に積み上げておいた保険金が、不況期には支出が過大になるだけでなく低金利で運用も困難になってしまう。このように考えると、任意加入の民間保険で失業保険を成立させることは困難であるということになろう。

失業保険の逆機能

　失業保険を社会保険で行う場合には、**失業保険を提供することでかえってよくない結果**を生じることがあるかもしれない。

　1つは、安易な解雇・離職を誘発することである。労働者が解雇されたとしても失業保険によって生活することができるのであれば、事業主が解雇することをさほど苦痛に思わないかもしれない。そして、労働者が保険料を拠出している場合は、離職しても自分が支払った失業保険料の見返りとして給付を受けようと思い、利己的な離職を誘発する可能性がある。このように、失業保険は失業を発生させる機能を有している。

　もう1つは、失業者の再就職を阻害することである。失業者は、失業保険によって当面の生活費が保障される。その生活費は自らが支払った保険料の見返りなのであるから、可能なかぎり仕事探しを真剣にせずに給付を受け続けようとするかもしれない。そうすると失業が長期化し、徐々に職業能力が衰退して再就職の可能性が狭まるかもしれない。失業している必要がないにもかかわらず、自発的に失業している状態を作り出していることになるのである。このような事情は失業者本人にとって不利益であるし、社会全体の損失でもある。そこで、失業保険には再就職をしやすくするための仕組みを含めなければならないのである。

3.2　雇用保険の被保険者

　雇用保険制度は、業種や企業規模にかかわらず、労働者が雇用されるすべての事業に適用される。**1人以上の労働者が雇用される事業者は雇用保険の強制適用事業となり、そこに雇用される労働者は当然に雇用保険の被保険者となる**。事業主が雇用保険に加入しないと宣言しても、労働者が雇用保険に加入したくないとの希望を持っていたとしても、加入が免じられたり脱退が認められたりすることはない。ただし、農林水産業の事業のうち常時5人未満の労働者を雇用する事業は任意適用事業となっている。公務員も解雇されることはあるが、その場合の手当が雇用保険よりも手厚くなっているので雇用保険の対象とはなっていない。

　雇用保険に加入する被保険者は、65歳以上の高年齢被保険者、季節労働に従事しているので毎年雇用と失業を繰り返す短期雇用特例被保険者、そして毎日仕事を探して働いている人が対象になる日雇労働被保険者がある。これ以外の一般的な働き方をする人を一般被保険者と言い、被保険者としては一番多い類型である。

　一般被保険者になるには、適用事業に雇用されている労働者である必要がある。雇用されているとは労働契約で働いている人のことを指しており、会社から仕事を受注して納品する請負業を営む人、食料品を自転車などで配達する人は原則としてこれには含まれない。

　適用事業に雇用される人でも、ごく短時間だけ働く人であったり、短期間だ

け働くことが予定されている人は、仕事で生計を立てているとは言えないかもしれないし、離職することが予定されているとも言える。このような人が雇用保険に加入したとしても、保険料を払うだけで、失業等給付を受ける要件を満たすことができないかもしれない。そこで、一般被保険者は週当たり所定労働時間が20時間以上で、31日以上引き続き雇用されることが見込まれる人だけが加入することになっている。リーマンショックよりも前は6カ月以上の雇用見込みであったので、多くの有期労働者が雇用保険から実質的に排除されていた。現在では、多くの非正規労働者が加入できるようになっている。

　なお、厚生年金や健康保険の加入は所定労働時間の4分の3以上または2分の1以上ということになっているので、雇用保険には加入するけれども厚生年金などには加入しないという人もいる。ただ、厚生年金に加入しなくても国民年金には加入しているし、健康保険に加入していなくても被扶養者であったり国民健康保険に加入することになるので、年金や医療が受けられないということはない。雇用保険は加入しなければ受けることができないので、厚生年金などよりも広い範囲を被保険者としているのである。

3.3　失業の認定

　雇用保険の求職者給付を受ける者は、必要に応じて職業能力の開発と向上を図りつつ、誠実かつ熱心に求職活動を行うことで、職業に就くように努めなければならない。求職者給付の基本手当を受ける者は、**誠実かつ熱心に求職活動を行っていることを証明**することができなければ、基本手当を受けることができない。それを証明する手段が、失業の認定である。

　基本手当の受給資格を有する者は、離職後、公共職業安定所に出頭して求職の申込みをしなければならない。この求職の申込みは4週間に1回行わなければならない。基本手当の受給資格者は、求人者に面接したこと、公共職業安定所などから職業を紹介されたこと、職業指導を受けたことなどを通して証明しなければ失業の認定を受けることができず、単に求人情報を見たり知人へ紹介を依頼したりすることだけでは、求職活動を行ったことにはならない。

3.4　失業等給付

雇用保険の給付の種類

　雇用保険の給付は、**失業等給付**と**2事業**から構成される。ここではまず失業等給付について見てみよう。

　失業等給付は、失業した時に支給される求職者給付、失業している人ができるだけ早く再就職することができるように支給される就職促進給付、労働者が自分の職業能力を高めるために支給される教育訓練給付、仕事を続けることが困難な事情が生じてもできるし、離職しないですむようにするために支給される雇用継続給付から構成されている。このように、雇用保険給付は失業した時の所得保障だけではなく、失業の予防から再就職の促進に至る、職業生活全面にわたる社会保険制度であることが特徴である。

求職者給付

　雇用保険の中心的な給付は求職者給付であり、その中でも基本手当は失業時の所得保障として重要な機能を担っている。一般に失業保険とか失業給付などと称されるのは一般被保険者にかかる**求職者給付の基本手当**である。

　求職者給付は、その名のとおり、単に会社を辞めたとか解雇されたとかの離職しているという事実だけでは受給することができない。求職活動をしている間の所得保障制度である。離職していたとしても、家庭生活上の理由でもはや働くつもりがない人は社会保険による所得保障は不要であろう。そして、心身上の理由で働く能力に欠ける人に求職活動を義務づけるのは酷であるし、そのような人には傷病や障害を支給事由とする社会保障制度によって生活保障されることが予定されている。

　そこで、基本手当の対象となる人は「離職し、労働の意思と能力を有するにもかかわらず、職業に就くことができない状態」である人に限られている。これを満たすには、公共職業安定所に出頭して求職の申込みをして仕事を探す努力をしなければならない。仕事を探す努力をしなければ労働の意思がないということになるので、基本手当を受給することができなくなってしまうのである。

　失業期間が長期にわたって職業能力が低下したり、失業者が持っている職業

図3-3　雇用保険の給付

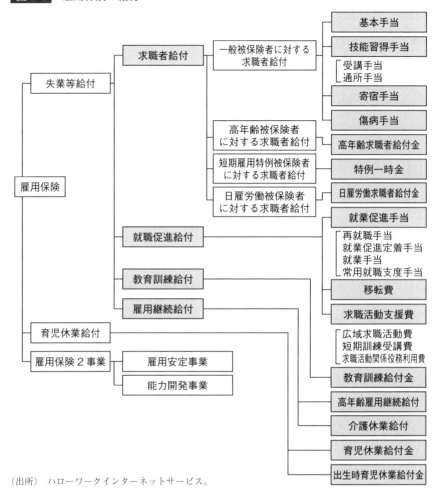

（出所）　ハローワークインターネットサービス。

能力が労働市場の変化に合わなくなってしまった場合には、職業技能を身に付ける必要がある。そのような人が、公共職業安定所長が指示した公共職業訓練等を受ける場合には、技能習得手当とその間の寄宿手当が支給される。

　失業者が離職して公共職業安定所で求職の申込みをした後、疾病または負傷によって求職活動を続けることができなくなることがある。そのような場合には傷病手当が支給され、求職活動をしないでも所得保障を受けることができる。

基本手当の給付水準

　一般被保険者（高年齢被保険者、短期雇用特例被保険者、日雇労働被保険者を除く被保険者を言う）が受ける求職者給付の基本手当は、賃金が高かった人は離職前賃金の5割であり、低かった人は8割となっている。60歳以上65歳未満の人はこれが45％まで下がることとなっている。

　雇用保険の保険料は賃金に比例して納付することになっているから、賃金が高かった人は相対的に高い保険料を納付し低い割合の給付を受けるのに対して、賃金が低かった人は相対的に低い保険料で高い割合の給付を受ける。

　このような制度設計は、離職前賃金が低かった人に対してできるだけ手厚い保護を加えるべきという所得再分配に由来している。日本の労働市場では、離職前賃金よりも再就職時の賃金が低くなることが多い。とりわけ職業能力が低下した高齢者や就労経験の少ない若年者に雇用保険給付水準を高く設定してしまうと再就職を阻害することがある。給付水準の設定は従前生活保障というよりは最低生活保障の意味合いが強いという特徴を有しているのである。

　なお、基本手当を受給している間に何らかの収入を得た場合には、基本手当の全部または一部を支給しないことになっている。

基本手当の給付期間

　基本手当が失業している時期のすべての期間にわたって支給されるとなれば、どうなるであろうか。多くの人は誠実に求職活動をして、再就職をするだろう。しかし再就職をすれば賃金を得られることになるが、基本手当を受給することができなくなる。そうすれば、働く努力をするよりも、失業したままで基本手当を受給し続ける人が出てくるかもしれない。

　これを防止するために、基本手当は再就職できるまでのすべての期間を給付対象とするのではなく、あらかじめ受給することができる期間が設定される。その期間を所定給付日数と言い、所定給付日数を超えて再就職していないとしても、給付を得ることができなくなってしまう。

　所定給付日数は失業者の状態に応じて設定される。自分の都合で会社を辞める人や定年退職する人は、退職前に再就職を探すなどの準備をすることができる。そしてこのような人は、失業期間が長期化すると再就職が難しくなってし

図 3-4　基本手当の所定給付日数

一般受給資格者（自己都合離職者および定年退職者）

	被保険者期間		
	1年以上10年未満	10年以上20年未満	20年以上
15歳以上65歳未満	90日	120日	150日

特定受給資格者（会社都合（倒産、人員整理、リストラ）等により離職を余儀なくされた者）
特定理由離職者（雇止めにより離職した者など）

	被保険者期間				
	6月以上1年未満	1年以上5年未満	5年以上10年未満	10年以上20年未満	20年以上
30歳未満	90日	90日	120日	180日	－
30歳以上35歳未満	90日	120日	180日	210日	240日
35歳以上45歳未満	90日	150日	180日	240日	270日
45歳以上60歳未満	90日	180日	240日	270日	330日
60歳以上65歳未満	90日	150日	180日	210日	240日

就職困難者（身体障害者、知的障害者、精神障害者および社会的事情により就職が著しく阻害されている者）

	被保険者期間	
	1年未満	1年以上
45歳未満	150日	300日
45歳以上65歳未満	150日	360日

次の方には、一時金を一括支給します。

◆高年齢被保険者（65歳以上で退職した者）

被保険者であった期間	1年未満	1年以上
高年齢求職者給付金の額	30日分	50日分

◆短期雇用特例被保険者（季節的業務に就いていた者）

特例一時金の額	40日分

（暫定措置）

（出所）　ハローワークインターネットサービス。

まうことが多い。したがって、このような人は所定給付日数が短く設定される。これに対し、長年勤めてきた会社の業績が悪化したことで離職を余儀なくされたり、会社が突然倒産してしまうような場合には、退職後の準備をする間もなく失業してしまう。そして、1つの会社で職業能力を養成することが多い日本の雇用慣行の下では、中高年齢の労働者が長年養ってきたある会社向けの能力を他の会社ですぐに活用できることは少ないだろう。

　そこでこのような再就職の難しさの程度、つまり離職理由と被保険者期間に応じて所定給付日数が設定されている。

　ところが、リーマンショック以降に再就職が困難な若年者問題がクローズアップされた。若年の非正規労働者、とりわけ有期労働契約を更新し続けていた人が、企業の業績悪化を理由として更新を拒否される雇い止めの場合がそうである。長年勤めることができると期待していたのに、突然の雇い止めは雇用による生活基盤が破壊されるだけでなく、基本手当の所定給付日数も限定的であったので、再就職ができずに給付が切れる人が多発した。そこで、このような有期労働契約の雇い止めのような場合にも、手厚い所定給付日数が用意されるようになった。

　これらのほか、形式的には依願退職であるけれども、その退職がハラスメントや賃金の引き下げによって仕事を続けることが難しくなったような場合には、解雇と同様に取り扱われることになっている。このような所定給付日数は、再就職困難性に応じて設定される。したがって、障害者などのなかなか就職が決まらないような人は長い所定給付日数が設定されることになる。そして、失業者が居住している地域の雇用情勢が厳しい場合のように、再就職が困難であることを認められるような場合には所定給付日数を延長して基本手当を支給することがある。

　それでは、短い期間を働いて基本手当を受給し、所定給付日数が経過する頃に再就職を繰り返すような、利己的な就職にも基本手当を支給すべきであろうか。雇用保険ではこのような利己的な離職を防ぎつつ、雇用が長期であればあるほど再就職が困難になると想定し、被保険者期間に応じて所定給付日数が設定されることになっている。

　離職してすぐに求職活動を始める人もいるが、離職後一定期間は休みを取

り、しばらくしてから求職活動を始める人もいるだろう。基本手当は、原則として離職後1年以内にしか支給されないことになっているので、その間であれば休みを取ることができる。ただ、1年を超えて所定給付日数が残っていても残日数を受け取ることができないから、1年以内に再就職すべく就職活動をすることになる。なお、疾病負傷、妊娠出産育児などの理由で求職活動することが困難である場合には、この1年という期間を延長することができる。

基本手当の給付制限

　基本手当は、公共職業安定所で求職の申込みをして、失業の認定を受けた日から7日を経過しないと受給することができない。これを待期期間と言う。7日以内に再就職できるのは離職時に転職が決まっていたからであり、そのような人を保護すべきではないという考えに由来している。これは、自ら社会保険の保険事故を発生させた場合には、保護の対象とすべきでないということを意味している。例えば、自傷行為で負傷して障害を負ったような場合には、医療保険給付の対象とならないし、障害年金も支給されないのと同じである。

　それでは自己都合で離職した場合はどうであろうか。確かに、**自己都合退職**は失業という保険事故を自分から発生させたということだから、基本手当の対象とすべきでない、とも言える。しかし、自己都合退職の理由の100％が利己的な理由であるとは限らないし、利己的な理由であったとしても、失業が長期化したならば再就職と生活に困るという事態は、会社都合による退職と変わらなくなってしまう。そこで、安易な自己都合退職を防止しつつ失業時の所得保障を行うという目的のために、正当な理由のない自己都合退職は、失業の認定から2カ月間は給付を行わないという給付制限を設けている。これと同じ理由で、自己の責に帰すべき重大な理由によって解雇された場合も、2カ月間は給付を受けることができない。

　公共職業安定所で求職の申込みをしている失業者が、公共職業安定所の紹介する求人情報を拒否した場合には、紹介された就職先の賃金が不当に低いなどの正当な理由がないかぎり、基本手当を受けることができない。同様に、公共職業安定所長が職業訓練の受講を指示したにもかかわらず受講を拒んだ時もまた、基本手当を受けることはできなくなる。このように、失業者は漫然と基本

手当を受け続けることはできず、常に求職活動や職業能力を開発するための努力をすることが義務づけられている。

　偽りその他の不正の行為により基本手当などを受給していた場合には、当然のことながら基本手当を受けることができない。例えば、就職したにもかかわらずそれを届けることなく基本手当を受給し続けたような場合である。このような場合には、不正に受給した基本手当相当額だけでなく、その返還額の2倍とあわせて不正受給額の3倍を返還しなければならない。

技能習得手当と寄宿手当

　失業者が再就職するにあたって、技術革新に応じた職業能力を開発しておくことは再就職を容易にさせるであろう。そこで、基本手当を受給する資格のある者が公共職業安定所の指示によって公共職業訓練等を受講する場合には、その訓練受講を容易にするために技能習得手当が支給される。技能習得手当は受講手当（日額500円）と通所手当（通所の交通費）から構成されている。また、公共職業安定所長の指示した公共職業訓練を受講するために、訓練受講生によって生計を維持されている同居の親族とは別居して寄宿しなければならない時には、寄宿手当が支給される。

傷病手当

　基本手当の受給資格を有する者でも、求職の申込みをしてから疾病または負傷のために就職活動することができなくなった場合には、労働の能力がなくなってしまうことになる。そうなると基本手当を受給することができず、その間の生活を維持することが困難になってしまう。そこで、疾病または負傷のために基本手当を受給することができない場合には、申請によって傷病手当を受給することができる。

　傷病手当の給付水準は基本手当と同じであり、給付日数は基本手当の所定給付日数からすでに支払われた基本手当の給付日数を引いた残りが上限となる。そして、もしも傷病手当以外の所得保障給付、例えば国民健康保険法の傷病手当金や労働者災害補償保険法の休業補償給付などが支給される場合には、傷病手当は支給されないことになっている。

就職促進給付と就業促進定着手当

　雇用保険の目的は、失業者の生活を安定させることと、求職活動を容易にすることにある。ところが、基本手当の所定給付日数の満期前後になると、就職率が上昇することがわかっている。諸外国の失業保険制度でも同様の傾向が見られ、失業保険給付の満期近くになると釘（スパイク）を打ったように失業状態から離脱する現象が確認されている。これを**スパイク効果**と言い、離職時には高い条件の仕事を探していたのに満期近くになると徐々に条件を下げるので就職が決まりやすくなるという説明と、満期近くになってようやく熱心に求職活動を始め出すという説明が可能である。いずれにしても速やかに再就職するという目的からは逸脱しているものであり、スパイク効果はできるだけ防止する必要がある。

　そこで、基本手当の所定給付日数を残して再就職した時に、残った基本手当の60％から70％を一時金で支給する就職促進給付の再就職手当がある。離職してからできるだけ早く再就職したほうが再就職手当が高くなり、再就職による賃金と同時に受けることができる。

　ただ、日本的雇用慣行の下では、再就職した場合には離職前よりも賃金が低下することが珍しくない。そうすると、賃金額がネックになって再就職を妨げる要因ともなりうる。そこで、再就職後の賃金が低下して、かつ6カ月以上再就職先に継続雇用されていた場合には、就業促進定着手当が支給される。支給額は6カ月間の賃金低下分の40％を上限としている。

教育訓練給付

　雇用保険は、失業の予防もその目的としている。長期雇用を慣行とする日本の労働市場においては、労働者の職業能力が時代に適応しなくなったとしても会社が労働者をすぐに解雇することはなく、配置転換などによって雇用を維持してきた。ただ、労働者側も主体的に職業能力を高めることで雇用の維持と企業内での評価を引き上げることが望ましく、それによって失業が防止されるかもしれない。

　雇用保険の被保険者である労働者が職業能力を開発するうえでネックになるのが、仕事をしながら教育訓練を受ける時間と費用である。そこで、厚生労働

大臣が指定する専門学校などでの講座受講料の20%（10万円を上限とする）が教育訓練給付（一般教育訓練）として支給される。

　ただ、一般教育訓練はすでに正社員として働いている人が中心であり、非正規労働者などが安定した仕事を得るための訓練には向いていない。そこで、被保険者、退職者が厚生労働大臣が指定する看護師、美容師、社会福祉士などの資格を取得するための専門的・実践的な教育訓練を受ける場合には、専門実践教育訓練給付を受けることができる。専門実践教育訓練給付は費用の70%（最長3年間で上限168万円）が支給される。

　このように教育訓練給付には、現に働いている被保険者の失業を予防するだけでなく、過去に被保険者であったすでに失業している人の再就職を支援するための給付が含まれていることが特徴的である。

高年齢雇用継続給付

　日本の多くの企業では、定年制を設けている。高年齢者雇用安定法では60歳を下回る定年を違法としている一方で、現在、老齢厚生年金の支給開始年齢が段階的に65歳へと引き上げられている。高年齢者は能力に比して賃金が相対的に高いことから、多くの企業が定年年齢を60歳に設定するだろう。

　そうすると、多くの労働者は60歳代前半で雇用もなければ年金もないという状態になる。そこで、高年齢者雇用安定法では定年制を設けている企業に対して、①定年年齢の引き上げ、②継続雇用制度の導入、③定年制の廃止、のいずれかを採用しなければならないものとした。実際には定年年齢の引き上げや定年制を廃止する企業はあまりなく、60歳でいったん定年退職するものの、有期労働契約で再雇用する継続雇用制度を採用する企業が多くなった。継続雇用制度は従前と同じ勤労条件にする必要がないことから、賃金が大幅に低下することが少なくない。そうすると、低い賃金で働くよりも離職を選ぶ人が出てくるかもしれない。雇用保険の仕組みの中で雇用を継続させる制度を設けることは法の目的にも合致している。

　そこで、60歳以降に同じ会社に継続雇用されたり他の会社に再就職したとしても、定年前に比べて大幅に賃金が低下した場合には、雇用保険の高年齢雇用継続給付によって60歳時賃金の最高15%が支給されることになった。ただ、働

いている人が在職老齢年金を受給している場合には、年金が調整されることになる。

育児休業給付

　子どもを妊娠、出産する時には、産前休業（産前6週間）・産後休業（産後8週間）として仕事を休むことが労働基準法では権利として保障されている。その間、事業主は賃金を支払う必要はないが、支払われなければ生活に困ってしまうことになる。そこで、産前・産後休業期間中は健康保険制度から出産手当金として賃金の3分の2が支払われることになっている。

　産後休業が経過したからといってすぐに職場に復帰することは難しい。保育所に入ることができるようになるのは多くの場合が4月であり、そこまでは休業を継続することが望ましい。そこで、子どもが1歳（保育所に入ることができない場合などは1歳6カ月）になるまで、育児休業を取得することができる。しかし、育児休業期間中は出産手当金が支給されないので、育児休業よりも退職を選択する人が出てくるかもしれない。

　そこで、雇用保険制度では、育児期間中の雇用を継続させるために育児休業給付を支給することになっている。給付水準は出産手当金と同じで、賃金の3分の2になっている。この水準が低いとの批判もあるが、所得税が非課税であったり社会保険料がかからないということから、手取りベースでは従前賃金の8割程度となっている。

　育児休業は男性でも取得することができ、その場合には要件を満たすかぎりで育児休業給付も男性に支給されることになる。ただ、育児休業は分割して取得することができず、男性労働者には使い勝手が良くなかった。そこで分割取得が可能な産後8週までの出生時育児休業制度が創設され、その間出生時育児休業給付金が支給されることになった。

介護休業給付

　労働者の家族を介護するために離職する人がいる。**介護離職**を防止するためには、仕事をしながら介護をすることができる働き方の制度を導入することが必要である。そこで、家族の介護をするために仕事を休むことが保障される介

護休業制度が導入されている。

　介護休業は通算93日を上限とするが、事業主はその間の賃金を支払う必要はない。そうすると、無給では労働者が介護休業を取得することをためらわせ、介護離職を選択するかもしれず、介護休業制度の趣旨が没却されてしまう。そこで、雇用保険では介護休業給付制度を設け、賃金の67％を支給する。ただ、育児休業とは異なり社会保険料を支払う必要があるため、手取り賃金では相当低下することになる。

3.5　雇用保険2事業

　失業を防止するためには、労働者自身が努力することも必要であるが、事業主ができるだけ**従業員を解雇しない努力**をすることが肝心である。景気悪化で受注量が減ったことによって従業員が過剰になり一時帰休させたり、事業場の操業を一時停止することがある。そのような場合であっても、労働基準法では賃金の60％の休業手当を支払うことを使用者に義務付けている。しかし、事業主としても売上げがない中で休業手当を支払い続けることは経営上厳しい結果をもたらすことになり、ひいては従業員の整理解雇を考えなければならなくなってしまう。

　そこで、雇用保険では産業構造の変化その他の経済上の理由によって労働者を休業させる事業主に対し、雇用安定事業として助成金を支給することになっている。**雇用調整助成金**は労働基準法に定められる休業手当の一部を助成するものである。コロナ禍ではこれが活用され、多くの労働者に事業主から休業手当が支払われた。

　能力開発事業では、職業訓練を受けさせる事業主に対する助成や技能検定の費用を負担することになっている。これらによって労働者の職業能力を開発して雇用の継続を図ろうとしている。

　これらの雇用保険2事業は、労働者が直接給付を受けるわけではない。そもそもこれらの給付によって直接の利益を受けるのは事業主であり、労働者は間接的な利益を受けるにすぎない。そこで、これら雇用保険2事業に要する費用は事業主だけが拠出し、労働者は保険料を負担しない。

雇用保険財政

　雇用保険の財政は、**労使が拠出する保険料**と、**国庫負担**から構成されている。2021年度の育児休業給付金を含んだ保険料率は0.9%であるが、そのうち0.3%は事業主のみが負担する雇用保険2事業に充てられるものであり、失業等給付に充てられる0.6%分は労使で折半される。64歳以上の被保険者については、雇用継続を促進するために労使ともに保険料負担が免除される。

　国庫負担は求職者給付部分については給付費の4分の1であるが、国の財政状況が厳しいので本来の55%に抑えられている。コロナ禍で厳しい財政運営を強いられており、国庫負担と保険料率が引き上げられる。

　雇用保険財政の中心は一般被保険者に対する求職者給付であり、その中でも基本手当が大部分を占めている。好況期には労働者が増えて全体の賃金が上がるので保険料収入が増え、失業者が減るので保険給付が減少して、財政に余剰が生じる。これによって市場に流通する資金が減ることになり、過剰な景気を抑制する働きがある。反対に不況期には労働者と賃金が減るので保険料収入が減少し、失業者が増える結果保険給付が増えるので財政が厳しくなる。その結果、市場に流通する資金が増えるので、景気を好転させるきっかけとなる。このように、雇用保険財政には経済の安定化機能が組み込まれている。もっとも、このような機能は単年度均衡財政では期待することができず、中長期的な財政均衡で運営する必要がある。

3.6　求職者支援制度 ───────────────────●

　学校を卒業しても就職できない人や、労働時間が短い非正規労働者、基本手当の所定給付日数を超えても再就職できない長期失業者など、雇用保険の給付を受けることができない人がいる。そのような人に対する社会保障制度は生活保護になるが、現実的にはすぐに生活保護を受けることが困難であるだけでなく、望ましくもない。そこで、リーマンショックを契機に雇用保険という社会保険のセーフティネットと、最低限度の生活保障を担うセーフティネットとしての生活保護との間に、**第2のセーフティネット**を設けることの必要性が論じられるようになった。そこで作られたのが求職者支援制度である。

　求職者支援制度は、認定されている職業訓練を受講することによって就職の

支援をする制度である。この制度の対象となる特定求職者は、公共職業安定所（ハローワーク）で就職支援計画を作成し、それに基づいて職業訓練や職業紹介を受けることができる。

　就職支援計画に基づいて職業訓練を受けている間、特定求職者は職業訓練受講給付金として月に10万円を最長１年間受けることができる。もっとも、職業訓練受講給付金を受けるには所得や資産の制限があるだけでなく、職業訓練を欠席することは許されない（病気などの事情があっても８割以上は出席しなければならない）。そして、定期的にハローワークで職業相談を受けることも義務づけられる。

　求職者支援制度の費用は、国庫負担２分の１と雇用保険財源２分の１から構成されている。もっとも、国庫負担は雇用保険と同様、現在は本来の55％に抑えられている。そもそも求職者支援制度の費用に事業主や労働者の保険料が用いられることの理由が明確ではないことから、全額を国庫負担にすべきだとの意見がある。

4　労働者災害補償保険

4.1　労働災害の責任と労災保険

無過失責任主義

　仕事に関連して病気や怪我をした場合には、その治療中や仕事を休んでいる間の賃金保障が必要になる。そして仕事に関連した病気や怪我で障害が残った場合には、所得や社会福祉サービスが必要となるだろうし、不幸にして亡くなった場合には、遺族は一定の所得がないと生活できない。このように、仕事に関連する事故によって生じたニーズは、医療保険や年金保険、社会福祉サービスなどによって保障されることになる。そのような理由で、戦前は仕事に関連する病気や怪我は一般的な社会保障制度の中で保障の対象とされてきた。

　しかし、仕事に関連する病気や怪我は、人を雇って事業を営み、そこから収益をあげている事業主が補償すべきではないかとの考え方が採用されるように

なってきた。その場合、法律的には、事業主の過失によって生じた事故についてのみ事業主が補償すれば足り、事業主に過失がなければ賠償しなくてもよいものとされていた。

　戦後すぐに成立した労働基準法では、業務上の負傷に関しては事業主がすべての責任を負うべきであるとの定めを置いた。つまり、事業主に労働災害に関する過失がなかったとしても、賠償をする責任があるものとされたのである。これを**無過失責任主義**と言う。そこで、事業主は自らにミスがなくとも、被災した労働者の治療費、休業補償、障害補償、死亡補償などの費用を支払うことが義務づけられたのである。

責任保険としての労災保険

　労働者の災害補償が事業主の無過失責任主義によって行われるとするならば、どのような結果が生じるであろうか。

　例えば、ガスを取り扱う事業があるとする。その事業所で従業員数名が死亡する大事故が発生した。ガス会社は死亡した従業員の遺族へ補償しなければならず、多額の補償を払うためにガス会社が倒産してしまった。資金が乏しければ遺族への補償が滞ってしまうだけでなく、従業員は解雇され、取引先も倒産してしまうかもしれない。そのガス会社から購入していた市民はガスを購入することができなくなる。

　このような事態を予防するため、ガス会社は、労働災害補償のための保険に加入するかもしれない。そして、このような事態はこのガス会社だけでなく、すべての事業に当てはまるのである。そこで、企業規模や業種業態によらず、労働災害に関する補償を行うために、政府がすべての事業に対して労働者災害補償に関する保険に加入することを義務づけた。これが労働者災害補償保険である。

労災保険の特質

　労災保険は、事業主の損害賠償責任を保険化したものであり、他の社会保険制度とは大きく異なる特質を持っている。

　まず、労災保険の保険料を支払うのは事業主である。これに対して保険給付

> ### COLUMN ハラスメントと労災認定
>
> 　近年の労働相談で多くなってきているのが、職場におけるハラスメントをめぐる問題である。職場における性的な言動によって労働者にいやがらせを行うセクシュアル・ハラスメント、職場の上司・先輩などが職務上の指導の範囲を超えて嫌がらせを行うパワー・ハラスメント、職務とは無関係の職場内でのいじめなどがこれにあたる。これらハラスメントやいじめによって労働者が負傷したり、精神疾患に罹る場合もある。
>
> 　問題は、このようなハラスメントやいじめに起因する行為が職場において行われていた場合に、労災認定することができるかということにある。このようなハラスメントやいじめは、それらが行われたという客観的な証拠が存在しないことが少なくない。そのうえ、加害者はそれが冗談や通常の指導の範囲内であったと主張するが、被害者にとってはその範囲を超えて耐えられない行為であったことを主張する。労災認定ではこれらの主張を詳細に検討し、業務災害にあたるかどうかを判断する。そして、場合によっては被害者が会社を相手取って損害賠償を請求し、裁判所が高額の損害賠償を認定することもある。
>
> 　このような解決は、はたして会社と労働者にとって幸せなのだろうか。被害を受けた労働者は健康を害しながらも働いている会社を訴える構造になり、その会社で働きにくくなるだろう。会社も訴えた社員を快く思わないかもしれない。そうすると、ハラスメントやいじめが生じないような職場作りをするのが最善の策であると言える。

を受けるのは労働災害によって被災した労働者およびその遺族である。保険料の拠出者と保険給付を受ける者が異なることから、労災保険では被保険者という概念は存在していない。

　労災保険が事業主による責任保険なのであるから、給付は損害賠償の範囲に限られるはずである。しかし、被災した労働者は損害賠償以上のニーズを持っていることがあり、責任保険としての性格から次第に生活保障の性格を持つようになってきた。障害に関する年金給付の導入や、使用者の責任が及ばない通勤災害に関する給付、1人親方の特別加入制度、二次健康診断等給付などがその例である。

4.2　労災保険の目的

　労災保険は、①業務上の事由と、②通勤による負傷、疾病、障害、死亡などの場合に保険給付を行い、③被災した労働者の社会復帰を促進し、④労働者の安全の確保などを行うことを目的としている。

　労働者の災害補償ということだけで言えば、①のみがこれに該当する。しかし現在の労災保険制度は、労働災害を未然に防止し、被災した労働者への支援を行うことに拡大している。これに加えて通勤災害も労災補償給付と同様の給付対象としている。

4.3　労災保険の適用事業

　このような労働災害は、会社の規模が大きくても小さくても発生するリスクが存在している。たまたま働いていた会社の規模が小さかったので補償を受けることができないというのは正義に反する。そこで、**労災補償の対象となる適用事業は、労働者を使用する事業ということにされており、労働者数や法人格の有無には無関係である**。

　ただし、公務員については別途の災害補償制度が設けられてるので適用が除外されており、農林水産業のうち労働者数5人未満の事業所は任意適用事業とされている。

4.4　労働者

　労働災害のリスクを持つ労働者は、正社員だけとは限らない。労働時間が短いパート・アルバイトであっても、短期間の有期労働契約であっても、事故が起きれば災害を負うのであるし、補償の必要性もある。そこで、労災保険の対象となる労働者は、労働時間や労働契約期間に関わりなく、**労働者であればすべて適用対象**となる。

　この場合の労働者とは、通常は労働契約を締結して働いている者であると理解されている。しかし、実態は労働契約で働いているのとあまり変わらないのに、請負契約で働いている人がいる。このような人の労災保険適用がしばしば問題になるが、裁判所では労働の実態が労働契約と同一視しうるのであれば、

契約形態が請負であっても労災保険の適用があるものとしている。

　ところで労働者とは、使用者の指揮命令を受けて働く者である。しかし、指揮命令を受けていなくても労働者と同じような働き方をする人はいる。例えば、中小企業の社長や個人タクシー運転手、大工、自転車配達人、IT エンジニアなどはそうである。このような人が仕事中に災害を負うリスクは労働者と同じなのであるから、労災補償の対象に含めてよいかもしれない。そこで、労災保険では本来は労働者でない人たちの申請により加入を認める特別加入制度を設けている。

4.5　労災保険財政　●

労災保険の保険料率

　労災保険の保険料は、全額事業主が負担する。労働者が負担することはなく、原則的に国庫負担もない。

　労災保険はもともと事業主の災害補償責任を保険化したものである。事業の種類によっては労働災害が発生しやすい仕事があれば、ほとんど労働災害が発生しない仕事もある。労働災害は事業によって発生のリスクが異なるので、すべての事業に同じ保険料を課すと不公平になるかもしれない。

　そこで、労災保険では業種ごとに異なる保険料率を設定している。保険料率というのはその事業主が支払っている賃金総額の中から支払われるべき労災保険料の割合であるが、最も高いのは金属鉱業、非金属鉱業と石炭鉱業で8.8％、最も低いのが計量器、通信、金融、保険業などで0.25％となっている。一般の社会保険では、保険料率が保険リスクとは無関係に設定されるのであるが、労災保険では労災リスクに応じた保険料率が設定されることに特色がある。

メリット制と労災隠し

　労災保険の目的は、被災した労働者に保険給付を行うことで生活の安定を図ることにあるが、そもそも労働災害を未然に防止することが重要である。労災保険制度の中で労災を防止するためにはどのような制度を作ればよいだろうか。

　損害保険会社が販売している自動車の任意保険では、事故を起こして保険給

付をした人の保険料を引き上げることがある。労災保険でもこれと同じように、一定規模以上の事業所においては、過去3年間の労災事故発生実績に基づき、労災保険料率を40％の範囲内で増減される。これを**メリット制**と言う。労災事故が多い事業所では保険料率を引き上げることによって多くの負担を負わせる一方で、労災防止を万全にしているので事故が生じていない事業所では保険料率を引き下げることで事業所の収益があがるという仕組みである。これによって労災事故の防止につなげようとしている。

　ところが、このようなメリット制は、実際には労災が生じているにもかかわらず、事業主が労災保険を使わせないという効果を生じることがある。このような労災隠しは、被災した労働者への補償が行われない可能性があるばかりでなく、事業主が労災を防止するための措置を講じないおそれがある。

4.6　労災保険の給付

保険給付の種類

　労災保険の保険給付は、①業務上の負傷、疾病、障害または死亡に関する給付を行う業務災害給付、②通勤による負傷、疾病、障害または死亡に関する給付を行う通勤災害給付、③職場の健康診断で異常所見を診断された人に再度の健康診断を行う二次健康診断等給付から構成されている。

　労働災害補償は事業主の無過失責任を保険化したものであるから、基本的な考え方は損害賠償である。そこで、業務災害給付には補償給付という名称が付く。**ところが通勤災害給付は事業主には責任がないから損害賠償ではないので、補償の文字が入らない**給付になっている。しかし、給付される内容は業務災害給付と通勤災害給付でほとんど変わることはない。そこで次に業務災害給付を見てみよう。

療養（補償）給付

　被災した労働者が最初に必要になるのは医療である。被災した労働者に対しては必要な療養を行う療養（補償）給付が行われる（業務災害給付が療養補償給付、通勤災害給付が療養給付である。以下同じ）。健康保険などでは患者が一部自己負担を支払わなければならないが、療養（補償）給付では全額労災保

険から支払われる（通勤災害の療養給付では初診日に200円の一部負担金を支払うことになっており、これが業務災害給付との唯一の相違点である）。

休業（補償）給付

療養のために仕事をすることができず、賃金を受けることができない時には、休業（補償）給付が支給される。支給されるのは休業開始後4日目以降で1年6カ月までで、それ以降は傷病（補償）年金に切り替わるが、障害が残っている場合には障害（補償）年金になる。療養（補償）給付は、平均賃金の60％が支給されるが、社会復帰促進等事業で20％が上乗せされるので、結果として平均賃金の80％が補償される。

障害（補償）給付

業務災害または通勤災害による傷病の症状が固定した時には、障害の程度が重ければ年金、比較的軽いのであれば一時金が支給される。年金は第1級の場合給付基礎日額の313日分が毎年支給され、第7級では毎年131日分となっている。第8級から第14級までが一時金であり、503日分から56日分が一度だけ支払われる。

遺族（補償）給付

生計を維持していた者が労働災害または通勤災害によって死亡した場合には、遺族が生活に困ることになる。そこで一定範囲の遺族に遺族（補償）年金または遺族（補償）一時金が支給される。

遺族（補償）年金の支給対象となる遺族は、被災した労働者の死亡当時生計を維持されていた配偶者、子、父母、孫、祖父母および兄弟姉妹である。ただし、遺族が妻以外の場合には年齢制限がある。この対象にならない遺族に対しては遺族（補償）一時金が支給されることになる。

4.7　業務災害の認定 ●

業務遂行性と業務起因性

業務災害給付の対象となる負傷や疾病は、その原因が業務上のものである必

要がある。純粋に仕事と関係のない私傷病は事業主に責任がないので労災保険の給付対象とならない。工場で機械の欠陥があって怪我をしたような場合には業務上であると言えるだろうが、傷病の発生原因が100％仕事にあると判断できない場合もある。そうすると、ある傷病が業務に関連するものか、それとも私傷病であるのかを判断することが必要になる。これを業務災害認定と言う。

　業務災害認定を行うのは労働基準監督署長である。労働基準監督署長は個々の事例を見ながら認定を行うのであるが、その基準がなければ認定することができない。通常の認定基準の考え方は、①労働者が事業主の支配下や管理下にある中で災害が発生したという業務遂行性と、②業務の遂行に伴う危険が現実化したと評価できるという業務起因性から構成され、この2つがなければ業務災害とは言えないことになっている。

　業務災害か否かは業務遂行性と業務起因性で判断されるが、現実的には判断に迷うことが少なくない。例えば、出張の移動中に事故にあったような場合には必ずしも使用者の支配下にあるとは言えないかもしれない。しかしこのような場合には出張の過程全般を使用者の支配下にあるものとみなして業務起因性を認めている。会社の親睦運動会で転倒して骨折したような場合では、仕事をしているわけではないので業務災害にはならないようにも見える。しかし、運動会への参加が義務づけられている場合には、業務災害となる。

職業病

　仕事中の事故によって傷病が発生したのであれば、業務起因性を認めることが比較的容易である。しかし、著しい騒音を発する現場で作業する人が聴覚の疾患に罹患したり、保育士や介護士が重い腰痛を患っているような場合には、仕事と傷病との関係が明らかなのに事故を特定することが困難である。そこで、仕事と傷病との因果関係が明らかな職業病を類型化し、特定の業務に従事している人が特定の疾患に罹患している場合には業務災害を認定しやすくしている。

　この職業病は、作業方法が時代によって変わったり、以前は私傷病として認知されていたものが仕事との関連性が明らかになったりすると基準が改訂される。基準の改定には時間がかかるため、職業病のリストには「その他業務に起

因することの明らかな疾病」というものがあり、これに該当するか争われることがある。また、腰痛のように私傷病の要素もあって完全に原因を100％仕事に求めることができない疾病も、職業病リストにあったとしても業務災害にあたるかどうかが争われることもある。

過労死

業務災害か私傷病かで争われることが多いのが、過労死と過労自殺である。典型的な過労死は、長時間、ストレスの多い仕事をしている人が、脳血管疾患を発症して亡くなるというケースである。このような場合、もともと血圧が高かったり循環器に疾患をかかえているようなことがあり、死亡の原因が仕事によるものなのか、それとも私傷病なのかが問題になる。私傷病であれば業務災害認定されないので、遺族に給付がないだけでなく、仕事には関係なく亡くなったということになるので遺族はやりきれない気持ちが残るかもしれない。かといって業務上であるとするならば、事業主に責任があるということになるので、その判断は慎重にならざるをえない。

行政の認定基準では、脳血管疾患によって死亡したことが業務上のものと認定されるためには、業務によって基礎疾患が加齢や日常生活の諸要因による自然的経過を超えて、急激に著しく発症したことが必要であるとしている。これを具体的に判断するために、発症前6カ月間の勤務状況を検討し、その間の残業時間や出来事などを勘案して判断することになっている。

過労自殺

これに対し、過労自殺と言われるものには別の問題がある。自殺では、死亡した人が保険給付の原因となる事故を発生させている。社会保障制度は、自ら事故を発生させた場合に給付をすることを禁じている。もし、自殺を保険給付の対象としたならば、自殺を法的に認めるだけでなく、自殺を誘発することにもなりかねないからである。しかし、仕事によって精神疾患を発症し、その精神疾患の症状として自殺念慮を持つことがある。それによって自殺した場合には、仕事と自殺との間に因果関係を見出すことができ、そのような自殺までも保険給付の対象外とすることはできないであろう。

　そこで、精神障害の労災補償に関する認定基準が設定されている。精神障害の発症原因は業務による心理的負荷と業務以外の心理的負荷から構成されるが、それが発症に至るかどうかは個体側の要因に左右されることが大きい。そこでこの3つを総合的に勘案して業務上認定の判断がなされる。その中でも長時間労働や職場環境、職場内でのストレスなどが評価対象とされている。

4.8　通勤災害

　通勤災害の対象となる通勤とは、「住居と就業の場所との間の往復」と、仕事を掛け持ちしている人の就業場所間の移動、単身赴任先と家族のいる家との間をいうこととされている。この間に交通事故などによって災害を受けた場合には、通勤災害の対象となる。

　通常の通勤は「住居と就業の場所との間の往復」であるが、寄り道する場合にはどうなるであろうか。この通勤は合理的な経路および方法によって行われるものとされており、合理的でありさえすれば通勤に該当しそうである。しかし、労働者が通勤途中に寄り道した場合にはその後の経路を通勤としないこととされているので、寄り道することはできない。ただ、日常生活に必要な行為で最小限度の理由で寄り道する時には、その後の経路を通勤と認めることになっている。例えば、子どもを保育所に預けたり、食料品の買い物をしたりするような場合である。これらの行為が必要最小限度で行われる場合には、その後に交通事故にあったり転倒して怪我した時でも、通勤災害の対象となる。

5　労働保険の歴史と政策動向

5.1　雇用保険制度の変遷

　雇用保険制度の前身となる失業保険制度（1947年（昭和22年））では、被保険者が失業した場合に失業保険金を支給して、その生活の安定を図ることを目的としていた。

　1974年に始まった雇用保険は、①労働者が失業した場合に生活の安定を図

ることのみならず、②求職活動を容易にする等その再就職を促進することを目的に掲げた。その後、さらに積極的に、③失業の予防、④雇用構造の改善、⑤労働者の能力開発等を目的に掲げるに至った。

　すなわち、雇用保険は失業時の生活保障からその範囲を拡大し、雇用を創出し、雇用を維持し、失業を最小限に抑えるという量的な完全雇用を達成することのみならず、雇用の質を高めることも含む雇用に関する総合的な機能を持った制度に発展しているのである。その基本的な趣旨は日本的雇用慣行を維持することにあり、1984年には労働者にとって正当な理由のない自己都合退職の給付制限期間をそれまでの1カ月から3カ月とした。安易な離職を防止すると同時に、再就職手当を設けることで長期雇用慣行を維持する法政策が採用されたのであった。

　ところが日本的雇用慣行の外側にあった非正規労働者が増加するに伴い、雇用保険でも短時間労働者、短期間契約労働者の適用拡大が進められた。それにもかかわらず、2008年のリーマンショックでは派遣労働者を中心とする有期労働契約の雇い止めへの対応として、倒産・解雇を離職理由とする失業については特別の配慮がなされるようになった。

5.2　労災保険制度の変遷

　日本の労働者災害補償制度は官業から始まった。20世紀に入ると民間工場労働者を対象にした工場法が制定され（1911年（明治44年））、業務災害に対する工場長の責任が定められた。扶助の内容は療養、障害扶助、遺族扶助等であったが、15人未満の事業場や建設業が適用除外されており、普遍的な制度ではなかった。

　1922年（大正11年）に制定された健康保険法では業務上の災害も給付の対象とし、障害扶助と遺族扶助は1941年（昭和16年）の労働者年金保険法（現在の厚生年金保険法）の対象とされたため、事業主が負担していた保険料が二重負担になるとの批判があり、1947年に労働基準法が制定され、その第8章で災害補償が規定されたのと同時に労働者災害補償保険法が制定された。これが今の労働者災害補償保険法である。

　労働者災害補償保険法は労働基準法と軌を一にして制定された。そのため、

労災補償保険の給付は、労基法の災害補償責任を保険化したにとどまり、被災した労働者の生活保障が中心にあるのではなかった。そこで1965年（昭和40年）には長期補償給付の体系が整備され、**事業主の災害補償責任から社会保障制度へと変容**を見せることとなった。1972年には通勤災害補償制度が導入され、生活保障制度としての性格が明確になった。さらには労働福祉事業が設置され被災労働者の福祉を増進するとともに、中小企業の倒産等による未払賃金立替払い制度や、二次健康診断に関する給付が設けられるなど、災害補償責任から踏み出した事業を行っている。

6 労働保険の課題

6.1　雇用保険の課題

　わが国の失業者のうち、基本手当を受給しているのは2割程度にしかすぎない。この原因は、①新規学卒者など、雇用保険に加入していない者が失業していること、②被保険者期間が短いなどの理由により給付を受けられないこと、③自己都合退職などの給付制限を受けていること、④長期失業者の増加などが考えられる。

　このうち①に関しては、就労経験の少ない者に給付することは社会保険である以上限界がある。②については被保険者の適用拡大を進めているところであり、漸次解消に向かっている。しかし、複数の仕事をしているマルチジョブ・ホルダーが増加しているにもかかわらず、保険関係が1つしか成立しておらず、たとえ1つの仕事を離職したとしても給付が得られないという問題が生じている。これについて「雇用保険マルチジョブホルダー制度」が創設されたが、その対象者は65歳以上の者に限定されており解決に至っていない。

　③の自己都合退職に給付制限を加えているのは、安易な離職を防ぐためである。ところが、近年の労働相談では会社側が自己都合退職であると主張し、労働者側が解雇であると主張する事例が増えている。会社にとっては労働者の経歴に傷が付くことなどを懸念して自己都合退職扱いすることもあるが、パワハ

ラによって辞職に追い込む事例も少なくない。そのような場合には失業時の生活保障を欠くことになり、失業者にとっては苦しい立場に置かれることになる。

　④については、個別に所定給付日数を延長することなどの対応もできるが、あまりにも寛大な所定給付日数を設定してしまうとそれだけで生活が維持できるため、失業が長期化してしまう。そうすると、職業能力も低下し、再就職がますます困難になってしまう。そこで一定期間で基本手当が打ち切られるが、その後は生活保護しかないということになってしまう。生活保護制度は補足性の要件があるのですぐに利用可能というわけにはいかず、長期失業者の所得保障をどう設計するかは難しい問題である。

6.2　就労支援の課題

　新規学卒無業者や就労経験の少ない者、長期失業者に必要なのは所得保障にとどまらない。再就職するための職業能力を開発することで再就職と職業生活の維持継続が可能になる。

　就労経験の少ない者の中には、職業訓練の前に暮らしの中でかかえている困難を除去していくことが必要になる者が少なくない。就労意欲を喪失している者、基本的な生活習慣が確立していない者、人間関係に不安をかかえる者などに必要なのは、それらの問題状況の全体像を把握し、伴走し、支えながら解決に向ける支援である。これを実現するために、2015年（平成27年）より生活困窮者自立支援法が施行されている。

　生活保護を受けている者については、福祉事務所と共同して被保護者就労支援事業が行われている。対象者の相談に応じ、助言を行い、求職活動への同行、求人の開拓、職場定着の支援などがその事業内容となっている。

　基本手当を受けることができないが、就労意欲があり、基本的な生活習慣に問題がないような者には、求職者支援制度が設けられている。3カ月〜6カ月間の職業訓練を受け（再）就職につなげようとするものである。安心して職業訓練を受けることができるように、その間は毎月10万円の給付金が支給される。

　所得保障制度は制度ごとに要件が異なるので、同じ人でも時期によって異なる給付を受けることがある。しかし、就労支援の制度は所得保障制度ごとに設

計されているので、支援方法や支援主体が変更されることがありうる。そうすると、継続して1人の支援を行うということと矛盾した結果を生じることになりかねない。就労支援は短期的に成果が得られるものではなく、制度横断的な長期的支援の仕組みを検討する必要があろう。

6.3　労働災害補償の課題

メンタルヘルスと労働災害

　近年、労働に関連したうつ病や抑うつ状態を訴える人が増えている。厚生労働省の労働者健康実態調査によると、仕事や職業生活に関して強い不安、悩み、ストレスがあるとする労働者は6割であり、過去1年間にメンタルヘルス上の理由により連続1カ月以上休業または退職した労働者がいる事業場の割合は8％にのぼる。労働局や労働委員会での個別労働紛争解決制度でも、メンタルヘルスに関する紛争が多くなってきており、労働者だけでなく企業もメンタルヘルス問題に無関心でいられなくなってきている。

　厚生労働省が発表している精神障害等の労災補償状況では、精神障害に関する労災保険の請求と給付はいずれも増加傾向にある。2020年度（令和2年度）の精神障害に関する請求件数は2,051件であり、支給決定件数は608件（31.9％）であった。そのうち自殺は155件の請求に対して81件（45.3％）が認定されている。認定件数が多い業種は運輸業、郵便業、そして医療、福祉業である。年齢構成は比較的若年者が多く、決定件数における40歳代以下の人が8割程度を占めている。労働者の出来事としては、「上司とのトラブルがあった」「（ひどい）嫌がらせ、いじめ、または暴行を受けた」「仕事内容・仕事量の（大きな）変化を生じさせる出来事があった」が上位を占めている。

　もっとも、これらの「出来事」は予防することができ、精神障害の発生を未然に防止することができるかもしれない。そこで労働者のメンタルヘルスについては国も様々な施策を講じている。労働安全衛生法では快適な職場環境の形成のための措置を定めており、職場における疲労やストレス等に関し、相談に応じることができるよう相談室等を確保することが事業主の努力義務として定められている。さらに、2015年からは年に1回の法定健康診断の際にストレスチェックを実施することが事業主に義務づけられた。高ストレスと評価された

労働者から申し出があった時には、医師による面接指導を行うことになっており、事業主は医師の意見を勘案して就業上の措置を講じることになっている。ただ、これらの措置はストレス発生を未然に防止するのではないので、事業主としてはストレスが発生しないような職場環境を整備することが義務づけられている。

過労死の防止

　働きすぎて死亡する、いわゆる過労死が社会問題化して久しい。過労死とは、業務における過重な負荷による脳血管疾患（脳内出血、くも膜下出血、脳梗塞および高血圧性疾患）や虚血性心疾患（心筋梗塞、狭心症、心停止および解離性大動脈瘤）による死亡を指すが、これらは生活習慣病が業務によって自然的経過を超えて著しく増悪した結果死亡に至ったものとされる。

　このように過労死は、労働者の死因が生活習慣病に起因する基礎疾患の自然的経過によるものであるのか、それとも業務によって自然的経過を超えて著しく増悪したものであるのか、難しい判断を迫られる。過労死に係る労災の認定基準は当初死亡直前の業務負荷を重視していたが、最高裁判所の判例を受けて長期間にわたる蓄積された疲労や具体的な就労態様を重視するようになってきた。

　もっとも、過労死は起きてしまったことをどうするかよりも、それを防止することが必要である。2014年には過労死等防止対策推進法が制定され、国、地方自治体、事業主がそれぞれ過労死の防止に向けた対策を講じるよう定めた。

　なかでも長時間労働が過労死に結び付きやすい点を考慮して、労働時間を短縮する労働時間法政策へと舵を切りつつある。日本の労働時間法制は長時間労働を禁止していないことから、企業にインターバル規制（勤務就労時刻から開始時刻までの間の休息時間の確保を義務づけること）を導入する努力義務が課せられた。

キーワード

失業と非正規雇用　雇用保険　第2のセーフティネット　求職者支援
生活困窮者の自立支援　労災保険　業務災害　過労死　過労自殺　通勤災害

復習問題

1　雇用保険の被保険者は、適用事業所に [　　　] である。

2　ILO によると、失業者とは仕事に就いていないが、仕事があればすぐにでも就くことができる者であって、[　　　] をしていた者である。

3　雇用保険の強制適用事業は、[　　　] 人以上の労働者を雇用する事業者である。

4　雇用保険の給付は、失業等給付と [　　　] から構成される。

5　正当な理由なく自己の都合により退職した者は、離職後基本手当を [　　　] 受給することができない。

6　労働基準法では、業務上の負傷については事業主の [　　　] がなくとも補償責任を負うことを定めている。

7　パート・アルバイトなどの非正規労働者は、労働者災害補償保険の適用を [　　　]。

8　労働者災害補償保険の保険料は、[　　　] が負担する。

9　業務災害と認定されるためには、業務遂行性と [　　　] が認められなければならない。

10　通勤災害の対象となる通勤とは、原則として [　　　] である。

練習問題

1　雇用保険が任意加入の民間保険で成立するであろうか。

2　「雇用保険」が「失業保険」でないのはなぜか。

3　労働者災害補償保険を民営化することができるだろうか。

4　過労死や過労自殺を防ぐための手立てにはどのようなものが考えられるだろうか。

Further Readings

西村健一郎・朝生万里子『労災補償とメンタルヘルス』信山社、2014年

濱口桂一郎『労働法政策』ミネルヴァ書房、2004年

労務行政研究所編『雇用保険法（コンメンタール）』労務行政、2004年

第**4**章 生活保護

　生活保護は、働く能力や貯金・資産を活用しても、他の社会保障給付を用いても生活を維持することができないような場合に、健康で文化的な最低限度の生活を保障する制度である。また親族などからの支援は保護に優先することにもなっている。高齢化や労働市場の悪化などにより、2011年に被保護人員が200万人を突破して以降、生活保護の受給状況は高止まりのままである。

　今日、最後のセーフティネットである生活保護制度が様々な課題をかかえているのは、他の社会保障制度や労働政策が十分に機能していないことの現れとも考えられる。本章では生活保護受給者の現状を明らかにしたうえで、生活保護の基本的な仕組みやソーシャルワークなどについて解説を行う。また近年で大きな改革であった、2013年の生活保護法改正や生活困窮者自立支援法も紹介する。

【キーワード】
公的扶助　最低生活費　相対的貧困　生活保護基準　保護率
捕捉率　資力調査　自立支援プログラム　ソーシャルワーク
生活困窮者自立支援法

1　生活保護の目的

　生活保護は、働く能力や貯金・資産を活用しても、他の社会保障給付を用いても生活を維持することができないような場合に、健康で文化的な最低限度の生活を保障する制度である。また親族などからの支援は保護に優先することにもなっている。そのため社会保障制度の体系は、社会保険、社会手当、公的扶助からなるが、公的扶助である生活保護は、いわば最後のセーフティネットとしての機能を果たしている。

　生活保護法は、その目的として**最低生活の保障**と**自立の助長**を掲げている。最低生活の保障とは、国家責任の下に、生活困窮者に対してその困窮の程度に応じて必要な保護を行い、健康で文化的な最低限の生活水準を維持できるようにすることである。自立の助長とは、生活保護の受給者（以下、被保護者とする）に対する様々な自立支援を実施することである。すなわち、生活保護は最低生活の保障を行うとともに、被保護者の自立を促すことがあわせて求められている。

　最後のセーフティネットである生活保護が、被保護者の増大とともに様々な課題をかかえているのは、他の社会保障制度や労働政策が十分に機能していないことの現れとも考えられる。したがって、生活保護の動向を評価するためには、労働市場、人口・世帯構造の変化、他の社会保障・労働政策との関係でとらえることが重要である。こうした問題意識から、近年の被保護者の増加傾向などにも注意を払いつつ、生活保護の現状と仕組みについて解説を行う。

2　生活保護の動向

2.1　貧困の現状

相対的貧困率

　まず日本の貧困の現状を確認しておきたい。貧困を計測する際に、今日、多

図 4-1 年齢階級別の貧困率：1985年〜2015年

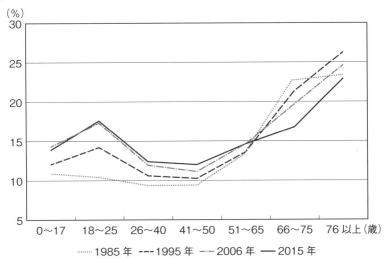

（出所）　OECD, Income Distribution Database より筆者作成。

く用いられるのは、**相対的貧困率**である。相対的貧困率とは、等価可処分所得の中央値の50％を貧困線として、その貧困線に満たない世帯員の割合を言う（EU などでは中央値の60％が指標として用いられることもある）。

　この時に用いられる等価可処分所得とは、世帯可処分所得を「世帯人員数の平方根」で除したものである。世帯間の可処分所得を直接比較してしまうと、各世帯で人員数が異なるため、問題が生じてしまう。そこで世帯可処分所得を「世帯人員数の平方根」で除して世帯規模を調整している。

　等価可処分所得は、複数人で暮らすのに必要な1人当たりの所得は1人で暮らすのに必要な所得より、共通経費があるので少なくてすむという規模の経済を考慮した指標であり、その世帯で各世帯員が享受する厚生水準と解釈することができる。

年齢階級別の貧困の現状

　相対的貧困率を用いて、年齢階級別に日本の貧困の現状を見てみると、次のような特徴がある。日本では、高齢期（66歳〜75歳、76歳以上）になると貧困

率が高くなるという特徴がある。1985年から2015年にかけては公的年金の成熟化などにより、高齢期での貧困率も低下したが、76歳以上は依然として最も貧困率が高い。一方で、高齢期以外の年齢層でも貧困率は徐々に上昇し始めており、特に子ども（0歳〜17歳）や若年・壮年層（18歳〜40歳）での貧困率の高まりが見られる。

2.2　生活保護の現状

保護率、被保護人員・被保護世帯数の推移

　図4-2は、1951年から2020年12月（速報値）までの生活保護の動向を示している。生活保護制度は、最後のセーフティネットであるため、景気や失業率などの労働市場の影響を受けるばかりでなく、他の社会保障制度の整備の状況の影響も受けることになる。また高齢者は貧困になりやすいことから、高齢化によって、保護率が上昇することも考えられる。

　終戦から間もない1950年、新生活保護法が制定・実施された。1951年の被保護人員は約204.7万人、保護率も2.42％と高い水準であったが、高度経済成長の始まりを告げる神武景気（1954年〜57年）、岩戸景気（1958年〜60年）を過ぎる頃になると被保護人員も約162.8万人、保護率は1.74％まで減少する。またその後も高度経済成長の下で徐々に減少し始め、イザナギ景気（1965年〜70年）の終盤には被保護人員は約134.4万人、保護率も1.3％まで低下した。また1960年代以降は、国民皆保険・皆年金、老人福祉法や児童扶養手当法などの社会保障制度の整備と改善が徐々に進められるようになり、その影響も考えられる。

　1973年の第1次石油危機によって高度経済成長が終焉を迎え、第2次石油危機の時期（1979年〜83年）には再び被保護人員は徐々に増加するようになる。

　しかし1980年代半ば以降は平成景気（いわゆるバブル景気）の中で被保護人員数、保護率は大幅に低下するようになる。この背景には好景気だったことに加え、1985年の年金改正による障害基礎年金の導入の影響、また暴力団による不正受給が社会問題化したことを受けて、1981年にいわゆる123号通知（新規申請者や収入状況に不明な点がある被保護世帯から、収入や資産状況などについての関係先照会の同意書を得る）が発せられ、この頃から資力調査が強化されたことも要因として考えられる。

図 4-2　被保護世帯数、被保護人員、保護率の年次推移：1951年〜2020年

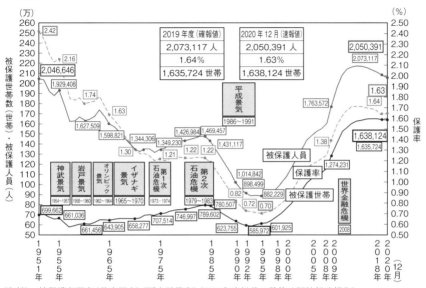

（資料）　被保護者調査（月次調査）（厚生労働省）（2011年度以前の数値は福祉行政報告）。
（出所）　厚生労働省『令和 3 年版　厚生労働白書』（2021年）。

　その後も1995年度までは生活保護の被保護人員・保護率は低下したが、1990年代半ば以降の景気後退の中で再び上昇し始めた。特に2008年のリーマンショック以降は急増し、2011年度以降は200万人を超えている。

被保護世帯・被保護者の現状

　被保護世帯・被保護者の現状について、世帯類型・年齢階級別、扶助の種類別、就労状況別、保護の受給期間別に検討してみたい。

　2019年度の被保護世帯数は約163.6万世帯、被保護人員は約207.3万人である。世帯類型別の構成比を見ると、高齢者世帯が55.1％、母子世帯が5.0％、傷病者世帯・障害者世帯25.0％、その他世帯が14.9％となっている。その他世帯とは、他の世帯類型（高齢者世帯、母子世帯、障害者世帯、傷病者世帯）に当てはまらない世帯であり、したがって現役世代など稼働可能性がある被保護者も一定数含まれていると考えられている。リーマンショック後、その他世帯

が急増しており、約2.2倍（2007年度11.1万世帯から2019年度24.3万世帯）の増加となっている。その他世帯への支援としては就労支援が考えられるが、その他世帯のうち、年齢階級別に見た世帯人員の構成割合は20歳〜29歳が5.7%であるのに対し50歳以上が55.7%もいるため、稼働可能性が他の世帯類型よりも高いといっても、多くを期待することはできないだろう。また就労支援による自立の促進が困難である高齢者世帯や障害者世帯、傷病者世帯は被保護世帯の約 8 割以上を占めている。

　被保護人員を年齢階級別に見ると、19歳以下10.2%、20歳〜29歳2.6%、30歳〜39歳4.8%、40歳〜49歳9.9%、50〜59歳13.1%、60歳〜69歳19.6%、70歳以上39.8%である。個人ベースで見ても、65歳以上が 5 割強を占める現状となっている。

　次に扶助の種類別の被保護人員を見てみれば、被保護者のうち生活扶助を受給している被保護者は87.8%、住宅扶助を受給している被保護者は85.4%、医療扶助を受給している被保護者は84.1%、介護扶助を受給している被保護者は19.0%、教育扶助を受給している被保護者は5.2%である。

　高齢者が多いことから、被保護者において、医療ニーズが発生していることが考えられる。実際、医療扶助の人員ベースの受給者数は2000年86.4万人であったのに対し、2019年度は174.3万人と倍増している。

　また保護期間を見ると、15年以上の受給期間となっている世帯は17.2%、10年〜15年未満で16.0%、 5 年〜10年未満で29.8%、 3 年〜 5 年未満で12.5%、 1 年〜 3 年未満で14.9%いる。対して 1 年未満の受給は、 6 カ月未満は5.1%、 6 カ月から 1 年未満も4.4%であり、長きにわたって生活保護を受給している世帯が多い。

捕捉率

　保護の受給要件を満たしているのにもかかわらず、生活保護に対するスティグマや厳しすぎる資力調査などにより、生活保護を受給できないことがありうる。そのため、要保護者が生活保護でどれだけカバーされているか計測する必要がある。

　捕捉率とは、生活保護の受給要件を満たす者のうち、実際に受給している者

の割合である。具体的には、データから推計された生活保護基準未満の低所得世帯数に対する被保護世帯数の割合（保護世帯比）によって計算される。ただし、生活保護の受給要件を満たす低所得世帯であることを厳密にデータ上で反映させるためには、所得だけでなく、資産、さらには親族の扶養や稼働能力の有無なども反映しなくてはならない。データの上では、それらのすべてを把握することはできないため、2010年のナショナルミニマム研究会（厚生労働省）では、所得のみで推計した保護世帯比、資産を考慮した保護世帯比の推計結果を公表した。

　全国消費実態調査を用いた保護世帯比は、最低生活費を「生活扶助＋教育扶助」で計算した時には、所得のみの場合で29.6％、資産を考慮した場合で87.4％であった。最低生活費を「生活扶助＋教育扶助＋住宅扶助」で計算した時には、所得のみの場合で23.8％、資産を考慮した場合で75.8％であった。

　国民生活基礎調査を用いた保護世帯比は、最低生活費を「生活扶助＋教育扶助＋高等学校等就学費」で計算した時には、所得のみの場合で15.3％、資産を考慮した場合で32.1％である。生活保護の受給要件に近づけている資産を考慮した保護世帯比の値では、用いるデータの違いによって、幅の広い推計値（32.1％～87.4％）となっている。

3　生活保護の仕組み

3.1　生活保護の原理と原則 ─────────────────●

生活保護の4原理

　生活保護は4つの原理によって、制度が支えられている。第1の原理は、**「国家責任による最低生活保障の原理」**である。生活保護は、国の責任で生活困窮者に対する最低限度の生活を保障し、またその最低生活保障とともに自立の助長を目的としていることを示す最も根本的な原理である。第2の原理は**「保護請求権無差別平等の原理」**である。後述（➡4.1）するようにかつての公的扶助制度には、怠惰や素行不良の者などに対して欠格条項があり受給する

ことができなかったが、現在の生活保護法では欠格条項は廃止されており、生活困窮に陥った理由は問わず、保護の要件を満たせば、無差別平等に保護を受ける権利があることを認めている。第3の原理は**「健康で文化的な最低生活保障の原理」**である。生活保護は、生存が可能な程度の生活水準ではなく、日本国憲法第25条の「健康で文化的な最低限度の生活」を保障する必要があることが示されている。第4の原理は**「保護の補足性の原理」**である。生活保護の受給に際しては、自分の資産や稼働能力、他の社会保障給付などを活用することを要件とし、また扶養義務者の扶養が保護に優先される。したがって、**資力調査（ミーンズ・テスト）**と呼ばれる資産の調査や稼働能力、家族扶養等の調査が生活保護を受給する際には必要となる。これらの調査の概要については、3.3「生活保護の相談と申請」で説明する。

生活保護の4原則

生活保護は4つの原則をもとに、制度が実施されている。第1は**「申請保護の原則」**である。生活保護を受給するためには、要保護者（あるいはその扶養義務者、その他の同居親族）が福祉事務所に申請することを原則としている。ただし、要保護者が急迫した状況にあり自ら申請できない場合は、職権による保護が認められている。生活保護の申請手続きについては、3.3「生活保護の相談と申請」で説明する。第2は**「基準及び程度の原則」**である。保護の程度は、厚生労働大臣の定める基準によって測定した要保護者の需要をもとにして、そのうちその者が金銭や物品で満たすことのできない不足分を補う程度とされる。またその際の基準は、要保護者の年齢、性別、世帯構成、地域、保護の種類に応じて必要な事情を考慮した最低限度の生活を満たすに十分であり、かつこれを超えないものとされている。第3は**「必要即応の原則」**である。要保護者の年齢、性別、健康状態などの世帯ごとの必要の違いを考慮し、有効で適切な保護とすることを原則としている。第4は**「世帯単位の原則」**である。保護が必要かどうか、また保護の程度の判定は世帯単位でなされる。ただし、世帯単位の原則によりがたい理由がある場合、例えば世帯全体が困窮しないように長期入院患者の世帯員のみを保護するケースや貸与金・給付金等を受けて大学に就学するケースなどは、擬制的に別世帯のように扱う**世帯分離**が認めら

表 4-1 生活保護基準の体系

生活保護基準は、要保護者の年齢別、性別、世帯構成別、所在地域別その他保護の種類に応じて必要な事情を考慮した最低限度の生活の需要を満たすに十分なものであって、かつ、これをこえないものでなければならない。
（生活保護法第8条第2項）

生活を営む上で生じる費用	対応する扶助の種類	支給内容
日常生活に必要な費用 （食費・被服費・光熱水費等）	生活扶助	基準額は、 ①食費等の個人的費用（年齢別に算定） ②光熱水費等の世帯共通的費用（世帯人員別に算定） を合算して算出。 特定の世帯には加算がある。（障害者加算等）
アパート等の家賃	住宅扶助	定められた範囲内で実費を支給
義務教育を受けるために必要な学用品費	教育扶助	定められた基準額を支給
医療サービスの費用	医療扶助	費用は直接医療機関へ支払(本人負担なし)
介護サービスの費用	介護扶助	費用は直接介護事業者へ支払(本人負担なし)
出産費用	出産扶助	定められた範囲内で実費を支給
就労に必要な技能の修得等にかかる費用 （高等学校等に就学するための費用を含む。）	生業扶助	〃
葬祭費用	葬祭扶助	〃

（注）　勤労控除：就労収入のうち一定額を控除する仕組みであり、就労収入額に比例して控除額が増加
　　　　⇒就労収入15,000円までは全額控除、全額控除以降の控除率は10%。
（出所）　厚生労働省社会・援護局保護課「生活保護制度の概要等について」(2013年)。

れている。

3.2　生活保護基準

生活保護基準の体系

　生活保護は8つの扶助からなる。①**生活扶助**は、日常生活に必要な費用と移送を満たすための給付である。生活扶助には、第1類（年齢別に算出される食費等の個人的経費）、第2類（世帯人員別に算出される光熱費・家具什器等の世帯共通経費）があり、それらを合算する。また、12月には期末一時扶助が加えられる。さらに特定の世帯には、妊産婦加算、障害者加算、母子加算などもある。介護保険第1号被保険者の被保護者に対しては、介護保険料加算もある。②**住宅扶助**は、家賃・地代、また補修費等住宅維持費などに対する給付である。基準額の範囲内で実費支給されるが、家賃などが住宅扶助の一般基準を超える場合には、厚生労働大臣が都道府県、指定都市、中核市ごとに別に定める特別基準が使用できる。③**教育扶助**は、義務教育を受けるための学用品費、教材代、学校給食費、通学交通費、学習支援費などに対する給付である。④**医**

> **COLUMN**　子どもの貧困対策と生活保護の子どもたち
>
> 　2013年に子どもの貧困対策法が制定され、子どもの貧困対策の第一歩が踏み出された。その中で学習支援は、貧困の世代間連鎖（被保護世帯や生活困窮世帯の子どもたちが成人後にも再び生活保護の受給や貧困に陥ってしまうこと）を防ぐためにも重要な政策であると考えられる。
>
> 　しかし学習支援の実施においては、学習教室で勉強を教えるだけでなく、勉強するための家庭環境の整備もあわせて進めることが重要である。子どもがいる被保護世帯は、母子世帯であることが多く、例えば母親が働きに出ているようなケースにおいては、子どもが家事などをしなくてはならないことがある。そのため必然的に学習に充てられる時間も少なくなる、あるいは部活動などにも参加できなくなってしまうことがある。さらに親が体調不良や精神的に不安定で働けない場合は、高校進学を含めた今後の進路選択に大きな影響を及ぼしてしまうだろう。
>
> 　こうした苦しい家庭環境では、中学生の子どもたちが自ら学習教室へ足を運ぶということも難しいかもしれない。そこで重要になってくるのが、学習支援を専門とした支援員によるアウトリーチ（家庭訪問）である。アウトリーチによって、子どもたちが親とともに学習することの社会的意味を理解し、学習支援の制度があることを知る。学力向上のための学習教室の運営ばかりではなく、家庭内の学習環境への積極的な支援が欠かせないのは、そのようにして初めて子どもへ直接届く支援となるためである。

療扶助は、医療サービスの費用（診療、薬剤・治療材料、施術など）や移送費に対する給付である。原則として現物給付であり、医療費は直接医療機関へ支払われる。⑤**介護扶助**は、介護サービスの費用（居宅介護、福祉用具、住宅改修、施設介護など）、移送費に対する給付である。原則として現物給付であり、介護サービスの費用は直接介護事業者へ支払われる。⑥**出産扶助**は、分娩の費用に対する給付である。⑦**生業扶助**は、生計の維持を目的とする小規模な事業を営むための資金、就労に必要な技能の修得、高等学校等に就学するための費用などに対する給付である。⑧**葬祭扶助**は、葬祭の費用などに対する給付である。

　また**級地制度**があり、生活様式、物価の違いなどによる生活水準の差を反映

表 4-2　世帯類型別生活扶助基準（令和 3 年度）

	3人世帯 33歳男・29歳女・4歳子	高齢単身世帯 68歳女	高齢夫婦世帯 68歳男・65歳女	母子世帯 30歳女・4歳子・2歳子
1級地-1	158,760円	77,980円	121,480円	190,550円
1級地-2	153,890円	74,690円	117,450円	185,750円
2級地-1	149,130円	70,630円	113,750円	179,270円
2級地-2	149,130円	70,630円	113,750円	179,270円
3級地-1	142,760円	67,740円	108,810円	171,430円
3級地-2	139,630円	66,300円	106,350円	168,360円

(注)　冬季加算（Ⅵ区×5/12)、児童養育加算、母子加算を含む。なお、基準額は令和 3 年 4 月 1 日現在。
(出所)　厚生労働省『令和 3 年版　厚生労働白書』(2021年)。

して、全国の市区町村を 6 区分に分けて（1 級地-1から 3 級地-2)、基準額が設定されている。

　以上の 8 つの扶助を用いて最低生活の保障を行うが、単給または併給として行われる。

支給額の算定方法

　生活保護基準は、生活保護を適用するかどうかの判定（要否判定）と保護費の支給の程度の決定に用いられる。

　世帯収入がその世帯の最低生活費に満たない時にはじめて生活保護を受給することができる。実際に支給される保護費は、世帯ごとに算定された最低生活費から世帯収入を差し引いた差額になる。単純な例として、ある世帯の最低生活費が15万円だったとして、年金などの収入が 5 万円あった場合には支給されるのは10万円となる。ただし、勤労収入については、勤労に伴う必要経費の補填と勤労意欲の増進・自立助長を目的とした**勤労控除**があり、控除した後の収入が用いられる。なおその勤労控除のうち基礎控除の額は、おおむね就労収入 1 万5,000円まで全額控除、全額控除以降の控除率は約10％となっている。また社会保険料や所得税、労働組合費、通勤費などの経費についても、勤労収入から実費控除される。

　表4-2は世帯類型別の生活扶助の水準を示している。この生活扶助基準額に、例えば、借家であれば住宅扶助が加わり、小学生や中学生の子どもがいれば教

育扶助が加わることになる。

3.3　生活保護の支給プロセス

生活保護の相談と申請

　生活保護の相談は、福祉事務所の生活保護担当の窓口等で行われる。窓口では相談者の状況を把握したうえで、生活福祉資金、他の社会保障制度の活用等についての助言を行うとともに生活保護制度の十分な説明がなされ、保護申請の意志の確認が行われる。また保護の相談にあたっては、相談者の申請権を侵害しないこと（侵害していると疑われるような行為も含む）が求められている。したがって、相談や申請の手続きにおいて、必要以上に厳しい対応をすることで申請をさせにくくする「水際作戦」を取ることはあってはならない。

　次に生活保護の申請は、保護申請書を提出することで行われる。2013年の生活保護法改正により、申請時に必要な添付資料の提出について法的にも規定されたが、申請者が書面での提出が困難である場合には、口頭での申請が認められている。具体的には申請者から必要事項を聴取し書面に記載したうえで、本人への説明および署名捺印を求めることなどが行われ、申請があったことを明らかにできるように対応することが求められている。

　また申請後には、保護の補足性の原理から、資力調査や家族扶養などについての調査がなされる。具体的には生活状況等を把握するための実地調査（家庭訪問等）、預貯金・保険・不動産等の資産調査、扶養義務者による扶養（仕送り等の援助）の可否の調査、年金等の社会保障給付・就労収入等の調査、就労の可能性の調査などである。

保護の決定、指導・指示、相談・助言

　保護の要否および程度は、原則として、保護基準による最低生活費と世帯収入の対比に基づいて決定される。また保護の決定の後、保護費の支給や指導・指示、相談・助言が行われるようになる。保護費は、3.2「支給額の算定方法」で見たように、保護基準に基づく最低生活費から世帯収入を引いた額が毎月支給される。生活保護の受給中には、収入の届出が毎月求められ、また定期的な課税台帳との照合なども行われる。福祉事務所のケースワーカーが年数回の訪

問調査を行う。なお、不正受給については単に費用徴収だけでなく、情状により生活保護法の罰則規定や刑法の規定により処罰を受けることがある。

　また被保護者に対して、生活の維持、向上その他の目的達成に必要な指導・指示を行うことができるが、ただしこれも被保護者の自由を尊重し、必要最小限度にとどめなくてはならず、また強制しうるものと解釈してはならないとされる。さらに実施機関は、被保護者就労支援事業を行うほか、要保護者から求めがあった時には、自立助長のための相談・助言も行われる。

保護の停止、廃止

　一度決定された保護について、減額、停止、廃止する際には、正当な理由が必要となる。例えば、収入の増加などにより保護が必要でなくなったといったケースが考えられる。この時には、臨時収入などにより一時的に保護を必要としない状態の場合や定期収入により保護を必要としないがその状態が継続することについては確実性を欠く場合には、保護の停止が行われる。定期収入により、以後特別な事由が生じないかぎり保護を必要としない状態になった場合や臨時収入により以後おおむね6か月を超えて保護を必要としない状態が継続すると認められる場合には、保護の廃止がなされる。また資産や収入の状況、健康状態の調査の拒否、指導・指示に従わない場合などにも、保護の停止や廃止をすることができることになっている。

不服申立て

　一方で、正当な理由もなく保護が実施されなかった場合には、その取り消しや変更を求めるための行政上の不服申立てが認められている。具体的には、福祉事務所長が行った保護に関する処分（申請却下、停止・廃止、就労自立給付金・進学準備給付金の支給など）について不服がある場合には、都道府県知事に対して審査請求を行うことができる。都道府県知事は、その処分が違法または不当でないか審査し裁決をする。さらに、都道府県知事の裁決に不服がある場合は、厚生労働大臣に対して再審査請求を行うことができる。

3.4　生活保護の実施体制と財政 ──────────────●

生活保護の実施体制

　生活保護の実施機関である福祉事務所は、都道府県および市（特別区を含む）は設置が義務づけられており、また町村は任意で設置することができる。福祉事務所には福祉事務所長、生活保護の適正な実施のための指導監督を行う所員として**査察指導員**、福祉事務所で生活保護担当である**現業員（ケースワーカー）**、事務職員を置くことになっている。現業員には、社会福祉主事の資格が求められており、その業務内容も受付面接から保護の実施（訪問調査やケース記録の作成、指導・指示、相談助言等）まで幅広い。また査察指導員は、同じく社会福祉主事でなければならないとされ、その業務は指揮下にある現業員に対して指導や監督を行い、現業員の支援をより良いものとすることが求められる。

　職員の配置は、地域の実情にあわせて条例で定めることとなっているが、以下のような現業員の標準数がある。市部の福祉事務所については被保護世帯80世帯につき1名、都道府県が設置した郡部の福祉事務所については被保護世帯65世帯につき1名となっている。これはあくまで標準数であり、近年被保護者の急増の中で、担当するケース数が標準数を超えることは多く、現業員の業務負担は増している。

生活保護の財政

　生活保護は公的扶助制度であり、その財源は公費（税）である。保護費（施設事務費および委託事務費も含む）の国と地方の費用負担の割合は国が3/4、地方公共団体が1/4である。ただし、生活保護の執行に伴う福祉事務所の人件費や行政事務費については国庫負担金の補助対象とはならない。しかし、それらの経費についても、一般補助金である地方交付税の算定に組み入れることによって、財政支援がなされる。

　生活保護費（施設事務費を除く）は2019年度で約3.6兆円の支出となっている。内訳を見ると、医療扶助の割合が最も大きく50.2%となっている。次いで、生活扶助が29.9%、住宅扶助が16.6%という順になっている。2.2「被保

護世帯・被保護者の現状」において、高齢者世帯、障害者世帯、傷病者世帯など医療ニーズの高い世帯類型が被保護世帯に多いことを確認したが、そうした動向を反映して生活保護費においても、医療扶助が大きな割合となっている。

3.5　ケースワーク

　生活保護制度の目的には、最低生活の保障とともに自立の助長がある。その実践である**ケースワーク**は、主に福祉事務所の現業員によって、次のようなことがなされる。

　保護開始後に、訪問計画に基づき、訪問調査が行われる。訪問調査や関係機関調査により要保護者の生活状況を把握し、自立に向けた課題の分析を行ったうえで、それらの課題に応じた具体的な援助方針を策定する。その援助方針に基づき指導援助が行われる。また実際の指導援助では、民生委員・児童委員、保健所、児童相談所、ハローワーク、医療・介護・福祉機関、学校、警察など幅広い関係機関との連携を図ることが必要となる。なお、指導援助の結果についても適宜適切な時期に評価し、また援助方針の見直しを少なくとも年1回以上行うことが求められている。

3.6　自立支援プログラム

　近年、被保護者に対しては従来の福祉事務所のケースワーカーによる自立支援ばかりでなく、ハローワークとの連携や自立支援に関する業務委託を受けた支援団体などによる支援も進められており、それらは生活保護の**自立支援プログラム**と呼ばれる。自立支援プログラムは、2004年の社会保障審議会福祉部会「生活保護制度の在り方に関する専門委員会報告書」において、その導入が提起された。

　同報告書において、生活保護が、現在の制度や運用で生活困窮者を十分に支えられているか、また経済的な給付のみでは被保護者のかかえる様々な問題への対応に限界があるのではないか、保護の長期化を防ぐための取り組みが不十分である、さらには担当職員個人の経験等に依存する実施体制にも限界があるなどの問題点が指摘された。そこで生活保護制度において、被保護者の自立に向けた多様な対応、早期の対応、システム的な対応を可能とするために、自立

支援プログラムの導入が提案された。

　自立支援プログラムにおいては、就労などの「経済的自立」だけでなく、身体や精神の健康を回復・維持し、自分で自分の健康・生活管理を行うといった「日常生活自立」、社会的なつながりを回復・維持し、地域社会の一員として充実した生活を送るといった「社会生活自立」という3つの自立の概念を打ち出している。

　自立支援プログラム導入当初は、就労支援に関するプログラムが中心であったが、その後は日常生活自立や社会生活自立に関するプログラムについても充実が図られるようになり、多様な事業内容が展開している。

3.7　生活保護世帯の子どもの大学等への進学支援 ━━━━━━●

　生活保護世帯の子どもの大学等進学率は全世帯平均よりも低く、その点からも貧困の連鎖が発生していると考えられる。そのため、生活保護世帯の子どもが大学、短大、専門学校等に進学した際、新生活の立ち上げ費用として進学準備給付金（自宅通学で10万円、自宅通学外で30万円）を給付することとなった。また大学等に進学する際、親と同居していても世帯分離することになっているが、その場合でも住宅扶助が減額されないように運用改善も行った。

　さらには教育政策でも、住民税非課税世帯およびそれに準ずる世帯の大学等の学生に対して、授業料等減免制度や給付型奨学金を導入して、高等教育での修学支援を図っている。

3.8　貧困ビジネス対策と単独で居住が困難な者への日常生活支援 ━●

　生活保護世帯の住宅問題として、被保護者を劣悪な住環境の施設に住まわせ、それに見合わない利用料を生活保護費から徴収する、いわゆる貧困ビジネスが生じていると言われる。そこで社会福祉法を改正して、無料低額宿泊所に対して、事前届出制の導入や設備・運営に関する法定の最低基準、さらには最低基準を満たさない事業所に対する改善命令の創設などの規制強化を行った。

　また単独での居住が困難な被保護者に対し、サービスの質が確保された施設（日常生活支援住居施設）において、必要な日常生活上の支援を提供する仕組みを創設した。

4　生活保護の歴史

4.1　生活保護法（新法）制定までのあゆみ

　1874年（明治7年）に**恤救規則**（じゅっきゅう）が制定され、明治政府において、救貧制度が始められた。同制度においては、救済は国に義務はなく、扶養と相互扶助によって行われるべきであるとした。また対象者も放置できない、頼れる人がいない者のみに限り、国庫により救済してよいという制限された内容のものであった。その後、昭和にはいり、関東大震災や世界恐慌などの中で新たに救貧制度を構築しなおす必要が生まれ、1929年（昭和4年）に**救護法**が制定された。救護法は、救済について国の義務を認めるようになったが、要保護者に保護請求権を認めていない。また救護法の対象者は、65歳以上の老衰者、13歳以下の幼者、妊産婦、障害や疾病などにより働くことが困難な者となっており、稼働能力がある者や扶養義務者がいる者などは対象外であった。

　終戦後、戦争被災者や浮浪者、失業者など生活困窮者が大量に発生した。1946年（昭和21年）、GHQは「社会救済」覚書を出し、無差別平等、国家責任、必要充足、公私分離の原則を提示し、それを受けて同年に**生活保護法（旧法）**が制定された。生活保護法（旧法）では、国家責任で無差別平等に保護を行うことなどが明確化されたが、勤労の意思のない者や素行不良者などは対象外となる欠格条項があり、また保護請求権も認められていなかった。そこで、1950年に**生活保護法の全面改正（新法）**が行われた。新法は1946年に公布された日本国憲法第25条の生存権の理念に基づく制度として、欠格条項を廃止し保護請求権をみとめ、また生活保護の水準も健康で文化的な最低限度の生活を満たすものであることを求めている。

4.2　生活扶助基準の算定方法の変遷

　生活保護法（新法）において、生活扶助基準の算定方法は以下のように変遷した。1948年からは**マーケット・バスケット方式**が採用された。マーケット・バスケット方式とは、最低生活を営むための支出を項目（食費、被服費、家具

什器など）ごとに積み上げて算出する方式である。1950年代は財政難などから生活保護基準の給付水準の引き上げが十分でなく、また朝日訴訟（1957年）のように生活保護基準の妥当性が争われることもあった。そこで、1961年に**エンゲル方式**を採用し保護基準の引き上げを実施した。エンゲル方式とは、栄養所要量を満たすことができる飲食物費を計算し、この飲食物費を支出している世帯のエンゲル係数で割り戻して総生活費を計算する方法である。さらに1965年からは一般国民と被保護世帯の格差縮小を目指し、**格差縮小方式**を採用した。具体的には、政府の経済見通しの民間最終消費支出の伸びを基礎に格差縮小分を加味して、生活扶助基準の改定率を決定した。1984年からは生活扶助基準と一般国民の生活水準が均衡しているとの判断の下に、**水準均衡方式**が採用された。これは当該年度に想定される一般国民の消費動向を踏まえると同時に、前年度までの一般国民の消費水準との調整を図る方式である。

　現在は、社会保障審議会において、生活保護基準の定期的な検証を行う生活保護基準部会が設置されており、全国消費実態調査を用いて、一般低所得世帯の消費水準との比較検討が行われている。

4.3　生活困窮者自立支援法の導入

生活困窮者自立支援法の導入の経緯

　2008年9月のリーマンショックにより、日本経済は景気後退に陥り、派遣労働者の雇い止めが増加するなど、労働市場も悪化した。同年末には年越し派遣村が注目されたように、雇い止めなどで失業し、さらに住宅を失ってしまった者など生活困窮者への対応が求められるようになった。そこで政府は、雇用保険と生活保護の間に位置し、雇用保険の給付でカバーされない者をそのまま生活保護の受給に直結させないよう、いわゆる「**第2のセーフティネット**」と呼ばれる政策を打ち出した。具体的には、求職者支援制度（➡第3章）、住宅支援給付（離職者で住宅を失った、または失うおそれのある者への家賃支援）、総合支援資金貸付（失業などにより日常生活全般に困難をかかえる者への貸付）、臨時特例つなぎ資金貸付（住宅のない離職者に対する当座の生活費の貸付）などがある。

　その後、2012年「社会保障・税一体改革大綱」には、生活困窮者対策と生活

保護制度の見直しについて総合的に取り組むための「生活支援戦略」を策定することがもりこまれた。これを受けて、社会保障審議会「生活困窮者の生活支援の在り方に関する特別部会」が設置され、同部会からは新たな生活困窮者支援についての提言が行われた。その後2013年12月に、**生活保護法の一部を改正する法律および生活困窮者自立支援法**が成立し、生活保護制度の見直しと新たな生活困窮者支援対策の導入が行われることとなった。さらに2018年にも生活困窮者自立支援法や生活保護法等の改正が行われた。

生活困窮者自立支援制度の事業内容

　生活困窮者自立支援制度では、生活保護に至る前の段階の自立支援の強化を図り、また生活保護から脱却した者が再び受給しないよう、各種の支援事業を実施することとなっている。支援対象者である生活困窮者は、就労の状況、心身の状況、地域社会との関係性その他の事情により、現に経済的に困窮し、最低限度の生活を維持することができなくなるおそれのある者と定義されている。

　具体的に支援事業を見てみれば、まず必須事業として、①自立相談支援事業、②住居確保給付金の支給がある。次に、任意事業として、③就労準備支援事業、④一時生活支援事業、⑤家計改善支援事業、⑥子どもの学習・生活支援事業などがある。また、都道府県知事等による就労訓練事業（いわゆる「中間的就労」）の認定も行われる。なお国庫負担の割合は、自立相談支援事業、住居確保給付金は3/4、就労準備支援事業、一時生活支援事業は2/3、家計改善支援事業、子どもの学習・生活支援事業は1/2である。ただし、自立相談支援事業と併せて就労準備支援事業、家計改善支援事業を一体的に実施した場合には、家計改善支援事業の補助率は1/2から2/3に引き上げられる。

　①**自立相談支援事業**では、生活困窮者がかかえている課題とニーズを把握し、自立支援計画を策定して、各種支援が包括的に実施されるよう関係機関と連絡調整を行う。また地域ネットワークの強化、社会資源の開発など地域づくりも担う。②**住居確保給付金**の支給では、離職等により住宅を失ったまたはそのおそれのある者に対して、給付金を支給する（原則3カ月、コロナ禍の下では、最長で12カ月まで延長することが可能になった）。③**就労準備支援事業**は、

一般就労に従事するための基礎能力の形成を、日常生活自立、社会生活自立、就労自立という3段階で支援を行う。またそれでもなお一般就労が困難である場合は、支援付きの就労の場の提供を行う中間的就労の場も設ける。**④一時生活支援事業**は、各自治体のホームレス緊急一時宿泊事業やホームレス自立支援センターの運用を踏まえて、制度化したものであり、住居のない生活困窮者に宿泊場所と衣食の供与等を行う（原則3カ月、最長6カ月）。また、シェルター等の施設退所者や居住に困難をかかえる地域社会から孤立した者に対して、一定期間、訪問等による見守りや生活支援を実施する。**⑤家計改善支援事業**では、家計の状況を「見える化」することや利用者の家計改善の意欲を高める支援を行う。また家計管理の支援や滞納（家賃、税金、公共料金）の解消や各種給付制度等の利用に向けた支援、債務整理の支援、貸付のあっせん等がなされる。**⑥子どもの学習・生活支援事業**については、生活困窮世帯（生活保護受給世帯も含む）の子どもへの進学支援、子どもとその保護者に対する生活習慣・育成環境の改善、教育及び就労に関する支援等を行う。

4.4　2013年生活保護法の改正

2013年の改正は、現行の生活保護法において、はじめての本格的な改正となった。具体的な改正内容は、①就労自立給付金の創設、②健康・生活面などに着目した支援、③不正・不適正受給対策の強化、④医療扶助の適正化である。

①就労自立給付金の創設は、生活保護から脱出する際、税や社会保険料の負担が生じるために、生活保護から脱却しにくくなることが考えられる。そこで、保護期間に収入認定されていた就労収入額の一部を仮想的に積み立て、保護脱却時に一括支給を行う仕組みを導入した（上限額は単身世帯で10万円、多人数世帯で15万円）。**②被保護者の健康管理・家計管理の支援**では、まず2013年の改正で、被保護者に健康の保持と増進に努め、また収入・支出その他生計の状況を適切に把握することを責務として位置づけることになった。なお現在は2018年の改正をうけて、福祉事務所がデータに基づき、生活習慣病の発症予防や重症化予防を行う被保護者健康管理支援事業を実施している。**③不正・不適正受給対策の強化**では、福祉事務所の調査権限の拡大や罰則の引き上げなど

図 4-3　生活困窮者自立支援制度の事業概要

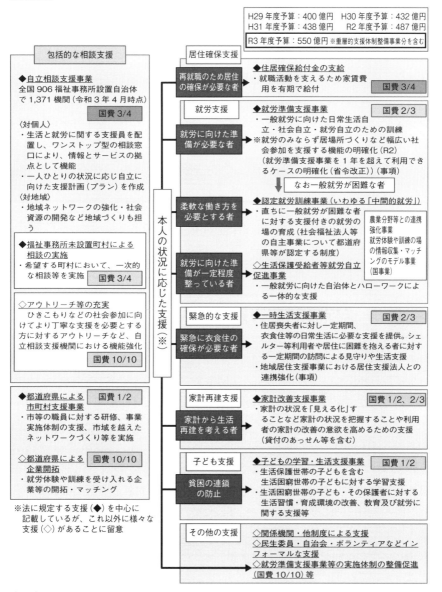

> H29 年度予算：400 億円　H30 年度予算：432 億円
> H31 年度予算：438 億円　R2 年度予算：487 億円
> R3 年度予算：550 億円 ※重層的支援体制整備事業分を含む

包括的な相談支援

◆自立相談支援事業
全国 906 福祉事務所設置自治体
で 1,371 機関（令和 3 年 4 月時点）
　　　　　　　　　国費 3/4
〈対個人〉
・生活と就労に関する支援員を配
置し、ワンストップ型の相談窓
口により、情報とサービスの拠
点として機能
・一人ひとりなどの状況に応じ自立
に向けた支援計画（プラン）を作成
〈対地域〉
・地域ネットワークの強化・社会
資源の開発など地域づくりも担う

◆福祉事務所未設置町村による
相談の実施
・希望する町村において、一次的
な相談等を実施　　国費 3/4

◇アウトリーチ等の充実
ひきこもりなどの社会参加に向
けてより丁寧な支援を必要とする
方に対するアウトリーチなど、自
立相談支援機関における機能強化
　　　　　　　　　国費 10/10

◆都道府県による　国費 1/2
市町村支援事業
・市等の職員に対する研修、事業
実施体制の支援、市域を越えた
ネットワークづくり等を実施

◇都道府県による　国費 10/10
企業開拓
・就労体験や訓練を受け入れる企
業等の開拓・マッチング

※法に規定する支援（◆）を中心に
記載しているが、これ以外に様々な
支援（◇）があることに留意

本人の状況に応じた支援（※）

居住確保支援

再就職のため居住の確保が必要な者
◆住居確保給付金の支給
・就職活動を支える家賃費
用を有期で給付　　国費 3/4

就労支援

就労に向けた準備が必要な者
◆就労準備支援事業　　国費 2/3
・一般就労に向けた日常生活自
立・社会自立・就労自立のための訓練
※就労のみならず居場所づくりなど幅広い社
会参加を支援する機能の明確化（R2）
（就労準備支援事業を 1 年を超えて利用でき
るケースの明確化（省令改正））（事項）

↓　なお一般就労が困難な者

柔軟な働き方を必要とする者
◆認定就労訓練事業（いわゆる「中間的就労」）
・直ちに一般就労が困難な者
に対する支援付きの就労の
場の育成（社会福祉法人等
の自主事業について都道府
県等が認定する制度）

農業分野等との連携
強化事業
就労体験や訓練の場
の情報収集・マッチ
ングのモデル事業
（国事）

就労に向けた準備が一定程度整っている者
◇生活保護受給者等就労自立
促進事業
・一般就労に向けた自治体とハローワークによ
る一体的な支援

緊急的な支援

緊急に衣食住の確保が必要な者
◆一時生活支援事業　　国費 2/3
・住居喪失者に対し一定期間、
衣食住等の日常生活に必要な支援を提供。シェ
ルター等利用者や居住に困難を抱える者に対す
る一定期間の訪問による見守りや生活支援
・地域居住支援事業における居住支援法人との
連携強化（事項）

家計再建支援

家計から生活再建を考える者
◆家計改善支援事業　　国費 1/2、2/3
・家計の状況を「見える化」す
ることなど家計の状況を把握することや利用
者の家計の改善の意欲を高めるための支援
（貸付のあっせん等を含む）

子ども支援

貧困の連鎖の防止
◆子どもの学習・生活支援事業　　国費 1/2
・生活保護世帯の子どもを含む
生活困窮世帯の子どもに対する学習支援
・生活困窮世帯の子ども・その保護者に対する
生活習慣・育成環境の改善、教育及び就労に
関する支援等

その他の支援
◇関係機関・他制度による支援
◇民生委員・自治会・ボランティアなどイン
フォーマルな支援
◇就労準備支援事業等の実施体制の整備促進
（国費 10/10）等

（出所）　厚生労働省「生活困窮者自立支援制度の施行状況について」（2021年）。

が行われる。調査権限の拡大では、要保護者についての調査が従来の資産や収入だけでなく、就労や求職活動状況、健康状態、扶養の状況などを追加されることとなった。また調査対象者に過去の被保護者も追加することとなった。扶養義務者に対しても、扶養義務を履行していないと認められるような場合に通知を行うこととなり、さらには報告を求めることも可能となった。ただしこの場合も、要保護者がDV（ドメスティック・バイオレンス）被害を受けている場合など、保護の妨げになるようなケースは除くものとされる。**④医療扶助の適正化**では、医療扶助をめぐる不正事案に対して厳しく対処するために、指定医療機関制度の見直し（指定要件・指定取消要件の明確化、更新制の導入など）や指導体制の強化も図っている。さらに、被保護者に対する、後発医薬品（ジェネリック医薬品）の使用促進についても法的に明記されることとなった。また2018年の改正があり、医師等が後発医薬品を使用できると認めたものは、原則使用することとなった。

5　生活保護制度の課題

　近年の生活保護制度においては、2013年の生活保護法の改正と生活困窮者自立支援法の制定という大きな改革がなされた。これらの改革の背景には、被保護者の急速な増大の中で、生活保護制度自体をどのように変革するのか、また生活保護制度の手前でどのような支援がありうるのかという課題への取り組みの必要性があったからと言えよう。

　今後の課題としては、1つは新型コロナウイルス感染症流行下での生活困窮者への支援のあり方がある。コロナ禍のもとでの生活保護世帯の推移をみると、2020年2月163.3万世帯から2021年2月163.7万世帯と約4千世帯の増加に留まっていた。リーマンショック時には、2008年度から2009年度で12.5万世帯の増加だったことを考えれば、コロナ禍であっても、生活保護の利用は低調だったと言えるだろう。

　一方でコロナ禍の緊急的な対応として活用されたのは、生活福祉資金貸付制度の特例貸付（緊急小口資金・総合支援資金）、住居確保給付金や新型コロナ

ウイルス感染症生活困窮者自立支援金であった。

　これらの有期の給付金や貸付制度では、コロナ禍の影響が長期化するなかでは限界もある。これらの緊急的な支援によって、仕事や生活の再建が可能となった世帯はよいが、今回のコロナ禍で影響を受けている困窮者はアルバイトやフリーランス、非正規雇用など不安定な就業形態であることが多いだろう。再就職ができたとしても、返済に苦労することなども考えられる。今回のコロナ禍でも明らかになったように、生活困窮者の最大のリスクは住宅喪失である。そのため有期の給付ではなく、要件を満たせば継続して支給される住宅手当の導入を求める議論もある。

　もう1つの課題は、生活保護基準の検証・決定方法である。現在の生活保護基準は、一般低所得世帯の消費水準との比較で検証がなされている。しかし近年、その比較対象である家計消費の低下によって、生活保護基準が絶対的な水準を割ってしまう懸念もある。そのため、これ以上下回ってはならないという最低生活の水準について新たな検証手法の開発も求められている。

　また2013〜15年に実施された生活扶助基準の引き下げについては、社会保障審議会生活保護基準部会の検証結果を踏まえた約90億円の削減のほかに、デフレ調整分（近年のデフレの影響を勘案した基準額の引き下げ）と呼ばれる約580億円の削減が実施された。このデフレ調整分は基準部会でも検討されておらず十分な検証・決定プロセスを経たものとは言えない。今後の生活保護基準の改定にあたっては、生活保護基準部会を中心とした十分な検証が必要であろう。

　近年の低所得者対策の再編の中で、生活保護制度には、生活困窮者自立支援法との連携や自立支援の充実など新たな役割を期待されつつあるように考えられる。しかし依然として、生活保護制度は最後のセーフティネットであり、社会保障制度の中で最低生活保障の機能を果たすことが最も重要な役割であることに変わりはない。

キーワード

公的扶助　最低生活費　相対的貧困　生活保護基準　保護率　捕捉率
資力調査　自立支援プログラム　ソーシャルワーク　生活困窮者自立支援法

復習問題

1　生活保護の 4 原理とは、□□□□ □□□□ □□□□ □□□□ である。

2　生活保護制度のうち、日常生活に必要な費用と移送を満たすための給付である □□□□ は生活水準の地域差を反映するため、□□□□ ごとに基準額が定められている。

3　生活保護の実施機関である福祉事務所には、生活保護の適正な実施のための指導監督を行う □□□□ や生活保護業務を担当する □□□□ が置かれる。

4　1950 年の生活保護法の全面改正（新法）によって、欠格条項を廃止し、□□□□ を認めた。

5　生活扶助基準の改定方式は、1948 年 □□□□ から、1961 年 □□□□ 、1965年 □□□□ 、1984 年 □□□□ へと変遷した。

練習問題

1　住んでいる町の級地を確認したうえで、表4-2の最低生活費が、健康で文化的な最低限の生活を営むうえでは、その金額が高いか低いか意見を述べなさい。なお級地の確認には、『生活保護手帳』あるいは『生活保護のてびき』を用いて調べること。

2　日本の子どもの貧困を削減するための政策にはどのようなものがあるか、インターネットから『子供の貧困対策に関する大綱』（閣議決定、2019年11月29日）を入手して考えなさい。

3　被保護者の特徴（世帯類型や年齢階級）などを、統計（厚生労働省『被保護者調査』など）を見て確認し、被保護者への自立支援のあり方について検討しなさい。

4　以下の 5 人社会の相対的貧困率を求めよ。5 人の等価可処分所得はそれぞれ、個人 A は10、個人 B は10、個人 C は30、個人 D は30、個人 E は50とする。

Further Readings

駒村康平・山田篤裕・四方理人・田中聡一郎・丸山桂『社会政策——福祉と労

働の経済学』有斐閣、2015年

埼玉県アスポート編集委員会編『生活保護200万人時代の処方箋──埼玉県の挑
　　戦』ぎょうせい、2012年

『社会福祉学習双書』編集委員会編『貧困に対する支援』社会福祉法人全国社会
　　福祉協議会、2021年

生活保護制度研究会編『生活保護のてびき』(各年版)、第一法規

『生活保護手帳』(各年度版)、中央法規

第5章 医療

医療制度は主に、公的医療保険と医療提供体制から構成され、両者は複雑な形で結びついている。公的医療保険では制度や保険者が分立しているが、被用者、非被用者、高齢者、それぞれの保険制度が組み合わさって国民皆保険を実現している。その保険給付の種類、給付範囲や給付水準はほぼ統一されているが、保険料負担の水準などには大きな差異がある。医療提供体制では、民間医療機関の占める割合が大きく、病床数など量的な面では整備が進んでいる。しかし、医療機関の機能分化や機能分担・機能連携は十分ではない。

医療は社会保障の中核の1つであり、医療費は社会保障給付費の3割以上を占めており、少子高齢化や医療技術の進歩を背景に、この10年間、毎年平均8,600億円のペースで増加している。

こうした中、給付と負担の均衡を図るため、給付範囲や給付水準、財源確保に関してたび重なる制度改正が行われてきた。さらに近年は、医療の効率化・質の向上の観点からも制度の見直しが進んでいる。本章では、医療制度の基本的仕組みや歴史と経験を踏まえ、医療保障を持続的に確保していくための課題と展望を検討する。

【キーワード】

健康保険　国民健康保険　後期高齢者医療制度　療養の給付
療担規則　診療報酬点数表　医療計画・地域医療構想
国民皆保険　老人医療費無料化

1　医療制度の意義

医療は、国民の生命や健康を守るために不可欠なサービスである。健康で文化的な生活の保障、社会保障や公衆衛生の向上・増進（日本国憲法第25条）や幸福追求権（同第13条）の観点からも、国民が良質な医療に経済的にも地理的にもアクセスできるようにすることが望まれる。

一方、医療は市場では適切に提供されない。

第1に、医療費負担の問題がある。医療という財には、**需要の不確実性**という特性がある。医療における需要の不確実性は2つある。傷病が発生する時期の不確実性と診療に要する医療費の不確実性である。このため、医療費を予測して資金を準備しておくことは難しく、一般的な家計では必要な医療費を負担できないこともあり得る。国民が任意で民間保険に加入するに任せるという途もないわけではないが、民間保険市場では医療保険は十分には供給されない（例えば、アメリカ合衆国）（➡ 3.1）。

それゆえ多くの国では、公的な医療保障制度を構築している。主に2つの仕組みがある。**社会保険**制度は、一定の集団を強制的に公的医療保険に加入させ、医療費または医療サービスの給付を行うものである。日本やドイツ、フランスなどで採用されている。**公営医療**制度は、公営医療機関などを通じて医療サービスを提供し、医療費の保障自体を不要とするものである。イギリスの国民保健サービス（NHS：National Health Service）が典型である。

第2に、医療の質の問題もある。医療では、医師・医療機関と患者との間で**情報の非対称性**が大きい。診断や治療法の選択に必要な知識は膨大であるが、通例、患者側には乏しい。患者が医師から情報提供や説明を受けたとしても、内容を理解するのが困難な場合もある。このため、「患者が診療内容を評価し医療機関を選択することによって、診療側が競争圧力にさらされ、競争を通じて医療の質が向上していくはずだ」、などという期待はできない。医療の質を確保する仕組みも必要なのである。医師や看護師などの医療職の資格や研修の制度、診療所や病院の開設規制・人員配置や設備に関する基準、診断治療方法や医薬品の有効性・安全性を評価する制度などである。

　第3は、医療提供体制の問題である。一口に医療と言っても、多様な診療科名に象徴されるように、その種類や機能、診療領域は様々である。こうした多岐にわたる医療機能を担う医療機関を適切に配置することが医療への地理的アクセスの保障として要請される。そのため、医療機関の**機能分化**、医療機関の間の**機能分担・機能連携、適正配置**を図るための制度も必要となる。病院と診療所の区分、急性期、回復期、維持期（慢性期）などの病期に応じた病院や病床の種別、地域における医療機関の間の機能分担と相互の連携体制、病床過剰地域における医療機関の開設・増床規制などである。これらの仕組みは医療の質の向上にも役立つ。

　このように、医療制度は、医療費の保障、医療の質の確保、医療提供体制の整備を通じて国民に医療を保障する重要な機能を持っている。また、個々の診療は経済学では一般に私的財に分類されるが（➡第11章1.3）、医療を大きくとらえて、医療機関に経済的かつ地理的に容易にアクセスできる状態という財と理解すれば、安全保障や治安維持と同様、公共財であると解釈しうる。したがって、医療制度は公共財を提供する仕組みと言うこともできる。

2　医療の実態

2.1　医療費

　わが国の**国民医療費**（公的医療保険や公費負担医療による給付、これに伴う患者の一部負担金等により支払われた医療費。健康診断・予防接種等の費用は含まない）は、1990年には20.6兆円であったが、2018年には43.4兆円にのぼっている。直近の約10年間を見ると、毎年平均8,600億円のペースで増加している。財源構成は、社会保険料49.4%、公費負担38.1%、患者負担等12.5%であり、社会保険方式の医療保障なのに**公費負担が多い**という特徴がある（➡3.2、第11章2.2）。公費負担のうち約3分の2が国庫負担であり、一般会計歳出総額約97兆7,000億円のうち約11兆円、1割以上を占める。国民医療費は着実に増加しており、国の財政に大きな負担となっている。

　ただし、OECDデータにより主要国の間で比較すると、1人当たり**保健医療支出**（国民医療費のほか、介護費、保険外の自由診療、健康診断・予防接種、一般薬、病院への補助金、保険者管理費用などを含む）は、フランスの約90％、ドイツの約73％、アメリカの約44％にとどまっている（2019年）。保健医療支出対GDP比で見ても、アメリカの約3分の2、フランス、ドイツとほぼ同じである。1980年代から90年代にかけて厳しい医療費抑制を続けたイギリスよりは少しだけ高いが、アメリカを除く**主要先進国並みの水準**である。

　ところが、社会保障財源として重要な消費税や公的医療保険料の水準は、諸外国に比べ明らかに低い。日本は消費税標準税率10％、協会けんぽの平均保険料率10％、健康保険組合の平均保険料率9.23％（■➡ 表5-1）であるが、例えば、公的医療保険の財政構造が比較的近いドイツでは付加価値税（消費税）標準税率19％、公的疾病保険の法定保険料は14.6％である（2021年）。

　一方、わが国の普通国債残高は約990兆円、対GDP比177％にもなる（2021年度末見込み）。**国民医療費を含む社会保障関係費に見合った負担がされておらず**、赤字国債で不足分を補っている状況にある（■➡ 第11章2.2、5）。

2.2　医療の質

　医療の質の評価は、医療機関の構造（**structure**）、診療の過程（**process**）、結果（**outcome**）の3つの観点から行われる。医療の質に直接関わるoutcomeからわが国の状況を見ると、OECD諸国の中で平均寿命が最も長く、乳児死亡率は4番目に低い（OECD（2020）、*OECD Health Statistics 2020*）。治療成績では、心臓発作後30日死亡率が高いなど不振な分野もあるが、脳卒中後の30日死亡率は2番目に低く、様々ながんの5年生存率も高く、慢性疾患による回避可能な入院率も低い（OECD（2019）、*Health at a Glance 2019, Japan*）。**医療支出がOECD平均水準を大きく上回ることなく、良好なアウトカム（outcome）が達成された**と評価されている（OECD（2017）、*Health at a Glance 2017, Japan*）

2.3　医療提供体制

　わが国全体の医療提供体制に関する指標を主要国と比較すると次のような特

徴がある。まず、医療職のうち、単位人口当たり看護職員数は欧米諸国と同じ
水準であるが、単位人口当たり医師数はドイツやフランスに比べかなり少な
い。また、病床数が主要国に比べ著しく多く、**全体的に医療職が薄く広く配置**
されている。そのため、診療密度が低くなり、平均在院日数が著しく長くなっ
ていると考えられる。入院と外来の別、急性期、亜急性期、回復期、慢性期な
どの**病期に応じた医療機関の機能分化ができていなかったこと**も（➡3.6）、
在院日数長期化の一因と言える。一方、年間平均受診回数はとても多い。これ
は医療へのアクセスが容易であることの反映でもある。主要な検査機器である
コンピュータ断層撮影機器（CT）や磁気共鳴コンピュータ断層撮影機器
（MRI）の単位人口当たり設置台数がきわめて多いことも特徴的である。

　医療機関の開設主体を見ると、国公立病院の割合が低く、民間部門が占める
割合が高い。社会保険方式により公的な財源調達を行いながらも、医療提供体
制では**民間経営主体が主力**となっているところに特徴がある。

　ただし、日本国内でも、医療提供体制の実態は都道府県や医療圏（➡3.6）
によって大きく異なる。2020年中国武漢発の新型コロナウイルス感染症がわが
国で拡大したとき、大阪や東京などで患者の受入先や転院先の確保ができない
など、病床ひっ迫が深刻化したが、背景にはそれぞれの地域における医療提供
体制の特徴や事情もあると考えられる。

3 医療制度の仕組み

　わが国の医療制度は、**公的医療保険制度**と**医療提供体制**の2つのサブシステ
ムから成り立っている。公的医療保険は、**健康保険法**、**国民健康保険法**などの
医療保険各法により、医療提供体制は、**医師法**などの医療職の資格法制や医療
機関を規律する**医療法**などに基づき構築されている。ただし、医療機関の機能
分化や機能連携などについては、医療法のみならず公的医療保険も診療報酬制
度を通じて深く関係している。**医薬品**については、医薬品、医療機器等の品
質、有効性及び安全性の確保等に関する法律（**薬機法**）が製造販売などを、公
的医療保険が保険適用や薬価を規律する。3.1〜3.4で公的医療保険を、3.5で

図 5-1　医療制度の全体像

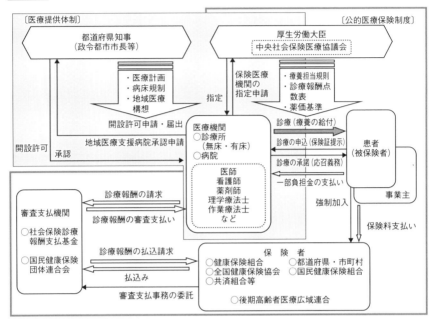

（出所）　筆者作成。

医薬品に関する制度を、3.6で医療提供体制に関する制度を見ていこう。

3.1　公的医療保険制度の枠組み

医療保険制度の分立と保険者の種類

　公的医療保険は、複数の制度から構成されている。大きく分けて、被用者の制度（一般に**被用者保険**と言う）、農業者や自営業者などの非被用者や無職者などが加入する**国民健康保険**、後期高齢者を対象とする**後期高齢者医療制度**の３つの分野がある。被用者保険は、民間企業の従業員を対象とする**健康保険**、公務員などを対象とする各種の共済、船員を対象とする船員保険に分かれる。

　保険料の徴収、保険給付の実施等を行う保険事業の運営主体である保険者にも複数の種類があり、被用者保険では、企業や行政機関などの職域ごとに設立されている。**健康保険組合**（健保組合）は、事業主が厚生労働大臣の認可を得

表5-1　医療保険制度・保険者と財源（2021年）

制度		保険者	保険者数	加入者（千人）（被保険者）［被扶養者］	財源		
					保険料（率）	公費負担	財政調整
健康保険	全国健康保険協会管掌健康保険	全国健康保険協会	1	40,443（24,793）［15,650］	9.50〜10.68%平均10.00%	給付費の16.4%	
	組合管掌健康保険	健康保険組合	1,391	28,837（16,352）［12,485］	6%未満〜11%以上平均9.23%[1]	定額（予算補助）、支援金等の負担が重い保険者への補助	［拠出］前期高齢者納付金
船員保険		全国健康保険協会	1	117（58）［59］	9.60%	定額	後期高齢者支援金
共済	国家公務員	共済組合	20	8,545	6.24〜8.82%[2]	なし	［交付］前期高齢者交付金
	地方公務員	共済組合	64	(4,565)	6.67〜11.92%[3]		
	私立学校教職員	日本私立学校振興・共済事業団	1	［3,980］	8.82%[4]		
国民健康保険		都道府県/市町村	47/1,716	29,324	世帯ごと応益割と応能割で算定	給付費等の50%（国41%、都道府県9%）	
		国民健康保険組合	163	2,726	均一保険料（規約例）	給付費等の28.4%〜47.4%	
後期高齢者医療制度		後期高齢者医療広域連合	47	18,032	被保険者ごとに均等割と所得割で算定	給付費の約50%（国4/12、都道府県1/12、市町村1/12）	［交付］後期高齢者交付金

（注）　1）一般保険料率と調整保険料率（健康保険組合が共同で行う高額医療費の共同負担事業と財政窮迫組合の助成事業（財政調整）の財源にあてる部分）の合計の推計値。
　　　　2）短期給付の掛金と負担金の率（福祉分を含む）。外務省在外を除く。2019年。
　　　　3）短期財源率、福祉財源率の合計。2019年。
　　　　4）甲種加入者短期給付分と福祉事業分の合計。

（出所）　厚生労働省『令和3年度版　厚生労働白書』（2021年）資料編27頁、協会けんぽHP、健康保険組合連合会「令和3年度健康保険組合の予算早期集計結果（概要）について」、厚生労働省HP「我が国の医療保険について」、日本私立学校振興・共済事業団HP、財務省「令和元年度国家公務員共済組合事業統計年報」、総務省「令和元年度地方公務員共済組合等事業統計年報」、『国保担当者ハンドブック［改訂24版］』（2020年）616頁に基づき筆者作成。

て設立する。企業単位や事業所単位で健保組合を設立する場合は、被保険者常時700人以上が要件であり、比較的大きな企業に多い（単一健保組合）。同業種の複数事業主が共同で設立することもでき、被保険者常時3,000人以上が要件である（総合型健保組合）。小規模・財政窮迫組合の再編・統合のため、都道府県単位で企業・業種を超えた複数の健保組合の合併による設立も認められる（地域型健保組合）。**全国健康保険協会**は、健保組合が設立されていない事業所の被用者や船員が加入する保険者である。全国で単一の公法人であるが、保険財政は都道府県支部ごとに独立して運営される。「**協会けんぽ**」は、同協会が

図 5-2　医療保険適用関係の全体像

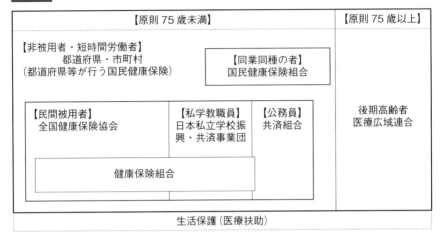

【原則 75 歳未満】	【原則 75 歳以上】
【非被用者・短時間労働者】　都道府県・市町村　（都道府県等が行う国民健康保険）　　　　【同業同種の者】　国民健康保険組合 【民間被用者】　全国健康保険協会　　　【私学教職員】　日本私立学校振興・共済事業団　　　【公務員】　共済組合 健康保険組合	後期高齢者医療広域連合
生活保護（医療扶助）	

（出所）　筆者作成。

管掌する健康保険の愛称である。**共済組合**は、公務員等が加入し、省庁、都道府県職員、政令市、都道府県内市町村、警察などを単位に設立されている。

　これに対し、国民健康保険では、基本的に地域ごとに保険者が設立される。都道府県単位で、都道府県と市町村（特別区を含む）が共同して保険者となり、その保険制度は国保法では**「都道府県等が行う国民健康保険」**と言う（2018年3月まで市町村が保険者である市町村国民健康保険であったため、今も**「市町村国保」**と表記されることがある）。都道府県は、各市町村が都道府県に納める国民健康保険事業納付金の額を定め、市町村に対して国民健康保険事業に要する費用全額を国民健康保険保険給付費等交付金として支払うことにより、保険財政の収支を管理し、運営責任を担う。国民健康保険事業納付金の額は、都道府県内で必要と見込まれる保険料総額を、年齢構成の違いを補正した医療費水準と所得水準等に基づき、各市町村に按分して決定する。市町村は、被保険者の資格管理、保険給付、保険料率の決定、保険料の賦課・徴収、保健事業などを担当する。

　国民健康保険の保険者には、一定の業種に属する自営業者等が加入する**国民健康保険組合**（国保組合）もある。医師、理美容師、土木建築業などの職種別

に、多くは都道府県の単位で設立されている。

　都道府県等が行う国民健康保険は、健康保険や各種共済の被保険者・被扶養者以外の原則75歳未満の者で、国保組合の被保険者でもないものを対象とする。このため、都道府県等が行う国民健康保険は、農業者や自営業者、健康保険の適用のない短時間労働者・非正規雇用労働者、無職者など様々な属性の人々が加入する受け皿のような保険集団になっている。

　被用者保険のように職域に着目して保険者を設定する制度を「**職域保険**」と言い、都道府県等が行う国民健康保険のように地域に着目して保険者を設定する制度を「**地域保険**」と呼ぶ。

　後期高齢者医療制度では、都道府県単位ですべての市町村が加入する特別地方公共団体である**後期高齢者医療広域連合**が保険者である。75歳以上の後期高齢者と65歳以上75歳未満で一定程度の障害状態にある者は、他の制度の被保険者・被扶養者ではなくなり、後期高齢者医療制度の被保険者になる。

強制加入と被保険者資格

　国民は年齢、職業、住所、扶養関係に応じてこれらの保険者のいずれかに加入することとされており（**強制加入**）、わが国の医療保険制度は一般に「**国民皆保険**」と呼ばれる。ただし、生活保護受給者は、国民健康保険と後期高齢者医療では適用除外とされている。

　強制加入とする目的は、**逆選択**の防止および**危険分散**の確保・**リスク選択**の防止である。医療保険における逆選択とは、情報の非対称性の下で、保険加入者が健康不安のある者ばかりになってしまい、民間医療保険市場が不成立になることをいう（➡ 第11章４）。逆選択に対して民間医療保険会社は、健康診断などにより比較的健康な者のみを加入させることができる（**クリームスキミング**、チェリーピッキング）。こうしたリスク選択により一応、医療保険市場は成立するが、低所得者や既往歴のある患者は排除され、そうした人々の疾病罹患リスクは分散されなくなる。一方、すべての国民を公的医療保険に強制加入させれば、逆選択もリスク選択も防止できるようになる。

　健康保険の被保険者資格は、**使用関係**に基づき発生し、適用事業所に使用される者や任意継続被保険者などに与えられる。適用事業所とは、ほぼすべての

事業の事業所であって常時5人以上の従業員を使用するものおよび国、地方公共団体または法人の事業所であって常時従業員を使用するものを言う。短時間労働者に係る適用関係は、厚生年金に係る適用関係と同様である（➡第2章3.1）。適用事業所との使用関係が終了すると健康保険の被保険者資格は消滅し、都道府県等が行う国民健康保険への加入義務を負う。ただし、継続して2カ月以上健康保険の被保険者であった者は、申請により、**任意継続被保険者**として健康保険の被保険者資格を2年間維持できる。期間内に任意脱退することも可能である。都道府県等が行う国民健康保険の被保険者資格は**居住関係**に基づき発生し、都道府県の区域内に住所を有する者に与えられる。後期高齢者医療制度の被保険者資格も居住関係に基づき発生し、後期高齢者医療広域連合の区域内に住所を有する後期高齢者などに与えられる。

　国民健康保険と後期高齢者医療では、世帯主も世帯員も個人単位で被保険者になる。被用者保険では、被用者本人のみが被保険者となるが、その被扶養者も被用者本人と同等の保険給付（家族療養費など。➡表5-2の注5））を受けることができる。

3.2　医療保険財政と財源

　保険者の資金調達は、**保険料**、**公費負担**に加え、後期高齢者支援金、前期高齢者納付金などによる保険者間の**財政調整**を通じて行われる。

健康保険の財源

　健保組合の財源はほぼすべて保険料により賄われるが、事務管理費には国庫負担がある。保険料の額は、被保険者の標準報酬月額と標準賞与額に一般保険料率（後述）を乗じて算出する（総報酬制）。標準報酬月額は、報酬月額を一定の幅で区分した中での平均的な報酬額である。下限の1級（58,000円）から上限の50級（139万円）まで設定されている。標準賞与額は実際に支給された賞与額から1,000円未満を切り捨てた額である。上限は年間総額573万円である。上限があるのは、受益とかけ離れた負担を課すのを避けるためである。一般保険料率は、各組合がそれぞれ、3.0％から13.0％の範囲内で組合規約に定める。保険料負担は被保険者と事業主が折半するのが原則であるが、組合規約

により**事業主負担**割合を増やすこともできる。事業主負担の根拠については、受益者負担や雇用に伴う責任など多くの説がある。事業主は、被保険者負担分を被保険者の報酬から源泉徴収（天引き）して、事業主負担分とともに保険者に納付する義務を負う。任意継続被保険者は自ら全額負担する。

　協会けんぽの医療給付費財源には、保険料に加え**国庫補助**が投入され、16.4％を占める。協会けんぽには主に中小企業の被用者が加入しており、平均年齢が高く給付が多いのに、被保険者や事業主の負担能力は比較的低いため、財政力を補う必要があるからである。保険料の算出方法は、健康保険組合と同様である。一般保険料率は、各都道府県に置かれる支部ごとに設定する。都道府県間の医療費の実績の違いを保険料に反映させるためである。

　健康保険では、育児休業、産前産後休業期間中の保険料は免除される。

国民健康保険の財源

　都道府県等が行う国民健康保険の医療給付費の財源には、より多くの公費が投入されている。**給付費の41％が国庫負担であり、９％が都道府県負担分（都道府県繰入金）**である。都道府県等が行う国民健康保険には短時間労働者、無職者なども加入しており、被保険者の負担能力が低いほか、事業主負担を設けることができないため、財政力を補う必要があるからである。国庫負担のうち32％分は定率国庫負担であり、個々の保険者の財政状況に関わりなく交付される。残りの国庫負担分９％の財政調整交付金は、都道府県間の財政力不均衡の調整や災害など市町村の特別事情の考慮のため交付される。都道府県負担分９％の都道府県繰入金は、保険財政の安定化、市町村の財政状況などの事情に応じた調整のため、一般会計から特別会計に繰り入れるものである。さらに、都道府県には国民健康保険**財政安定化基金**が設けられている。保険料収納不足が生じたり、見込みより給付が増えた場合に貸付・交付を行うほか、剰余金の積立により複数年で保険料を平準化するためである。

　保険料は、都道府県が国民健康保険事業納付金額に応じて定める標準保険料率などを参考にして、市町村が決定する。保険料には、**応能割**部分と**応益割**部分がある。応能割には、所得に応じて賦課する**所得割**と資産に応じて賦課する**資産割**がある。応益割には、被保険者それぞれに定額を賦課する**被保険者均等**

割と世帯ごとに定額で賦課する**世帯別平均割**がある。これらのうち、所得割と被保険者均等割を含む2〜4種類を組み合わせた方式により保険料を設定する。保険料の納付方法には、市町村の窓口などで納付する普通徴収と年金から保険料を天引きする特別徴収がある。特別徴収は、世帯主である被保険者が年額18万円以上の公的年金受給者である場合に適用される。納付義務は、世帯主が負う。保険料は、国民健康保険税として徴収することもできる。

　災害などにより一時的に負担能力が低くなった者には**保険料の減免**ができ、恒常的な低所得者には応益割部分の軽減（**減額賦課**）ができる。全世帯の未就学児に係る被保険者均等割部分も軽減される。これら軽減分の財源補填などのため、国や都道府県の負担、市町村一般会計からの繰入れがされる（法定繰入）。なお、決算を補填するため、市町村が法定外繰入れを行うことも少なくない。

後期高齢者医療制度の財源と財政調整

　後期高齢者医療制度の財源の大部分は公費と他の医療保険制度からの拠出に頼っており、その負担割合は、**公費約5割**、他の各保険者から徴収される**後期高齢者支援金**を財源とする**後期高齢者交付金約4割**、後期高齢者が納める**保険料約1割**である。被保険者である後期高齢者は疾病罹患リスクが高い一方、収入が少なく保険料負担能力が極めて低いからである。ただし、後期高齢者交付金と保険料の比率は、若年者減少率の2分の1の分、後期高齢者交付金を引き下げ、保険料を引き上げることとされている。現役世代の負担増を抑制するためである。公費は、国4、都道府県1、市町村1の割合で負担する。後期高齢者支援金の負担は、すべての被用者保険者とすべての非被用者保険者との間で加入者数に応じて割当て、被用者保険者の間では標準報酬総額に応じて（**総報酬割**）、非被用者保険者の間では加入者数に応じて案分する（**加入者割**）。総報酬割には、保険者の財政力、被保険者の負担能力に応じた負担とする効果がある。保険料は、**所得割**額と**被保険者均等割**額の合計額で算定され、所得の高い被保険者の負担が大きくなり過ぎないよう、賦課限度額を55万円としている。保険料の納付方法にはやはり、普通徴収と特別徴収がある。

前期高齢者医療費の財政調整

65〜74歳の前期高齢者は、後期高齢者医療制度以外のいずれかの制度の加入者であるが、都道府県等が行う国民健康保険に、より多く加入しているため、その負担が重くなっている。こうした前期高齢者の偏在による保険者間の負担の均衡を図るため、保険者間で財政調整が行われる。前期高齢者の加入率が全国平均よりも低い保険者（被用者保険の保険者）が**前期高齢者納付金**を拠出し、全国平均よりも高い保険者（ほとんどが都道府県等が行う国民健康保険）が**前期高齢者交付金**を受け取る仕組みである。

基本保険料と特定保険料

後期高齢者支援金や前期高齢者納付金は、結局、被用者保険や国民健康保険の保険料負担に帰する。その保険料のうち、その保険者の内部で使われる部分を**基本保険料**額（率）と言い、後期高齢者支援金や前期高齢者納付金に充てられる部分を**特定保険料**額（率）と言う。この両者を合算したものを**一般保険料**額（率）と言う。

3.3　保険給付の種類と概要 ━━━━━━━━━━━━━━━●

保険給付は、疾病、負傷もしくは死亡（健康保険では労災保険法の業務災害を除く）または出産（後期高齢者医療を除く）に関して行われる。保険給付の種類、内容、水準は、制度間に細かな違いはあるが、ほぼ統一されている。

支給方式には、傷病手当金のような**金銭給付**のほか、療養の給付のように医療サービスそのものを給付とする**現物給付**もある。現物給付の下では、その要した費用は保険者から給付を提供する保険医療機関（➡3.6）などに直接支払われる（ただし、その一部を患者が負担し、医療機関の窓口で支払わなければならない。➡3.4一部負担金）。また、入院時食事療養費や家族療養費のように、その法文上本来の方式は金銭給付でありながら、保険医療機関などに直接支払い被保険者や被扶養者に支給があったとみなすこと（保険医療機関の**代理受領**）により、**事実上の現物給付**に転換されている給付も多い。受診するときに多額の現金を用意しなくてもよいようにするためである。

療養の給付は、被保険者の疾病や負傷に対して診察、治療、看護などのサー

表5-2　保険給付の種類（健康保険被保険者の場合）

保険事故	法定給付[6]	支給方式	内容
傷病	療養の給付	現物給付	診察、治療、薬剤支給、在宅医療、入院、看護など
	入院時食事療養費	事実上の現物給付	入院時に提供される食事の費用について支給
	入院時生活療養費	事実上の現物給付	療養病床に入院する65歳以上の者に提供される食事や療養環境の費用について支給
	保険外併用療養費	事実上の現物給付	評価療養、患者申出療養、選定療養について支給
	療養費	金銭給付	上掲4給付を行うことが困難な場合などに支給
	訪問看護療養費	事実上の現物給付	在宅療養患者が医師の指示に基づき指定訪問看護事業者から療養上の世話や診療の補助を受けた場合に支給
	移送費	金銭給付	傷病のため移動困難な患者が医師の指示に基づき移送された場合に支給
	高額療養費・高額介護合算療養費	金銭給付[3]	一部負担金が一定の負担上限額を超えた場合にその超えた分について支給
	傷病手当金[1]	金銭給付	療養のため労働できない期間の収入を保障するため、休業4日目以降、支給期間通算して1年6カ月間支給
出産	出産育児一時金[2]	金銭給付[4]	被保険者が出産した場合に支給（産科医補償制度対象の場合42万円）
	出産手当金	金銭給付	産前42日間、産後56日間の間で労働しなかった期間の収入に関し支給
死亡	埋葬料[2]	金銭給付	被保険者が死亡した場合に埋葬を行う者に支給

(注)　1) 国民健康保険、後期高齢者医療制度では、傷病手当金の支給その他の給付を行うことができる（任意給付）。
　　　 2) 後期高齢者医療制度では葬祭費の支給または葬祭の給付（現物給付）を、国民健康保険では出産育児一時金の支給または葬祭費の支給もしくは葬祭の給付を行うものとされるが、特別の理由があれば全部または一部を行わないことができる（相対的必要給付）。
　　　 3) 高額療養費・高額介護合算療養費は、事前申請に基づき保険者から交付された限度額適用認定証を保険医療機関に提示した場合は事実上の現物給付となる。
　　　 4) 出産育児一時金は、被保険者の事前申請により保険医療機関が直接受け取ることができる（直接払い・受取代理）。
　　　 5) 被用者保険の被扶養者に対しては、傷病手当金および出産手当金以外の被保険者本人に対する給付に相当するものとして、家族療養費（被保険者本人に対する療養の給付、入院時食事療養費、入院時生活療養費、保険外併用療養費に相当）、家族訪問看護療養費、家族移送費、家族埋葬料、家族出産育児一時金が支給される。
　　　 6) 法定給付のほか、健康保険組合は付加給付を、共済組合も附加給付を行うことができる。
(出所)　筆者作成。

ビスそのものを現物給付するものであり、中心的な給付である。**保険外併用療養費**、**高額療養費**などとともに、3.4において詳述する。

　入院時食事療養費は、入院の際に療養の給付と併せて提供される食事の費用について支給され、入院時生活療養費は、療養病床（■➡3.6）に入院する65歳以上の者に提供される食事や療養環境（温度、照明、給水）の費用について

支給される。支給額は、食事や療養環境に要する費用から患者が支払う標準負担額を差し引いた額であり、標準負担額は家計における平均的な費用に基づき定められる。在宅患者と入院患者との間の公平を図るための負担である。

　療養費は、療養の給付等を行うことが困難な場合や、やむを得ず保険医療機関を利用できない場合に支給される。外国で医療を受けた場合（いわゆる海外療養費）や被保険者証交付手続中の受診、鍼灸等の施術などが対象となる。

　訪問看護療養費は、居宅で療養する者がかかりつけの医師の指示に基づき指定訪問看護事業者（訪問看護ステーション）から看護師、理学療法士、作業療法士などによる療養上の世話や診療の補助を受けた場合に、平均的な費用の額から一部負担金相当の自己負担分を差し引いた額が支給される。

　傷病手当金や出産手当金はそれぞれ、被保険者本人が傷病または出産のために就労不能となり賃金を受けられなくなった場合に支給される。支給額は、標準報酬日額（標準報酬月額を30で除して得た額）の3分の2である。

　出産育児一時金は、出産に要する経済的負担を軽減するための金銭給付である。正常妊娠や正常分娩は傷病ではないとされているため、療養の給付ではなく、別の種類の給付が行われるのである。

3.4　療養の給付・保険外併用療養費・高額療養費 ────●

療養の給付

　療養の給付は、**傷病の治療を目的とする一連の医療サービス**を現物給付するものである。被保険者は、厚生労働大臣の指定を受けた保険医療機関（➡ 3.6）や保険薬局などのうち自己の選定するものから療養の給付を受けることができる（**自由選択制、フリーアクセス**）。給付内容は、法律上、①診察、②薬剤または治療材料の支給、③処置、手術その他の治療、④居宅における療養上の管理およびその療養に伴う世話その他の看護、⑤病院または診療所への入院およびその療養に伴う世話その他の看護とされている。また、療養の給付は、「**保険医療機関及び保険医療養担当規則**」（療養担当規則、療担規則）に適合したものでなければならない。

表5-3　医科診療報酬の例（2022年4月改定、中医協答申時）

【基本診療料】初診若しくは再診の際及び入院の際に行われる基本的な診療行為の費用を一括	
初・再診料	初診料　　　　　　　　　　　　　　　　　　　　　　　　　　288点 　外来での初回診療時における診察などの費用。簡単な検査、処置等の費用を包括。
	再診料（診療所・200床未満の病院）　　　　　　　　　　　　73点 　外来での2回目以降の診療時に1回ごとに算定。簡単な検査、処置等の費用を包括。
	外来診療料（200床以上の病院）　　　　　　　　　　　　　　74点 　外来での2回目以降の診療時に1回ごとに算定。検査、処置等の費用を大幅に包括。
入院基本料	入院時の基本的な医学管理、看護、療養環境の提供などの費用。簡単な検査、処置等の費用を包括。病棟の種別、看護配置、重症度、医療・看護必要度、平均在院日数等により区分。 （例）一般病棟入院基本料（1日）急性期一般入院料1（7対1*）　　　1,650点 　　　　　　　　　　　急性期一般入院料2〜6（10対1）　1,619〜1,382点 　　　　　　　　　　　地域一般入院基本料1〜2（13対1）1,159〜1,153点 　　　　　　　　　　　地域一般入院基本料3（15対1）　　　　988点 ＊病棟（看護体制1単位）の入院患者数と1日に看護を行う看護職員数の比（常時）
入院基本料等加算	人員配置などの体制整備による医療機関の機能等に応じ1日または1入院ごとに算定。 （例）地域医療支援病院入院診療加算（入院初日）　　　　　　1,000点 　急性期医療を提供する体制、勤務医の負担軽減及び処遇の改善に対する体制を評価。
特定入院料	集中治療などの特定の機能を有する病棟・病床に入院した場合に算定。入院基本料の範囲に加え、検査、投薬、注射、処置等の費用を包括。 （例）救命救急入院料2（1日）（3日以内の場合）　　　　　11,802点 　救命救急センターでの重篤な救急患者に対する診療を評価。

【特掲診療料】基本診療料による一括支払いが妥当でない特別の診療行為に対して個々に点数を設定	
医学管理等	特殊な疾患の診療、医療機関が連携して行う治療管理などにつき算定。 （例）生活習慣病管理料（糖尿病を主病とする場合）（月1回）　720点 　運動、栄養、喫煙などの生活習慣に関する総合的な治療管理を評価。 （例）診療情報提供料（I）（患者1人月1回）　　　　　　　250点 　診療状況を示す文書を添えて患者を他の保険医療機関に紹介した場合に算定。
在宅医療	訪問診療や在宅療養のための医学管理、医療機器の貸与などにつき算定。 （例）往診料（1回につき）　　　　　　　　　　　　　　　　720点
検査	（例）尿中一般物質定性半定量検査　　　　　　　　　　　　　26点
画像診断	（例）コンピューター断層撮影（64列以上のマルチスライス型の機器）　1,000点
投薬	（例）調剤料（入院患者、1日）　　　　　　　　　　　　　　7点 　　　薬剤料　　　　　　　　　　　　　　　　　薬価に応じて算定
注射	（例）静脈内注射（入院外のみ）　　　　　　　　　　　　　　34点 　　　薬剤料　　　　　　　　　　　　　　　　　薬価に応じて算定
リハビリテーション	（例）摂食機能療法（1日、30分以上）　　　　　　　　　　185点
精神科専門療法	（例）標準型精神分析療法（1回）　　　　　　　　　　　　390点
処置	（例）創傷処置（100㎠未満）　　　　　　　　　　　　　　52点 　　　薬剤料　　　　　　　　　　　　　　　　　薬価に応じて算定 　　　特定医療保険材料料　　　　　　　　　　　材料価格基準による
手術	（例）胃全摘術（悪性腫瘍手術）　　　　　　　　　　　69,840点 　　　薬剤料　　　　　　　　　　　　　　　　　薬価に応じて算定 　　　特定医療保険材料料　　　　　　　　　　　材料価格基準による
麻酔	（例）閉鎖循環式全身麻酔（低体温心臓手術など・麻酔困難患者）　24,900点
放射線治療	（例）ガンマナイフによる定位放射線治療　　　　　　　50,000点
病理診断	（例）病理組織標本作製（組織切片、1臓器につき）　　　860点

（出所）　厚生労働省『平成23年版　厚生労働白書』(2011年)資料編28頁、厚生労働省「診療報酬制度について」(2012年)を基に筆者改訂・加筆。

療養担当規則

療養担当規則は、保険医の診療は一般に診療の必要のある疾病または負傷に対して適確な診断に基づき患者の健康の保持増進上妥当適切に行うこと、**特殊な療法または新しい療法等は厚生労働大臣の定めるもの**（後述の評価療養、患者申出療養）**のほかは行ってはならない**こと、原則として**厚生労働大臣の定める医薬品以外の薬物を患者に施用または処方してはならない**ことなどを規定する。厚生労働大臣の定める医薬品は、「**使用薬剤の薬価（薬価基準）**」（➡3.5）に収載される。他方、療担規則では特殊な療法や新しい療法等ではない療法は禁止されないが、何が特殊療法等ではないのかは定めがない。裁判例では、療担規則の趣旨から療養の給付を「治療に必要な限度で**現代医療の一般的水準**に適合した治療等」として理解するものがある（岐阜地判昭59.10.15判時1169.48）。政府も医療保険制度の基本的考え方として、**必要な医療は保険診療で行い、保険適用となるのは有効性・安全性が確認された医療である**としており、一般に、「診療報酬の算定方法」に収載されている診療行為は療養の給付の中で行うことが認められる療法等であると理解されている。

診療報酬の算定方法

診療報酬は、保険医療機関や保険薬局が行った療養の給付について保険者から支払われる対価である。その額は、厚生労働大臣が告示する「**診療報酬の算定方法**」に基づき算定する。診療報酬の算定方法には、医科**診療報酬点数表**、歯科診療報酬点数表、調剤報酬点数表の3つの点数表が含まれる。

例えば、医科診療報酬点数表では、基本診療料の章に、初診料や入院料など診療の基礎となる診察や看護体制に関する**算定区分**とその点数が規定され、特掲診療料の章に、検査、画像診断、投薬、注射、リハビリテーション、処置、手術、麻酔、放射線治療などの部が置かれ、それぞれの部において算定区分とその点数が規定されている。算定区分は、医科では約1,700あり、その多くに算定要件が付されている。**算定要件**には算定可能な医療機関の病床数、人員・設備などの施設基準、対象症例、制限回数などが定められ、要件を満たせば当該算定区分の点数を算定できる。診療報酬の額は、診療過程で実施した診療行為に該当し、算定要件を満たした算定区分に規定された点数を積み上げる形で

合計し、1点10円の単価を乗じて算定する。

　算定区分の設定の仕方には、大きく分けて、出来高払い方式と包括払い方式がある。**出来高払い方式**は、個々の診療行為ごとに細分して算定区分を設定し、その点数を足しあげていくものである。実際に行った診療行為に応じて診療報酬も高くなるから、確実な費用補填ができる、医師の裁量を尊重できる、個々の患者の状況に応じた診療ができるなどの利点がある。しかし、必要以上の濃厚診療、過剰診療を招くおそれもある。**包括払い方式**は、一定の範囲の診療行為をまとめて算定区分を設定する方式である。医科診療報酬点数表では、特掲診療料を中心に、出来高払い方式が基本であるが、基本診療料には外来診療料など、検査や処置などをまとめた包括払いの算定区分もある。

　さらに包括範囲が広い包括払い方式として、**診断群分類**（Diagnosis Related Groups：DRG）方式がある。傷病名、治療法、重症度などを組み合わせ設定された**DRG**ごとに、例えば、1入院に要する費用全体を包括する診療報酬を設定するものである。粗診粗療やアップコーディング（より高い診療報酬が得られる傷病名を付ける不正）のおそれもあるが、過剰診療の防止、診療過程の可視化、医療の標準化や質の向上に役立つため、多くの国で採用されている。

　わが国でも、**DPC/PDPS**（Diagnosis Procedure Combination/Per Diem Payment System）という診断群分類に基づく方式が導入されており、現在では、主に急性期の診療を行う病院のほとんどが同方式の適用を受けている（一般病院約7,200病院中1,757病院、一般病床（➡3.6）約89万床中約48万床。2020年4月）。DPC対象病院の診療報酬は、包括評価部分と出来高払い部分とで構成され、（包括点数×入院日数×医療機関別係数＋出来高払いの点数）×1点単価10円で算定される。

　包括点数は、ある診断群分類の診療に係る1日当たりの医療費の一部を包括評価したものである。約4,000の診断群分類（2020年4月）それぞれに、1日当たりの点数が在院期間に応じて逓減する形で設定されている。一般に入院初期により多くの医療資源が投入されるからである。包括評価の対象は、入院基本料、検査、画像診断、投薬、注射、低額の処置、薬剤などであり、病院の施設設備に関する費用や看護体制に係る固定的な人件費などを評価している。それ以外の手術、麻酔、放射線治療、高額の処置、病理診断等といった医師の専

表 5-4　**診療報酬制度の多様な機能**

機能		摘要
価格設定機能		診療報酬点数の設定により、療養の給付の対象となる診療行為の価格を決定する。【法律の文言上の位置づけ】
給付範囲画定機能		診療報酬点数表に算定区分として収載することを通じて、療養の給付の対象となる診療行為の範囲を画する。
医療費マクロ管理機能		改定率の範囲に収まるように点数を設定することにより、医療費総額の伸びを制御する。
資源配分機能		点数改定に先立つ改定財源の配分や点数設定により、医科・歯科・調剤、病院・診療所、診療科間の医療費の配分を決定する。
政策誘導機能	医療の質確保機能	人員配置や設備などの構造や診療プロセス、アウトカムに係る指標を算定要件に盛り込むことにより、医療の質の確保を図る。
	機能分化誘導機能	算定区分、算定要件や点数、DPC 基礎係数における医療機関群の設定を通じて、医療機関の類型に応じた診療機能や役割を明確化する。
	診療行為推奨機能	算定区分や点数の設定により、例えば、小児医療、産科医療や救急医療、在院日数の短縮や他院への患者紹介などの取組みを促す。

（出所）　筆者作成。

門技術などを評価する部分は、医科診療報酬点数表に基づき出来高払い方式で算定される。

　医療機関別係数は、病院機能の違いを診療報酬に反映させるものであり、数値が大きいほど診療報酬が高くなる。基礎係数、機能評価係数Ⅰ、機能評価係数Ⅱ、激変緩和係数の合計により算出される。基礎係数は、病院の施設特性に応じて3つの医療機関群の別に設定される。係数の高い順に大学病院本院群、DPC 特定病院群（高度な医療技術や重症患者の診療を実施するなど、大学病院本院なみの機能を持つ病院）、DPC 標準病院群（その他の病院）に分類されている。機能評価係数Ⅰは、人員や体制など（structure）の充実度合いに応じて設定され、機能評価係数Ⅱは、当該病院の平均在院日数に現れる効率性、診療内容の複雑性、多様な疾患のカバー率などの診療実績（outcome）、救急医療や地域医療などへの取組み状況に基づき設定される。

診療報酬改定

　診療報酬点数表は、2年に1回一斉に改定される。改定は、改定前年12月に予算編成過程を通じて内閣が決定した**改定率**を前提として、社会保障審議会医療保険部会および医療部会において策定された「基本方針」に基づき、**中央社会保険医療協議会（中医協）**が具体的な算定区分、算定要件、点数の設定等に

COLUMN 1　医療費適正化

　わが国が国民医療費を比較的抑制できてきた要因は、国民皆保険と診療報酬制度にある。国民皆保険の下、美容整形などごく一部を除き、ほとんどの医療機関が保険医療機関の指定を受け、収入の大半を公的医療保険の診療報酬から得ている。その診療報酬を改定する際に内閣が改定率を定め、医療費の総枠を管理してきたのである。

　しかし、国民医療費は、高齢化と医療技術の進歩に応じて伸び続けている。そこで、中長期的な視点で医療費を押し上げる原因に着目して、その伸びを抑制する方策も採用されている。2006年医療制度改革で導入された医療費適正化計画である。国が全国医療費適正化計画を、都道府県が都道府県医療費適正化計画を策定する。都道府県計画では、平均在院日数短縮に関する目標や特定健康診査・特定保健指導（保険者に実施が義務づけられている生活習慣病対策）の実施率に関する数値目標などが定められる。

　2015年医療保険制度改革により、2018年から計画期間が5年から6年に変わり、病床の機能分化や連携、生活習慣病対策などの成果を踏まえた医療費の目標も定めることとなった。医療費の実績が目標を大きく上回った場合や目標が達成できない場合には、国や都道府県は要因分析と必要な対策の検討を行い、医療提供体制の整備や保険者による予防などの取組みへの働きかけを行うこととされている（PDCA管理）。

　また、保険者（都道府県等が行う国保では市町村）も、特定健康診査等実施計画において、特定健康診査・特定保健指導の具体的な実施・成果目標（実施率）を定めなければならない。特定健診・特定保健指導の実施率などの指標に応じて、健保組合と共済組合では後期高齢者支援金が加算・減算され、協会けんぽでは支部ごとの保険料率が決められる。都道府県等が行う国保に対しては、特定健診・特定保健指導のほか、医療費分析や法定外繰入れの解消などの実施状況に応じて交付金を交付する保険者努力支援制度も設けられている。

係る審議を行うという形で実施される。改定率を内閣が定めるのは、公的医療保険への国庫負担が国の一般財源の中で大きな位置を占めるため、予算編成にあたり医療費の総枠を決めておく必要があるからである。

　中医協は、支払側7名、診療側7名、公益委員6名の三者構成である。支払

側は保険者の団体、事業主の団体、労働組合などの代表者が、診療側は医師会、病院団体、歯科医師会、薬剤師会の代表者が委員となる。公益委員は社会保障研究者などの学識経験者が任命される。約2年間の審議クールは現状認識、検討項目の設定から始まり、外来、入院、在宅など診療分野ごとの医療の方向性、重点評価の対象などが議論される。続いて、下部組織や外部の専門家組織の検討結果を基に、点数の増減、算定要件の変更、新たな医療技術の収載などの改定項目が審議され、改定率に収まるように個々の算定区分の点数が決められる。その後、改定年の2月から3月にかけて、中医協からの答申を受け、厚生労働大臣が診療報酬の算定方法を改正し、新しい診療報酬点数表が告示される。

　国民皆保険の下で診療報酬制度は、病院と診療所、診療科・診療領域間の医療費配分を画定し、個々の保険医療機関の収入を大きく左右する。このため、診療報酬とその算定要件は、主に医療機関の人員設備などの構造の側面から医療の質を確保するとともに、医療機関に機能分化を促し（➡3.6）、特定の診療行為を推奨するなど、金銭的インセンティブを通じた医療政策の主要な手段として活用されている。

審査支払と審査支払機関

　保険医療機関は、診療報酬請求書と診療報酬明細書（**レセプト**）を保険者に提出して、診療報酬の支払いを請求する。診療報酬支払いの対象になるのは療担規則に適合する療養の給付のみであるから、保険者は請求に係る療養の給付が療担規則や診療報酬の算定方法に適合しているかどうか審査したうえで支払う必要がある。ただし、この審査支払を個々の保険者が別々に行うのは非効率である。このため、保険者は審査支払事務を集中的に行う機関である**社会保険診療報酬支払基金**または**国民健康保険団体連合会**にこの事務を委託できることとされており、実際、すべての保険者が委託している。

　審査において、診療報酬請求に係る療養の給付が療担規則や診療報酬点数表などに適合しないと認められた場合、**減点査定**が行われる。請求点数を減点する形で、請求の全部または一部につき支払いを拒否するものである。審査後、診療報酬の算定方法に基づき算定した合計額から一部負担金に相当する額が差

表 5-5　評価療養と選定療養の対象

評価療養	選定療養	
○先進医療 ○医薬品の治験にかかる診療 ○医療機器、加工細胞等の治験にかかる診療 ○薬機法承認後で保険収載前の医薬品の使用 ○薬機法承認後で保険収載前の医療機器、再生医療等製品などの使用 ○公知申請の事前評価が開始された適応外医薬品の使用 ○公知申請の事前評価が開始された適応外医療機器、再生医療等製品の使用	(快適性・利便性) ○特別の療養環境の提供（差額ベッドへの入院） ○予約診療 ○時間外の診療 ○歯科の金合金等 ○金属床総義歯 ○多焦点眼内レンズ (医療機関の選択) ○200床以上病院へ初診（紹介状ある場合等を除く） ○200床以上病院への再診（逆紹介未申出の場合等を除く） ◇特定機能病院、一般病床200床以上の地域医療支援病院には定額負担徴収の義務（紹介受診重点医療機関（医療資源を重点的に活用する外来を地域で基幹的に担う医療機関）のうち一般病床200床以上の病院にも、2022年10月から義務づけ予定）	(診療の選択) ○診療報酬算定要件における制限回数を超える医療行為 ○180日を超える入院 ○小児う蝕の治療管理

（出所）　筆者作成。

し引かれて、診療報酬が保険医療機関に支払われる。

保険外併用療養費

　保険外併用療養費は、療養の給付の範囲外にある評価療養、患者申出療養、選定療養に関し支払われる給付である。**評価療養**と**患者申出療養**は、高度の医療技術を用いた療養などであって、療養の給付の対象とすべきか否かについて適正な医療の効率的な提供を図る観点から評価を行うことが必要な療養である。治験薬など、一定の安全性・有効性が認められた医療技術や医薬品（■➡3.5）などを対象とし、その臨床適用に基づき有効性や安全性、効率性などを審査し、保険適用するかどうか決める。**選定療養**は、差額ベッドの利用など快適性に関わるサービスで患者が選択できるものであり、療養の給付とすることが予定されていない療養である。診療に付随する多様な患者ニーズに対応するため、患者の選択と追加負担によりサービスを提供できるようにするのが目的である。

　評価療養と選定療養は、予め厚生労働大臣が告示で定めたものに限られる。患者申出療養では、保険適用外・評価療養対象外の治療法（先進医療対象外で一定の有効性・安全性が確認された治療法、治験対象外の患者に対する治験薬の施用など）を用いた療養を受けようとする患者が臨床研究中核病院（■➡3.6）の作成した実施計画を添えて申出を行った場合に、厚生労働省の専門家

図5-3　療養の給付と保険外併用療養費の対象費用

（1）療養の給付

診療報酬点数表に収載されている診療行為や薬価基準に収載されている医薬品などの費用	
療養の給付	一部負担金

（2）保険外併用療養費の対象となる療養（先進医療の場合）

診療報酬点数表収載の診療行為や薬価基準収載の医薬品などの費用		先進医療に係る医療技術の費用
保険外併用療養費	一部負担金相当額	保険給付外

（3）保険外併用療養費の対象となる療養（製薬会社依頼による治験（企業治験）の場合）

診療報酬点数表収載の診療行為や薬価基準収載の医薬品などの費用（右欄*を除く）		治験に係る投薬、注射、検査などの費用*と治験薬の費用
保険外併用療養費	一部負担金相当額	保険給付外（企業負担）

（4）保険外併用療養費の対象とならない療養（いわゆる自由診療）

診療報酬点数表収載の診療行為や薬価基準収載の医薬品などの費用	診療報酬点数表に非収載の診療行為、薬価基準に非収載の医薬品などで、評価療養、患者申出療養、選定療養のいずれの対象でないものの費用
保険給付外	

（出所）　筆者作成。

会議において一定の有効性・安全性が認められれば告示される。その患者申出療養を受けることができるのは、当該臨床研究中核病院のほか、個別に認められた特定機能病院（■➡3.6）などである。既に告示されているものは、前例を取り扱った臨床研究中核病院が実施医療機関の追加などの審査を行う。

　保険外併用療養費の支給対象となる費用は、診療報酬点数表に収載されている診療行為や薬価基準に収載されている医薬品に係る部分に限られ、その費用の額から一部負担金相当の自己負担分を差し引いた額が支給される。評価療養の対象である医療技術の費用、選定療養での個室利用料金などは給付対象外であり、医療機関と患者との契約により費用負担が決まる。実態では、選定療養では患者負担となり、評価療養では医療機関側が負担することも多い。

　保険外併用療養費制度は、療養の給付に含まれる診療行為などと含まれない診療行為などとを併用した場合（混合診療）、診療全体が療養の給付の対象外となるという原則があるとの理解を前提として、同原則の例外を認めるものとして構築されている。同原則については、法律上明文がないため裁判で争われ

> ### COLUMN 2 いわゆる混合診療に関する政策論争
>
> 　混合診療は、保険外併用療養費とその前身である特定療養費により例外的に認められてきた。ところが、混合診療を全面解禁すべきとの主張もあり、例えば、次のような議論が見られる。第1は、基礎的な診断治療方法は公的医療保険の対象とするが、それ以上の医療は民間医療保険の利用など個人の選択と負担に委ねるべきであるなどと正面から主張するものである。第2は、先進的な医療が保険適用外であったり、海外で認められている医薬品・医療機器などがわが国で保険適用されるまで時間がかかったりするため（デバイスラグ、ドラッグラグ）、全額患者負担となることに対して、混合診療で対応しようなどというものである。
>
> 　しかし、こうした解禁論に対する批判は強い。第1に、生死にかかわる医療を基礎的な医療とそれ以上の医療に分けられるのか疑問がある。製薬企業などの保険収載への意欲を失わせ、保険外負担が固定化するなど、所得水準により受けられる医療水準に大きな格差が生じること（医療の階層消費化）も懸念される。第2に、先進的な医療技術をその安全性や有効性が未確認のまま混合診療で使えば、事後審査により問題のある医療技術のみ禁止するネガティブリスト方式を採用したとしても、安全でない治療法や医薬品が広まってしまう。ドラッグラグなどに対しては、医薬品の製造販売承認での優先審査や早期承認、公知申請などが行われ（⇒3.5）、すでに、日米間の申請時期や審査期間の差は著しく小さくなっている（混合診療に係る議論につき島崎謙治［2020］、284-297頁参照）。

たが、最高裁判所は、健康保険法の解釈により同原則の存在を認め（「**混合診療保険給付外の原則**」）、憲法にも違反しないとした（最判平23.10.25民集65.7.2923）。

一部負担金と高額療養費

　療養の給付は現物給付であるが、患者は受診の際に療養の給付に要する費用の一部を自己負担しなければならない。**一部負担金**を求める趣旨としては、療養の給付を受けた者と受けていない者との公平を図ること、患者を一定の費用に直面させ、無用な受診を控えさせること（事後的モラルハザードの抑制）、財源を確保することがあげられる。一部負担金は、原則3割（＝給付率7割）、

表5-6　一部負担金

	一般・低所得者	所得上位層[1]	現役並み所得者
75歳以上	1割負担	2割負担[2]	3割負担
70歳以上75歳未満	2割負担[3]		
70歳未満	3割負担		
6歳（義務教育就学前）	2割負担		

（注）　1）75歳以上の所得上位層は所得上位30％。現役並み所得者を除くと23％。
　　　　2）2022年度後半以降2割負担。それまでは1割負担。長期頻回受診患者などの1カ月の負担増
　　　　　は3,000円まで（施行後3年間）。
　　　　3）2014年3月までに70歳になった者は、1割負担。
（出所）　厚生労働省「全国厚生労働関係部局長会議　保険局説明資料」（2021年1月）などに基づき、筆
　　　　者作成。

表5-7　高額療養費の一部負担限度額

対象者	自己負担限度額（月額）	
	入院・外来（世帯単位）	外来（個人単位）
年収約1,160万円～	252,600円＋（医療費－842,000円）×1％	－
年収約770～約1,160万円	167,400円＋（医療費－558,000円）×1％	－
年収約370～約770万円	80,100円＋（医療費－267,000円）×1％	－
年収～約370万円	57,600円	
70歳以上		18,000円
住民税非課税世帯	35,400円	－
70歳以上	24,600円	8,000円
特に低所得の70歳以上	15,000円	

（注）　12月間に3回以上の多数該当の場合、4回目からの限度額はさらに引き下げられる。
（出所）　厚生労働省『令和3年版　厚生労働白書』（2021年）資料編27頁、全国健康保険協会ウェブサイ
　　　　ト「高額な医療費を支払ったとき」に基づき筆者作成。

　義務教育就学前6歳までは2割、高齢者は年齢や課税所得に応じて1割から3
割である。一部負担には、患者の受診抑制やそれに伴う重症化のおそれもあ
り、法律上、給付率は今後とも7割を維持することとされている。
　このような定率負担の場合、一部負担額はかかった医療費に比例して増えて
いく。そこで、一部負担金や各種療養費における一部負担金相当の自己負担が
大きくなった場合に**高額療養費**が給付される。高額療養費の額は、所得階層に
応じて異なる水準で設定された限度額とかかった医療費との差額である。人工
透析や血友病治療など著しく高額な治療を長期間継続している場合には、限度

額は原則1万円である。高額療養費の対象となる世帯に介護保険受給者がいる場合は、**高額介護合算療養費**が支給される。公的医療保険と介護保険の自己負担額を合算して一定の限度額との差額分を支給するものである。

　一部負担金は、災害など特別な事情がある場合に保険者が減免できるほか、**公費負担医療**により軽減されることがある。感染症法に基づく一類感染症、二類感染症、新型インフルエンザ等感染症の入院医療、障害者総合支援法の育成医療、更生医療、精神障害者通院医療、母子保健法の養育医療などでは、一部負担金の全部または一部が公費負担される（**保険優先**の公費負担医療）。

　なお、公費負担医療には**公費優先**のものもある。例えば、感染症法に基づく新感染症の入院医療については、公的医療保険は適用されず、全額公費負担または公費負担と一部自己負担となる。

3.5　医薬品

製造販売承認と保険適用

　企業が医薬品を製造し、医療機関などに販売するには、薬機法に基づき、非臨床試験や**臨床試験（治験）**を行い、原則として厚生労働大臣の承認を受ける必要がある。独立行政法人**医薬品医療機器総合機構（PMDA）**が医薬品の成分、用法・用量、効能・効果（適応症）、副作用、有効性、安全性などの事項について実質的な審査を行い、その審査報告書をもとに、薬事・食品衛生審議会での審議・答申を経て、厚生労働大臣が承認する。適応症を拡大するときも、治験を行い、承認を受ける必要がある。承認を受けた新医薬品は、年4回の薬価収載の際に保険適用となる。治験に係る診療や保険適用までの間は評価療養の対象になる（➡ 表5-5）。

　希少疾病用医薬品には、優先審査などが認められる。さらに、有効な治療方法がない重篤な疾患で、患者数が少ないなどの事情のある医薬品には、発売後に有効性・安全性を再確認する条件付き早期承認制度、健康被害拡大防止のため緊急使用が必要な医薬品には、臨床試験以外の資料の事後提出を認める特例承認、一定の要件を満たす画期的な新薬には、開発段階から先駆的医薬品に指定し、事前評価や優先審査を行う先駆的医薬品指定制度がある。

　医薬品の用法・用量、効能・効果、使用上の注意は、**添付文書**に記載され

る。療担規則などに明文はないが、行政実務や裁判例では、医薬品を添付文書に従って使用した場合、適正な療養の給付を行ったと評価されるほか、**適応外使用**も一定の範囲で療養の給付において認められる。また、国内未承認であるが欧米で承認され医学薬学上公知である適応への拡大などの承認申請がされた場合（公知申請）、薬事・食品衛生審議会の事前評価が開始された時点で評価療養の対象になり（■→ 表5-5）、終了すると承認前でも保険適用される。

薬価基準

薬価基準は、公的医療保険から保険医療機関や保険薬局に診療報酬を支払う際の算定基礎となる医薬品の価格を定めるものであり（■→ 表5-3）、厚生労働大臣が告示する。収載医薬品数は、2022年2月時点で約1万4,000である。

新医薬品の薬価は、基本的に、効能・効果などが似ている類似薬がある場合には、1日薬価が同一になるように決める（類似薬効比較方式）。類似薬がない場合は、製造原価に販売費、営業利益、流通経費などを加えて算定する（原価計算方式）。

一方、保険医療機関などが医薬品卸業者から医薬品を購入する価格は、両者の契約で決められる。その際、共同購入や入札、値引きなどが行われるため、実際の購入価格が薬価を下回り、いわゆる**薬価差益**が生じる。薬価差益はそのまま保険医療機関の収益になるから、保険医療機関には医薬品を過剰に使用するインセンティブの歪みが生じる。そのため、毎年、既収載医薬品市場実勢価格を調査し（**薬価調査**）、その結果に基づき薬価を改定している。改定後薬価は、市場実勢価格の加重平均値に消費税と薬剤流通のための調整幅（改定前薬価の2％）を加算して算定する（市場実勢価格加重平均値調整幅方式）。年間販売額が予想販売額の一定倍数を超えれば、薬価を大幅に引き下げ（市場拡大再算定）、費用対効果の評価が高い薬剤の薬価を引き上げ、評価の低い薬剤の薬価を引き下げる（費用対効果評価制度）などの調整も行われる。

3.6　医療提供体制 ●

医療職と資格制度

医療は専門性が高く、人の健康や生命に直結するサービスであるため、医療

> ### ■COLUMN 3　新たな専門医制度
>
> 　医師免許には、診療科や診療領域についての限定はない。保険医の登録も同様である。医師ないし保険医は法律上、いずれの診療科でも医業を行うことができる。医療機関も麻酔科を除き、自由に診療科を広告（標榜）できる。他方、医学進歩や専門分化が進む中で医師がその技能を適切に発揮するためには、相応の教育や研修を修了することが必要である。このため、わが国では、各診療領域の学会が専門医や認定医などの民間資格を自律的に設けて対応してきた。
>
> 　しかし、学会別の認定制度が乱立し認定基準も不統一で、専門医の質の担保に懸念があると批判されてきた。このため、中立的な第三者機関が専門医を認定する新たな仕組みが創設されることとなり、2014年5月、一般社団法人日本専門医機構が設立された。専門医の認定・更新基準や養成プログラム・研修施設の基準の作成、専門医の認定と養成プログラムの評価・認定を統一的に実施する組織である。専門医の基本診療領域は19あり、新たな専門医の1つとして、欧州の家庭医や一般医に相当する総合診療専門医（基本的な疾患の診療や慢性疾患の継続的な治療、予防活動などを通じ患者を広い視野で全人的に診療する医師）も加えられ、2018年から新たな専門医の養成が行われている。

に従事する医療職には資格制度が設けられ、その種類は医療技術の進歩や医療の高度化に伴い増えてきた。現在、医師、歯科医師、保健師、助産師、看護師、薬剤師、診療放射線技師、臨床検査技師、理学療法士、作業療法士、視能訓練士、言語聴覚士、救急救命士など多数の法定資格がある。

　医療職の中心に位置するのが**医師**である。医師には名称独占とともに**包括的な業務独占**が与えられており、すべての医行為を行うことができる。診断、手術、処方せんの交付などの絶対的医行為は医師のみが行うことができるが、相対的医行為は医師の指示の下であれば医師以外でも可能である（例えば、看護師による静脈注射などの診療の補助）。他方、医師には、診察治療の求めがあった場合には正当な理由がなければ拒否してはならないという**応召義務**が課されている。医師になるには、医師国家試験に合格し医師免許を取得しなければならない。また、診療に従事しようとする医師は、2年以上、**臨床研修病院**（研修プログラムの設置や救急医療の提供などの基準を満たす都道府県知事の

指定する病院）または外国の病院で厚生労働大臣が指定するものにおいて、**臨床研修**を受ける必要がある。臨床研修では、内科、外科、小児科、産婦人科、精神科、救急、地域医療が必修分野とされ、指導医の下で診療に従事し、プライマリ・ケアの基本的な診療能力を習得する。

　医療職の中で最多数を占めるのが**看護師**である。傷病者などに対し**療養上の世話**または**診療の補助**を行うことを業とする。免許制の下で名称独占と業務独占が与えられているが、診療の補助は原則として医師の指示がなければ行うことはできない。療養上の世話には原則として医師の指示は不要である。

　また、高齢者の医療介護の進展に伴い重要になった職種が理学療法士や作業療法士などである。障害のある者を社会生活に復帰させるための医学的リハビリテーションを担う。**理学療法士（PT）**は、立つ、座る、歩くといった基本的動作能力の回復を図るため、運動療法などを行う。**作業療法士（OT）**は、着替えや料理など応用的動作能力や社会的適応能力の回復を図るため、図画工作などの作業療法を行う。

医療機関の開設と保険診療の担当

　医療機関は、医療法上、病院と診療所に分けられる。**病院**は20床以上の病床を有するものを言い、**診療所**は19床以下の病床を有するもの（有床診療所）または病床を持たないもの（無床診療所）である。無床診療所の開設には、原則として、都道府県知事などへの事後届出で足りるが（**自由開業制**）、病院または有床診療所の開設には、都道府県知事などの許可を受けなければならない。増床や病床の種別（後述）の変更にも許可が必要である。

　病院や診療所が保険診療を担当するには、医療法の開設許可や届出だけでなく、健康保険法に基づき厚生労働大臣から**保険医療機関の指定**も受ける必要がある。保険医療機関で保険診療に従事する医師も、厚生労働大臣から**保険医の登録**を受けなければならない。医療機関には指定が、保険医にも登録が必要という意味で「二重指定制」と呼ばれる。**保険医療機関と保険医は、療担規則に従って診療を行うことを義務づけられる**（➡3.4）。

表5-8　　病院の名称独占承認制度

名　　　称	機　　　能	主　な　要　件
地域医療支援病院	救急医療の提供、紹介患者中心の医療提供、医療機器の共同利用などを通じて地域医療を担う診療所開業医を支援する病院	原則200床以上、紹介率・逆紹介率の充足（①紹介率80％以上、②紹介率65％・逆紹介率40％以上または③紹介率50％・逆紹介率70％以上）、一定以上の救急患者受入数
特定機能病院	高度医療の提供や研修、高度の医療技術の開発を実施する能力等を備えた病院（主に大学病院を承認）	400床以上、原則として定められた16診療科の標榜、通常の病院の2倍程度の医師配置、紹介率50％・逆紹介率40％以上、集中治療室の設置
臨床研究中核病院	革新的な医薬品・医療機器の開発に必要な質の高い臨床研究や治験を推進するため、国際水準の臨床研究や医師主導治験の中心的な役割を担う病院	400床以上、定められた診療科10以上、一定の臨床研究の実績、臨床研究支援・管理部門の設置（医師、歯科医師、薬剤師、看護師、臨床研究コーディネーター、データマネージャー等を配置）

（出所）　筆者作成。

病院、病床の種別と機能分化

　わが国では、病院と診療所は病床規模に応じて区分され、入院や外来といった機能によって分類されていない。病院の開設許可も単一である。しかし、疾病構造が変化し医療技術がますます進歩する中で、医療機関に求められる機能は多様化しており、効率化のためにも機能分化が必要となっている。このため、医療法や公的医療保険制度において、病院や病床の機能を画し、明確化しようとする仕組みが設けられてきている。

　医療法では、病院全体の機能に着目して、都道府県知事が**地域医療支援病院**の承認を、厚生労働大臣が**特定機能病院、臨床研究中核病院**の承認を行うことによりそれぞれ名称独占を与える制度がある。病床については、精神病床、感染症病床、結核病床、**療養病床、一般病床**の種別がある。このうち療養病床は主として長期にわたり療養を必要とする患者を入院させるためのもので、一般病床は他の4種以外の病床であり、急性期、亜急性期、回復期といった幅広い病期に対応する病床が含まれる。病床の種別に応じて病院が備えなければならない人員や設備の基準が定められており、開設許可の要件になっている。

　公的医療保険制度では、200床以上の病院については、紹介のない初診などを選定療養において患者から差額徴収することができることとし、再診時の外来診療料では検査料や処置料を大幅に包括化している（⇒ 表5-3）。特定機能病院や一般病床200床以上の地域医療支援病院には、紹介のない初診などを選

定療養の対象として、定額負担の徴収を義務づけている（■➡ 表5-5）。いずれも金銭的な動機づけを通じて、これらの病院が外来を縮小し、入院中心の診療に転換していくよう促し、機能分化・機能連携を進めるためである。

一方、200床未満の病院に対しては、在宅療養患者に対する疾病管理や継続的な保健指導、定期的な訪問診療に診療報酬を設定しており、在宅療養や外来診療機能を評価している。急性期退院後すぐに在宅復帰できない高齢者や肺炎などになった在宅療養患者を受け入れる地域包括ケア病棟（原則200床未満の病院であること）も特定入院料に位置づけられている。

また、DPC/PDPS の大学病院本院群と DPC 特定病院群では、都道府県全体として必要な医療機能を担う病院が想定され、DPC 標準病院群では二次医療圏（後述）単位で必要とされる医療機能を持つ病院が想定されており、急性期医療の中での役割・機能に応じた分類がされている。

医療計画

機能分化が進むと、**医療連携体制**（医療機関の間の機能分担、患者の紹介・逆紹介や円滑な転院などの機能連携を確保するための体制）が不可欠となる。このため、医療法は都道府県が策定する**医療計画**の制度を設けている。主な内容は、医療圏の設定・基準病床数の算定、5疾病・5事業および在宅医療に関する事項、地域医療構想、医師確保計画・外来医療計画などである。

医療圏と病床規制

医療圏は、病院や診療所の病床の整備を図る際の地域的単位である。一次医療圏、二次医療圏、三次医療圏の3種類がある。一次医療圏は、日常的な疾病や外傷などの初期医療、疾病予防や健康管理などを提供する圏域である。一般的には市町村の区域である。二次医療圏は、地理的条件、交通事情、受療動向等を踏まえ一体の区域として一般的な入院診療を提供することが相当である圏域である。都道府県内に複数設定され、全国に335ある（2020年）。三次医療圏は、高度・特殊な専門医療（先進的技術や特殊な医療機器を用いる医療、発生頻度が低い疾病の医療、広範囲熱傷、指肢切断などの特に専門性の高い救急医療）を提供する圏域である。都府県に1つずつ、北海道に6つある。

　二次医療圏には、療養病床と一般病床に係る基準病床数が設定され、都道府県の区域には、精神病床、結核病床、感染症病床それぞれに係る基準病床数が設定される。既存病床数が基準病床数に達している場合、病院の開設や増床により基準病床数を超過する場合には、都道府県知事は公的医療機関（後述）などに対しては開設等の許可を与えないことができ、それ以外の民間医療機関に対しては開設等の中止や病床数の削減を勧告することができる。勧告に従わない病院に対しては、厚生労働大臣が保険医療機関の指定を拒否することができる。これらの仕組みを**病床規制**と言う。病床を病床過剰地域から不足する地域に誘導して病床の地域偏在を是正し、かつ、医師誘発需要によって無用な医療費が発生するのを抑制することを目的とする。

5疾病・5事業

　5疾病・5事業は、がん、脳卒中、心筋梗塞等の心血管疾患、糖尿病、精神疾患の5疾病と救急医療、災害医療、へき地医療、周産期医療、小児医療の5事業であり、いずれも医療政策上、重要な分野である（2024年4月からは、新興感染症等の感染拡大時における医療が追加され、6事業となる）。5疾病・5事業と在宅医療それぞれにつき一定の圏域が設定され（二次医療圏であることが多い）、受療動向や医療資源の現状、急性期、回復期、維持期のような病期ごとに必要となる医療機能、各医療機能を担う医療機関の名称などが医療計画に記載される。様々な医療機関が連携しながら病期に応じて患者を診療する地域完結型の医療を推進することを目的とする。

地域医療構想

　地域医療構想は、団塊の世代がすべて75歳以上になる2025年（令和7年）のあるべき医療提供体制の将来像を示すものである。同年には3人に1人が65歳以上、5人に1人が75歳以上となるため、高齢者の医療需要の増大に対応できるように、医療機関の機能分化と連携をさらに進めるのが目的である。

　構想の単位は二次医療圏を基本とした構想区域であり、構想の内容は2025年の医療需要と必要になる病床数の推計、あるべき将来像を実現するための施策である。病床の区分は、一般病床と療養病床が細分化され、高度急性期、急性

期、回復期、慢性期の4つの機能区分が設けられている。

　構想の策定は、病床機能報告によるデータや人口構造変化の見通しなどの諸事情を勘案して行われる。**病床機能報告**は、一般病床および療養病床を有する病院と診療所がその病床の機能区分、構造設備、人員配置、具体的な医療内容について、病棟単位で現状と将来の予定を都道府県知事に報告するものである。都道府県は、医療需要の推計を基に、それぞれの病床機能区分について2025年の必要病床数を算定する。この必要病床数と病床機能報告の結果を比較して、同年のあるべき医療提供体制とその実現方策を検討する。

　構想の実現は、医療機関の自主的な取組みや合意、都道府県知事による規制、一般財源による経済的支援により推進される。それぞれの医療機関は経営判断により病床機能を選択するほか、医療関係者、保険者などが参加する地域医療構想会議における協議を通じて病床機能の調整を行う。都道府県知事は、規制権限を利用して構想実現を担保する役割を担う。機能分化や連携を実現するための病床転換や病院の再編統合などに要する費用には、**地域医療介護総合確保基金**からの資金が投入される。同基金は、2014年の医療介護総合確保推進法により、消費税増収分を活用して各都道府県に設置された。基金の資金は、在宅医療や介護の充実、医療介護従事者の確保にも利用できる。

　2022年4月からは、こうした仕組みが外来診療にも採用される。医療機関から都道府県に外来診療の実施状況を報告する**外来機能報告**を踏まえ、地域医療構想会議などにおいて外来機能の明確化や連携に向けた協議を行うのである。紹介受診重点医療機関（➡ 表5-5）も、外来機能報告や協議により明確化されることになる。

医師確保計画・外来医療計画

医師確保計画は、三次・二次医療圏間の医師偏在是正のため、医師偏在指標に基づき医師少数区域・医師多数区域を指定し、医療計画の中で、目標医師数、目標達成のための施策（例えば、医師の派遣・キャリア形成プログラム、医学部での地元枠の増員）などを定めるものである。産科と小児科では、さらに診療科別に医師少数区域を指定し、偏在対策基準医師数を設定する。

　外来医療計画は、二次医療圏単位で外来医師偏在指標に基づき医師多数地域

COLUMN 4 医師の確保と偏在への対応

　わが国の医療制度には、地域ごとに各診療科の必要医師数や病床数を決めて、診療所の立地を規制したり、病院の診療科を定めたりする制度はない。このため、主に地方で医師確保がつねに難しい課題となってきた。この問題に関し、法制度ではないが大きな役割をはたしてきたのが、いわゆる医局講座制である。大学医局は、医学部の講座と大学付属病院の診療科を統合する医師の団体である。診療科ごとのピラミッド型組織であり、頂点に講座の教授が位置し、准教授、講師、医局長、医局員、関連病院の勤務医などが所属する。かつては医師免許を取得した若手医師は医局に入局するのが通例であり、医局はその後の継続的な研修や医学研究のほか、関連病院の医師確保機能も担ってきた。教授が医局構成員に対する事実上の人事権を持ち、医局員を関連病院に派遣するのである。しかし、2004年、卒後臨床研修義務化により大学病院以外の病院で研修を受ける医師が増え、入局者が減少したため医師派遣機能が弱くなった。このことが2000年代後半に起きた医師不足問題の要因の１つとなったと考えられる。

　その後、2007年以降、緊急医師確保対策として、医師不足地域への緊急臨時的医師派遣システムの構築、医学部入学定員の臨時定員や地域枠の設定・拡充などが行われた。2010年には臨床研修に都道府県別上限が設けられ、2011年から都道府県に医師不足地域への医師派遣などを業務とする地域医療支援センターが設置されている（2014年法定化）。2019年からは、医療計画の中で医師確保計画や外来医療計画を策定することとなり、制度整備が進んでいる。専門医制度（⇒COLUMN 3）でも、都道府県別・診療科別に採用上限数を設け、地域偏在や診療科偏在に対応しようとしている。

を設定し、そこでの新規開業希望者に対し地域で不足する外来医療機能を担うよう求めるほか、医療機器の共同利用計画策定などを行うものである。

医療機関の開設主体と法人制度

　わが国の医療機関の開設主体は多様である。国立医療施設のほか、都道府県、市町村、日本赤十字社、恩賜財団済生会、厚生（医療）農業協同組合連合会（厚生連）などが開設する公的医療機関、医療法人立、社会医療法人立など

がある。**公的医療機関**は、医療機関の計画的な整備に際し、一般的な医療機関に常には期待できない救急医療などの5事業や臨床研修、医師不足地域への医師の派遣などを行うことが求められる類型である。**医療法人**は、医療機関の経営を目的とする一定の非営利性を備えた社団または財団であり、設立には都道府県知事の認可が必要である。医師が開設する医療機関の経営安定性・永続性を確保するための法人制度である。医療法人のうち非営利性を貫徹したもので、5事業に係る診療などを行うなどの要件を満たし都道府県知事の認定を受けたものを**社会医療法人**と言う。5事業など公益性が高く採算の取りにくい医療を担う代わりに、社会医療法人債による資金調達や一定の収益事業を行うことが認められ、税制上の優遇措置も受けられる。なお、医療法上、営利法人には許可を与えないことができ、原則として許可を与えない運用がされている。

　2016年度からは**地域医療連携推進法人**を都道府県知事が認定する制度が施行された。地域医療連携推進法人は、複数の医療法人などの非営利法人が参加する一般社団法人である。参加法人グループの経営統合を通じて機能分担と機能連携を推進することが目的であり、地域医療構想の実現のための選択肢の1つとして位置づけられている（➡第10章2.2）。

４　医療制度の歴史と政策動向

4.1　医療機関の整備と国民皆保険の達成

　明治維新後の1874年（明治7年）、政府は**医制**を発布した。医制は医療政策の方針を示すものであり、西洋医学に基づく医学教育の導入や官立病院の整備などが打ち出された。その後約30年で漢方医学から西洋医学への転換が図られたが、官立病院の整備は西南戦争後の緊縮財政のために頓挫し、その際、多くの官立病院が廃止または民間移譲された。戦後も医療機関の量的拡大が優先され、1950年創設の医療法人制度や1960年設立の**医療金融公庫**の融資を通じて医療法人立の医療機関が成長することになった。この結果、民間医療機関が大半を占める医療提供体制が形成され現在に至っている。

一方、大正時代の**1922年**（大正11年）、**健康保険法が制定**され、健康保険組合が保険者となる組合管掌健康保険と健康保険組合がない事業所について国が保険者となる政府管掌健康保険（政管健保）が設けられた。同法は当初、鉱工業の労働者を対象としたが、1939年の職員健康保険法制定と1942年の健康保険法改正により販売業や金融保険業などの従業員も対象とすることとなった。非被用者である農民や自営業者については、1938年、旧国民健康保険法の制定により、任意加入の国民健康保険組合を任意設立できることとされ、1942年改正で地方長官による国民健康保険組合の強制設立と強制加入の制度が導入された。その後、太平洋戦争の敗戦によりいったん公的医療保険の運営は麻痺したが、戦後徐々に回復していった。そして1958年制定の新国民健康保険法において、国民健康保険事業の実施を市町村に義務づけ被用者保険加入者以外の住民を強制加入させる**市町村国民健康保険**が確立され、**1961年**、同法の施行により、**国民皆保険**が完成することとなった。

ただし、制度が職域や地域ごとに分立する形で形成されてきたため、制度間で一部負担金や保険料の水準に大きな格差が生じていた。例えば、1961年当時、健康保険被保険者は初診時100円の定額負担、同被扶養者と国民健康保険被保険者は5割負担であった。その後、1973年に高額療養費制度が導入されるとともに、一部負担割合も漸進的に見直され、2003年以降、70歳未満につき原則3割負担で統一された。一方、保険料水準には、保険集団間の収入水準が大きく異なるなどの事情があるため、今日まで大きな格差が残っている。

4.2　老人医療費無料化と老人保健法

1960年代頃からわが国の65歳以上人口の割合が大きくなっていくにしたがい、いわゆる老人問題が注目されるようになった。こうした状況の下、1970年前後に多くの地方公共団体が老人医療費を軽減・無料化するようになり、政府も老人福祉法に**老人医療費支給制度**を設け、**1973年**から**老人医療費を無料化**した。このような政策対応は、慢性疾患による長期療養が必要な老人の負担を軽減した点では評価できるものの、完全に無料にしたことや対象者・対象疾患を限定しなかった点には大きな疑問が残るものであった。その後、当然、高齢者の受診率が急上昇し、老人医療費も激増したため、老人が集中的に加入する国

民健康保険と多額の公費を負担する国の財政に深刻な影響を与えることとなった。また、老人入院患者の割合が高いいわゆる**老人病院**が次々と開設されていったが、その多くでは過剰な検査や投薬が行われるなど、質の低い医療が提供されていた。さらに、特別養護老人ホームなどの介護サービスが不足する中で、医学的には入院の必要性が小さいにもかかわらず入院ないし入院継続させる社会的入院も問題となっていった（➡ 第11章1.1）。

　そこで政府は、**1982年**に**老人保健法**を制定し、老人医療を包括的に見直すこととした。主な内容は、市町村による40歳からの健康診査・健康指導の実施、老人患者の一部負担金の復活、老人医療費の財政調整、老人診療報酬の新設である。このうち財政調整は、医療保険の被保険者および家族療養費の支給対象者のうち75歳以上の者などをそれぞれの保険者の加入者としたままで、市町村から医療費を支給し、その医療費を公費3割、各保険者からの拠出金7割で賄う制度である（2002年から2006年までに公費5割に引上げ）。拠出金の負担は、各保険者に全国平均値の割合で高齢者が加入していると仮定して割り当てることとした。平均よりも高齢者の割合の小さい健保組合などが実際に加入している高齢者の分よりも多く負担し、平均よりも高齢者の割合の大きい国民健康保険の負担を軽減することを通じて、負担の不均衡を是正する趣旨である。

　老人診療報酬や医療法では、正式に老人病院の概念を導入し、看護職員や介護職員を多く配置すれば高い診療報酬を支払うとともに、検査・投薬点数の包括化などによって、老人患者のケアにふさわしい病院への転換を促した。1986年の同法改正では、**老人保健施設**が創設された。入院治療の必要のない要介護老人に対し、軽度の医療、看護、医学的管理の下の介護および機能訓練を行うとともに、日常生活のサービスを提供する施設である。**1989年**には、**高齢者保健福祉推進10か年戦略（ゴールドプラン）**が策定され、介護サービスの基盤整備も強力に推進されることとなった。

4.3　高齢者医療確保法と健康保険・国民健康保険の改革 ──●

　老人保健制度はその後20年あまり続いたが、健保組合側の拠出金負担への不満が高まっていった。高齢化の進展に伴い拠出金が増え続けた一方で、1990年代以降の不況の中で企業収益が伸び悩み、健保組合の財政も悪化していったか

表 5-9　高齢者医療制度見直し候補となった 4 方式

方　　式	摘　　要
独立保険方式	すべての高齢者を対象とした独立した保険制度
突き抜け方式	退職被用者を対象とする保険者を設け、被用者保険全体で費用負担
年齢リスク構造調整方式	保険制度を分立させたまま、年齢構成の違いによる医療費支出の相違を調整し、保険者間の負担の不均衡を是正
一本化方式	医療保険制度を一本化し、すべての者を対象とする制度を創設

（出所）　厚生労働省高齢者医療制度等改革推進本部事務局「医療制度改革の課題と問題点」、厚生労働省ホームページを基に筆者作成。

らである。また、老人保健制度では資金の拠出者と保険給付の支給者が分離されているため給付を抑制するインセンティブが働かない、拠出金における高齢者と現役世代の負担割合が不明確であるといった批判もあった。そのため、制度改革を求める声が高まり、独立保険方式、突き抜け方式、年齢リスク構造調整方式、一本化方式の 4 方式を軸に新たな制度の検討が行われた。10年以上にわたる議論の結果、**2006年医療制度改革**で成立した高齢者の医療の確保に関する法律（**高齢者医療確保法**）において、後期高齢者には独立保険方式、前期高齢者には老人保健制度に類似した財政調整方式が採用されることとなった。後期高齢者医療制度の保険者は、都道府県単位の後期高齢者医療広域連合とされた。

　2006年改革では、政管健保の改革も行われ、2008年から全国健康保険協会がその運営を引き継ぐことになり、協会けんぽでも都道府県単位で保険料率を設定することとされた。この時点で、法律上、公的医療保険の財政運営を都道府県単位に再編していく方向が示されたと言うことができる。

　老人保健法や高齢者医療確保法により国民健康保険の負担は軽減されてきたが、財政基盤が構造的に改善されたわけではない。国民皆保険達成時、国民健康保険加入者の約 3 分の 2 は農林水産業と自営業であったが、産業・就労構造の変化により今では無職者や短時間労働者などが大半となり、保険料負担能力がいっそう低くなっているからである。小規模市町村における財政運営の不安定性や市町村間の経済力格差に伴う保険料水準の格差も問題である。

　このため、**2015年医療保険制度改革**により2018年 4 月から、国民健康保険の財政運営単位は市町村から都道府県に拡大され、都道府県が市町村とともに保

険者の役割を担うこととなった。この措置により、国民健康保険財政運営の責任主体と医療提供体制構築の責任主体が都道府県に一本化され、保険集団の規模拡大や市町村間の保険料格差の縮小が可能となった。その後、市町村の一般会計から国保特別会計への法定外繰入れを解消するとともに、都道府県内で保険料水準を統一化する取組みが進められている。

4.4　医療機関の機能分化の推進と医療連携体制の構築 ──────●

　医療提供体制については、医療機関の量的整備がほぼ達成された1980年以降、医療計画や病床規制により病床数を制限し、医学部数と医学部定員数の管理を通じて医師数の増加を抑制する方向に政策が転換された。また、前述の老人診療報酬における介護力の評価や老人保健施設の創設に続いて、一般病床と療養病床の分離、療養病床の再編などが行われた。こうした20年以上に及ぶ一連の政策を通じ、病期に応じた病床の機能分化が進められた。

　2006年医療制度改革では、医療計画に4疾病・5事業が位置づけられ、医療連携体制を本格的に構築していく方針が打ち出された。それまでの**医療機関完結型の医療から地域完結型の医療への移行**を図るための政策対応である。その後、医療計画は、精神疾患の追加（5疾病・5事業、2012年）、地域医療構想と病床機能報告（2015年施行、2016年末までに構想策定完了）、医師確保計画、外来医療計画（2019年施行）、外来機能報告（2022年施行）の導入、感染症医療の追加（5疾病・6事業、2024年施行）などにより、入院、外来、政策的に重要な疾病や診療領域、さらに医師確保にわたる総合的な計画に発展している。そこでは、医療機関の設置主体が民間中心で多様であるため機能分担・機能連携が難しい中で、関係者が人口構造の変化などの様々なデータや指標を共有し、協議を行うことにより、将来の医療ニーズを見据えた病床機能の転換や立地などの選択を医療機関に促す手法が採用されている。

　2024年4月からは、医師に時間外・休日労働の上限規制が適用される。このため、医師確保計画による医師偏在の是正などに加え、医師の負担を軽減するタスクシフト/シェアが進められており、2021年10月から診療放射線技師、臨床検査技師、救急救命士などの業務範囲が拡大された。

5　医療制度の課題

　わが国は早期に国民皆保険を達成し、制度改革を進め、現代の医療水準に応じた必要な診療を幅広くかつ低い費用で国民に保障することに成功してきた。**アメリカのように民間医療保険が主の体制の下、多くの国民が無保険や保険商品のアンダーカバレッジ（貧弱な給付範囲・水準）、医療費高騰に苦しんできた国に比べ、はるかに優れた成果**である。高齢者人口が急増した2000年代以降も、高齢者の医療制度や国民健康保険の改革により保険財政の安定化を図り、団塊の世代が全員75歳以上になる2025年を目途に、地域医療構想などを通じて将来の医療ニーズに応じた医療連携体制の整備を目指している。

　しかし、そのあとには次の難題が控えている。**現役世代の急減**である。**2025年頃から生産年齢人口（15歳〜64歳）の減少が加速し、労働力の制約が厳しくなるほか、地域により人口動態や医療・介護ニーズのピークの時期などが大きく異なる中で、医療提供体制の維持が課題**となる。医療計画・地域医療構想で採用された、データに基づいて医療機関の役割分担を協議する手法がどこまで機能するか、タスクシフトがどこまで進むか、オンライン診療などの ICT 技術の活用が効果を発揮するかなどが鍵となろう。

　医療費の面では、2025年と団塊ジュニア世代がすべて65歳以上になる2040年を比べた社会保障給付費の見通しで、経済成長率をおおむね1.3〜1.8％と仮定した場合、年金給付費や子ども子育て関連費の対 GDP 比はほぼ変わらないのに対し、医療給付費は7.4％から8.4％に、介護給付費は2.4％から3.3％へと1ポイント程度高くなる。これに伴い、保険料の水準は健康保険組合で11％程度に、協会けんぽで11〜12％程度に、後期高齢者医療で2025年の1.4倍程度に上昇する見込みである。ドイツの法定保険料を見れば（■➡ 3.2）負担可能な水準であるが、女性や高齢者の労働参加が進まず、生産性も伸び悩み、経済成長が想定より低迷すれば、保険料水準は見込より高くなる可能性がある。

　また、国民健康保険では、財政運営の都道府県化の後も、被保険者の年齢構成が高く医療費水準も高いため、保険料負担が重いという基本構造は変わらない。被用者保険でも、前期高齢者納付金や後期高齢者支援金、特定保険料の負

担が年々重くなっている。**健康保険組合や共済組合では**、比較的若く収入が多い被保険者をクリームスキミングする形になっているが、**特定保険料の名のもと、その被保険者に対する給付に用いられず後期高齢者医療制度や国民健康保険の財源となる負担を課されていることへの不満は強い。**一方、医療保険全体を水平的公平の観点から見ると、**保険制度・保険者の違いによって大きな保険料水準の格差が生じており、その平準化も求められる。**

　公的医療保険制度の持続可能性は、財源確保に加え、被保険者・国民の間の連帯感・公平感にも大きく影響されると考えられる。国民健康保険がこれまで基底から支えてきた国民皆保険を守っていくためには、制度や保険者の間の収入水準やリスク構造の違いを踏まえ、制度・保険者の再編や財源調達のあり方を再検討しなければならない時期が早晩到来すると思われる。

　医療の質の面では、診療報酬や地域医療支援病院などの承認において structure に着目した評価が活用され、機能分化や看護・介護職員配置の改善に役立ってきた。これに加え近年、診療現場では、**臨床評価指標**（診療の経過をモニタリングし、評価・分析するための指標）の活用など、process や outcome の視点から医療の質を確保しようとする取組みが進められている。医療事故についても、2015年から医療機関による院内調査報告を第三者機関（**医療事故調査・支援センター**）が収集・分析する制度が運用されている。

　今後は、レセプトや特定健診などから蓄積されるビッグデータの活用、診療ガイドラインが推奨する標準的な治療法などの保険適用、フォーミュラリ（医学的妥当性や経済性などを踏まえて作成された医薬品の使用方針）の活用、医療の質の確保に関する様々な制度の体系化、薬価の適正化と新薬開発との両立などが課題になろう。

キーワード

健康保険　国民健康保険　後期高齢者医療制度　療養の給付　療担規則
診療報酬点数表　医療計画・地域医療構想　国民皆保険　老人医療費無料化

復習問題

1　被用者が被保険者となる公的医療保険には、民間企業の従業員が加入する　□□□□　、船員保険や公務員等が加入する各種共済がある。

2　都道府県等が行う国民健康保険の医療給付費の財源の41%は□□□□であり、9%は都道府県負担分（都道府県繰入金）である。

3　健康保険法上、被保険者の疾病や負傷に対して診察、治療、看護などのサービスそのものを現物給付する保険給付を□□□□と言う。

4　医療連携体制を整備するため、医療法は都道府県が策定する□□□□の制度を設けている。

5　1958年制定の新国民健康保険法により、市町村国民健康保険が確立され、1961年、同法の施行により、□□□□が完成した。

練習問題

1　国民皆保険を財政的に成り立たせている仕組みについて、保険料負担能力、公費負担、財政調整の語を用いて説明しなさい。

2　医療機関の機能分化・機能分担・機能連携を進める役割を持つ医療法上の制度を整理して、説明しなさい。

3　医療の質を確保するために、わが国の医療制度がどのような仕組みを用意しているか、説明しなさい。

4　いわゆる老人医療費無料化によってわが国の医療に生じた問題点を整理し、その後それらの問題をどのように克服しようとしてきたか説明しなさい。

5　高齢者医療制度見直し候補となった4方式のメリットとデメリットを指摘し、いずれの方式が適切か論じなさい。

Further Readings

池上直己『日本の医療と介護——歴史と構造、そして改革の方向性』日本経済新聞出版社、2017年

加藤智章編『世界の病院・介護施設』法律文化社、2020年

島崎謙治『日本の医療——制度と政策［増補改訂版］』東京大学出版会、2020年

日本社会保障法学会編『新・講座社会保障法第2巻 これからの医療と年金』法律文化社、2012年

保険と年金の動向編集委員会編『保険と年金の動向〔2021/2022年版〕』厚生労働統計協会、2021年

第6章 介護

　介護保険は日本では5番目の社会保険として創設された新しい制度であるが、寝たきり・認知症などの要介護リスクが重大な問題となる中で、それらに対応する中心的な役割を担っている。介護保険制度は、全国民を対象として一律の制度となっていて、市町村が保険者として運営し、65歳以上の国民および40歳以上の医療保険被保険者が加入して保険料を支払い、要介護状態となった場合には所定のサービス等を利用することができる。適切な介護サービスを提供するために、そのサービスの種類は、在宅でのサービス利用、施設への入所、また地域での連携したサービス等多岐にわたり、これらによって、保健・医療・介護の一体的なサービスにより、高齢者の尊厳を確保しつつ、自立を支援することとしている。

　本格的な高齢社会を迎え、認知症高齢者の数も増加していく中で、何度か制度改正が行われてきたが、なお老老介護や介護心中など、また認知症高齢者をめぐる課題や社会的な事件もあとを絶たない。本章では、上記のような介護保険制度の基本的な仕組みのほかに、これまでの経過を踏まえて、今後の課題を明らかにする。

【キーワード】

介護保険　要介護認定　介護報酬　認知症
施設サービスと在宅サービス　償還払い　ケアプラン
一部負担　地域包括ケア　家族介護

1　介護保障の意義

1.1　要介護リスク

　要介護リスクとは、**寝たきり**や**認知症**などにより介護を要する状態となるリスクである。介護問題は高齢社会において、急速にその重要性が増してきた領域であり、日本でも2000年に介護保険制度が創設され、政策対応が急展開している領域でもある。

　しかしその介護保障の内実や位置づけは、単純ではない。だからこそ要介護リスクが社会保険の対象となることも遅れたし、国によって対応も異なっていると言える。以下ではこのような要介護リスクの内実・特性に関して、3点ほど指摘したい。

1.2　要介護リスクの内実と特性

　第1に、要介護リスクは年齢（加齢）とともに大きくなる。医療保険では傷病という「誰でも、いつでも可能性のあるリスク」を対象にしている。しかし要介護リスクはそうではなく、主として高齢期になってから、認知症や寝たきりになった場合が対象である。

　その意味では年金のように、老齢という「先のこと」に備えるという面が大きい。ただ公的年金でも障害年金があるように（若年でも障害者になることがある）、介護保険でも初老期認知症等も対象としている。

　より一般的に、例えば交通事故により若年でも寝たきりになって要介護状態になることがあるが、そこは介護保険法第1条が「加齢により」という制限を付けている。つまり介護保険が対象とするのは、あくまで加齢に伴う要介護リスクである。それは高齢期では「とても多い」が、中年期でも「少しある」ことになり、言い換えれば年齢とともに逓増するリスクである。

　第2に、介護サービスには、要介護者を「支える」要素がある。言い換えれば介護サービスは、医療に似た面と、福祉サービスという面の両方を有している。

　例えば脳梗塞や転倒によって寝たきりとなった時に、リハビリ等により回復を図るというのは重要な介護サービスの役割である。実際に適切に介護サービスを利用することにより、要介護度が軽減するケースは少なくない。いわば治療で「直す」「元の状態に戻す」というイメージに近い。

　しかし、そのようにしても完全に元の状態にまで戻るとは限らず、例えばマヒのような障害が残る場合もある。またアルツハイマー型の認知症のように、いきなりではなく徐々に生活に支障が出てくる場合も多い。そのような時には、その支障が大きくなるスピードを緩めることも重要だが、そうした状態でも日常生活を送れるように支えるのが介護サービスの大きな役割である。例えば家事を援助したり、身体の動作を介助したりすることを通じて生活を支えることは、高齢者の尊厳を確保することでもあろう。このような「支える」仕事は、障害者への福祉サービス等と共通するものがある。このように介護サービスも様々であるため、制度的に扱うには難しいものだと言える。

　第3に、家族による介護負担の軽減も本来の制度趣旨である。

　介護保険を創設する際には、もともとの趣旨として、家族の介護負担の軽減ということがあった。しかしそれは現行の法律では見えづらくなっている。あくまで被保険者が、自分が要介護状態になった場合に備えて保険料を払っておいて、実際に要介護状態になった場合に給付がされる、という保険構成になっているからである（介護保険法第2条。要介護者に家族がいるとは限らない）。

　しかし、実際には家族自身が行う介護との関係（介護保険で代替する部分、しきれない部分）が大きな位置づけを占めている。つまり要介護リスクではなく、介護する側になるリスクに、介護保険制度はいわば間接的に対応していると言える。もちろん家族に要介護者を介護する義務がアプリオリに、ないしは法的にあると想定するのは適切ではないが、実態としては家族がしばしば重い介護負担を負っている。

2　介護の実態（要介護高齢者、介護保険給付）

2.1　要介護高齢者数

　本格的な高齢社会を迎え、介護問題は深刻さの度合いを深めている。介護保険制度は、制度創設以来20年を経過しているが、その間の数値を比べてみたい（「介護保険事業状況報告」等による）。

　まず65歳以上被保険者の増加について、2000年 4 月末と、20年後の2020年 4 月末を比べると、

　　　　第 1 号被保険者数 2,165万人 ⇒ 3,558万人　【1.6倍】

となっている。

　この65歳以上人口は2042年にはピークをむかえ、2055年には65歳以上人口の割合は38％に達すると推計されている。このとき75歳以上人口は25％を占めている。他方では、生産年齢人口の急減が推計されている。

　また要介護（要支援）認定者の増加について、やはり2000年 4 月末と、20年後の2020年 4 月末を比べると、

　　　　認定者数 218万人 ⇒ 669万人　【3.1倍】

となっている。加齢とともに要介護と認定される割合は上がり、特に85歳以上では60.1％に達するとともに、 1 人当たりの介護給付費も急増する。

認知症になる確率の評価

　介護全般の中でも、特に問題とされるのが、認知症高齢者の増加である。厚生労働省によると、2025年には65歳以上の約 5 人に 1 人が認知症になると予測されている。

　もっともこの数値からすると、逆に 5 人に 4 人は認知症にならず、約 8 割の確率では免れることになり、リスクは大きくないとも思える。しかし 1 つには、この数値はいわば瞬間風速である。言い換えれば死ぬまでの間、特に長生きした場合には、どこかの段階で認知症になる確率はずっと高い。加えてこれは自分自身が認知症になる確率であるにすぎず、家族が認知症になれば、介護

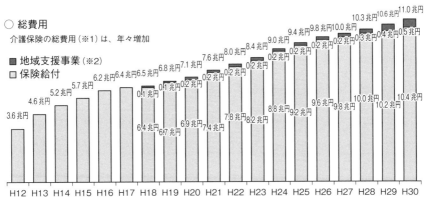

図 6-1　介護費用と保険料の推移

○ 総費用

介護保険の総費用（※1）は、年々増加

■ 地域支援事業（※2）
□ 保険給付

（注）※1　介護保険に係る事務コストや人件費などは含まない（地方交付税により措置されている）。
　　　※2　地域支援事業の利用者負担は含まない。

○ 65 歳以上が支払う保険料〔全国平均（月額・加重平均）〕

（出所）　厚生労働省老健局「介護保険制度の概要」令和 3 年 5 月。

する側にまわる。

　さらにこれは認知症だけの数値であり、それ以外の要因で要介護になるケースも多くあることからすれば、介護保険と関係なく一生を過ごせる確率は、むしろかなり低くなる可能性が大きい。

2.2　介護保険給付

　このなかで介護保険制度のサービス利用者数は、20年間で約3.3倍に増加し、高齢者の介護になくてはならないものとして定着・発展している。

　具体的には、やはり制度創設時の2000年4月と、20年後の2020年4月を比べてみると、

　　　　在宅サービス利用者数　97万人　⇒　384万人　　【4.0倍】
　　　　施設サービス利用者数　52万人　⇒　 95万人　　【1.8倍】
　　　　地域密着型サービス利用者数　　　　84万人

計　　　　　149万人　⇒　494万人　　【3.3倍】

という形で増加している。

　そのように利用が進むのとあわせて、介護保険にかかる総費用と保険料の推移を見ると、介護にかかる総費用は着実に増加してきており、それに応じて保険料負担も大きくなってきている。今後とも介護費用の増加が見込まれることから、その財政問題が懸念されている。

　これらサービスの種類の中では、施設サービスである特別養護老人ホーム（いわゆる特養）について、定員に対して入居希望者が多いため、待機者の問題が深刻になっている。

　また在宅サービスも含めて介護労働全般について、その仕事の厳しさと低賃金が指摘されており、介護人材の確保は大きな課題となっている。さらに「数」の問題にとどまらず、医療的ニーズの高まりや、認知症高齢者、高齢者のみ世帯の増加等に伴い、介護ニーズの高度化・多様化に対応しうる介護人材の質的向上を図る必要性が指摘されている。

3　介護保険制度の仕組み

3.1　介護保険制度の全体構造──社会保険による対応　────●

　現在では、2000年からスタートした公的介護保険制度が、日本において介護保障の中心的な役割を担っている。

　この介護保険は、日本における5番目の**社会保険**として創設されたもので、一定の年齢以上の国民全員が原則加入して、その要介護リスクに備えるものとなっている。つまりあらかじめ保険料を払い、実際に要介護状態になった場合に、保険給付として介護サービスを利用するというものである。その全体像は図6-2のとおりである。

　介護保険は、主に高齢期のリスクに備えるという意味では公的年金とも通じる部分があるが、金銭ではなく実際の（現物の）介護サービスの提供に重点が置かれているという意味では医療保険と似ている部分が多い。実際に医療保険

図6-2　介護保険制度の仕組み

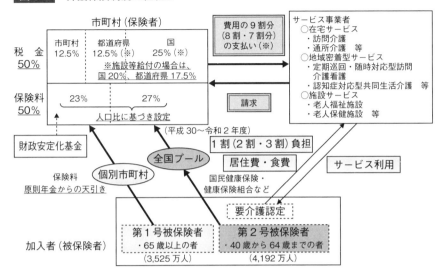

(注)　第1号被保険者の数は、「介護保険事業状況報告年報」によるものであり、平成30年度末現在
　　　の数である。第2号被保険者の数は、社会保険診療報酬支払基金が介護給付費納付金額を確定
　　　するための医療保険者からの報告によるものであり、平成30年度内の月平均値である。
(※)　一定以上所得者については、費用の2割負担(平成27年8月施行)または3割負担(平成30年
　　　8月施行)。
(出所)　厚生労働省老健局「介護保険制度の概要」令和3年5月。

の仕組みを制度的に援用している部分もある。さらに社会保険の中で、介護保
険独自の仕組みもいろいろ取り入れられている。

3.2　介護保険制度の保険者

　介護保険では、市町村（および特別区）が**保険者**となって運営を行ってい
る。これは介護保険の運営は、実際の介護サービス提供と不可分であることも
あって、住民に身近な行政単位で運営するという趣旨による。

　ただし単独の市町村で運営するには困難を伴うことから、様々な工夫がされ
ている。例えば財政負担については、自治体間の格差に対応して、調整交付金
という仕組みがある。これは市町村の責任によらない保険料の収入不足と給付
費増を、国庫負担により調整するものである。また都道府県に設置される財政

安定化基金を通じて、資金が不足する市町村への資金の貸付や交付が可能である。さらに事務負担については、複数の市町村が共同して運営する方策も用意されている。保険料の徴収についても、次に述べるように、市町村の事務負担が軽減される仕組みが取られている。

3.3　介護保険の被保険者と保険料

介護保険の第1号被保険者とその保険料

介護保険の**被保険者**は2種類に分かれている。1つは65歳以上の高齢者（第1号被保険者）、もう1つは「40歳〜64歳の医療保険加入者」というやや複雑な表現になる（第2号被保険者）。

前者の第1号被保険者については、介護保険法では「市町村の区域内に住所を有する65歳以上の者」と規定されている。国民健康保険や国民年金と同様に、国籍ではなく住所地により適用される。

この時、保険料の額は、所得段階（市町村民税の課税状況等）に応じて定められる。

高齢者から保険料を集める際には、老齢年金が一定額以上の場合には、老齢年金から天引きする方法が取られている。これを特別徴収と言う。高齢者医療でも用いられているこの方法は、介護保険で始まったものである。この方法を用いない場合には、個別に直接徴収し、これを普通徴収と言う。

介護保険の第2号被保険者とその保険料

これに対して後者（第2号被保険者）は介護保険法では「市町村の区域内に住所を有する40歳以上65歳未満の医療保険加入者」とされており、位置づけが少しややこしい。

まずこのうち「医療保険加入者」というのは、保険料の徴収が、医療保険に上乗せして行われているためであり、このため医療保険に加入していない場合（生活保護加入者等）には、介護保険でも被保険者にならない。

次に、なぜ「40歳以上」なのかという点だが、1つには40歳にもなれば、被保険者本人に少しずつ加齢に伴う要介護リスクが出てくるので、それに備えてという趣旨とされる。

図6-3　介護保険制度の被保険者（加入者）

○ 介護保険制度の被保険者は、①65歳以上の者（第1号被保険者）、②40〜64歳の医療保険加入者（第2号被保険者）となっている。
○ 介護保険サービスは、65歳以上の者は原因を問わず要支援・要介護状態となったときに、40〜64歳の者は末期がんや関節リウマチ等の老化による病気が原因で要支援・要介護状態になった場合に、受けることができる。

	第1号被保険者	第2号被保険者
対　象　者	65歳以上の者	40〜64歳までの医療保険加入者
人　　数	3,525万人 (65〜74歳：1,730万人　75歳以上：1,796万人)	4,192万人
受給要件	・要介護状態 （寝たきり、認知症等で介護が必要な状態） ・要支援状態 （日常生活に支援が必要な状態）	要介護、要支援状態が、末期がん・関節リウマチ等の加齢に起因する疾病（特定疾病）による場合に限定
要介護（要支援）認定者数と被保険者に占める割合	645万人（18.3％） 65〜74歳：　73万人（4.2％） 75歳以上：572万人（31.8％）	13万人（0.3％）
保険料負担	市町村が徴収 （原則、年金から天引き）	医療保険者が医療保険の保険料と一括徴収

(注)　第1号被保険者および要介護（要支援）認定者の数は、「介護保険事業状況報告」によるものであり、平成30年度末現在の数である。第2号被保険者の数は、社会保険診療報酬支払基金が介護給付費納付金額を確定するための医療保険者からの報告によるものであり、平成30年度内の月平均値である。
(出所)　厚生労働省老健局「介護保険制度の概要」令和3年5月。

　40歳〜64歳では特定疾病の場合、つまり加齢に伴う要介護状態のみに給付される。末期がん、関節リウマチ、骨折を伴う骨粗鬆症、初老期における認知症、脳血管疾患等の16の疾患が列挙されている。

　しかし実際には多くの保険料は、主として65歳以上の要介護者のために用いられている。この点、40歳以上になれば、自身の親が要介護状態になることにより、受益の可能性が高まるためともあわせて説明されている。もっともこの点は強制加入の下で、継続的に加入していることを前提とした、いわば長期保険的な設計としても理解できよう。

　第2号被保険者の保険料の額は、報酬（給料）比例で決められ、医療保険の保険料に上乗せして集められる。この仕組みにより、保険料の徴収の便宜が図られている。保険料率は、健康保険や年金の保険料よりはだいぶ小さい水準で、協会けんぽの例では1.80％（2021年）である。

図 6-4 介護保険の財源構成と規模

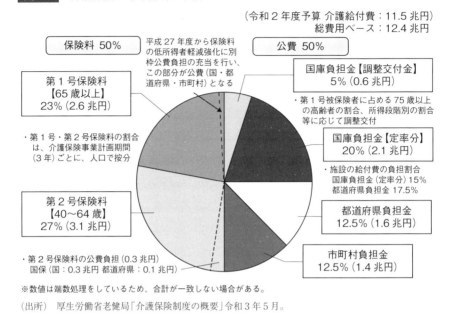

（令和2年度予算 介護給付費：11.5兆円）
総費用ベース：12.4兆円

保険料 50%

平成27年度から保険料の低所得者軽減強化に別枠公費負担の充当を行い、この部分が公費（国・都道府県・市町村）となる

公費 50%

第1号保険料
【65歳以上】
23%（2.6兆円）

・第1号・第2号保険料の割合は、介護保険事業計画期間（3年）ごとに、人口で按分

第2号保険料
【40〜64歳】
27%（3.1兆円）

・第2号保険料の公費負担（0.3兆円）
国保（国：0.3兆円 都道府県：0.1兆円）

国庫負担金【調整交付金】
5%（0.6兆円）

・第1号被保険者に占める75歳以上の高齢者の割合、所得段階別の割合等に応じて調整交付

国庫負担金【定率分】
20%（2.1兆円）

・施設の給付費の負担割合
国庫負担金（定率分）15%
都道府県負担金 17.5%

都道府県負担金
12.5%（1.6兆円）

市町村負担金
12.5%（1.4兆円）

※数値は端数処理をしているため、合計が一致しない場合がある。

（出所）　厚生労働省老健局「介護保険制度の概要」令和3年5月。

介護保険制度の財政構造の全体像

　保険料負担に関しては、第1号被保険者と第2号被保険者がそれぞれ約3兆円を担っている。

　加えて医療保険と同様に、公費（国、自治体）による負担があり、介護保険では全体として半分が公費負担となっている（国が25%、都道府県と市町村が12.5%ずつ。ただし施設等給付については、国が20%、都道府県が17.5%）。

　これに加えて、原則1割（高所得者2〜3割）の利用者負担により、介護保険の全体財源が構成されている。

　なお介護保険では住所地特例というものがあり、介護保険施設の入所者について、施設がある市町村に財政負担が集中することにならないよう、住所移転前の市町村を保険者とするものとしている。

3.4　要介護認定

介護と医療との比較

　介護保険での大きな特徴は、**要介護認定**というプロセスが先行することである。

　このことを医療保険と比べると、医療でもまず診断がされるが、そこですぐ治療が開始される。治療の前に病気の重さ（いわば「要治療状態」のようなもの）を判定する手続きがあって、利用可能な予算枠が示されて、それからようやく治療計画を立てるなどというプロセスを、患者が悠長に待っていられないことも多いだろう。しかし介護保険では、まず介護が必要な度合い（要介護度）が測られて、それと保険でどのくらい介護サービスを利用できるか（いわば予算枠）が、直接結び付いているのである。

要介護認定の具体的なプロセス

　具体的には被保険者等からの申請により、まず認定調査員等による心身の状況に関する調査（74項目の基本調査）と主治医の意見書をもとに、コンピュータによる一次判定（要介護認定基準時間の算出、状態の維持・改善可能性の評価）が行われる。これをもとに**介護認定審査会**（福祉、医療、保健の専門家により構成される第三者機関）で審議されて、二次判定が行われる。

　これらにより要介護度（1〜5）が判定される。数値が大きいほうが、要介護度が大きい。ここでは介護する同居家族の有無などとは関係なく、あくまで本人の状態をもとに判定され、基本的には介護に要する手間の時間を基準として決められる。

　要介護に至らない場合は、同様のプロセスにより、要支援（1〜2）の判定がされる。これにもあたらなければ、自立と判定される。

　ごく大雑把なイメージとしては、例えば「要介護度2」（日常的に部分的な介護を要する）の人には、月額で在宅サービスであれば約20万円の枠が与えられる。同様に「要介護度4」（介護なしには日常生活を営むことが困難）の人には、月額で約30万円の枠が与えられる。

　この要介護認定の有効期間は、原則6カ月である。認定結果に不服がある場

図6-5　**介護保険制度における要介護認定制度について**

┌─ 趣旨 ─┐

○ 介護保険制度では、寝たきりや認知症等で常時介護を必要とする状態（要介護状態）に
なった場合や、家事や身支度等の日常生活に支援が必要であり、特に介護予防サービ
スが効果的な状態（要支援状態）になった場合に、介護の必要度合いに応じた介護サー
ビスを受けることができる。
○ この要介護状態や要支援状態にあるかどうかの程度判定を行うのが要介護認定（要支
援認定を含む。以下同じ）であり、介護の必要量を全国一律の基準に基づき、客観的
に判定する仕組み。

┌─ 要介護認定の流れ ─┐

○ 要介護認定は、まず、市町村の認定調査員による心身の状況調査（認定調査）及び主治
医意見書に基づくコンピュータ判定を行う。（一次判定）
○ 次に保健・医療・福祉の学識経験者により構成される介護認定審査会により、一次判
定結果、主治医意見書等に基づき審査判定を行う。（二次判定）
○ この結果に基づき、市町村が申請者についての要介護認定を行う。

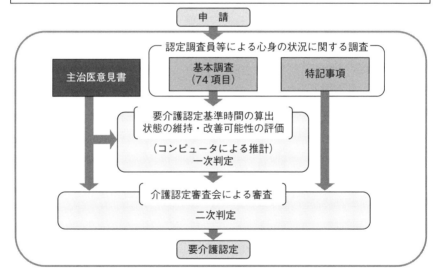

（出所）　厚生労働省老健局「介護保険制度の概要」令和3年5月。

合は、都道府県の**介護保険審査会**に不服申し立てを行うことができる。

　支給限度額を超えるサービスを利用した場合は、超える分の費用は全額利用
者負担になる。

ケアマネジメントとケアプラン

　このようないわば予算枠の中でサービスを組み合わせて、パッケージを作

る。このプロセスを一般的に**ケアマネジメント**と言い、これらサービスのパッケージを**ケアプラン**（介護保険法上は介護サービス計画）と言う。

　ただしそうすると、予算枠の範囲内で、必要がなくてもサービスを目一杯「詰め込む」という懸念もあるが、後で見るように、利用したサービスに応じて利用者負担を支払う必要があるので、過剰なサービス利用には一定の歯止めがかかるようになっている。

　逆に予算枠を超えてサービスを利用したい場合には、すでにふれたように保険外として自己負担で利用することができる。医療保険のように、1つでも保険外の内容が混じると、全体にまったく保険が適用されなくなるというようなことはない。

　このケアマネジメントにおいて、中心的な役割を果たすのが、**ケアマネジャー**（介護保険法上は介護支援専門員）である。なおケアプランを作成せずに、介護保険によって居宅サービスを利用することも可能である。

3.5　介護保険の保険給付──費用の支給と代理受領

　介護保険の給付は、法律的にはあくまで要介護者（被保険者）本人に対して介護にかかる**費用が支給される**形になっており、それを介護事業者が**代理受領**するという構成になっている（介護保険法第41条6項・7項がこれを規定している）。

　医療サービス（傷病の治療）であれば、「オプティマム＝必要十分」というのが観念できるし、家族自身が治療自体を行う余地はないが、介護では「オプティマム＝必要十分」、言い換えれば「これで全部」というのは観念がしづらい。また要介護者に提供されるサービスの中には、家族による介護を含めて保険外のものが混じることもあるため（家族は一切手を出すなというわけにもいかない）、制度としては原則としてこのように介護費用の一部が本人に**償還される**形で構成されているものと理解できる（医療保険における高度先進医療などの保険外併用療養費と同様の形だと言える）。

　それは単なる金銭給付とは違う。つまり要介護状態になったこと自体に対して支払われるのではない（そのことから、家族介護に対しては給付が行われないものとも理解できる）。これに対して民間保険会社による介護保険商品では、

> ### COLUMN　家庭内介護の困難
>
> 　介護保険制度は社会に定着してきたものの、家庭内での介護にも引き続き依拠する部分が小さくないことに伴って、老老介護や介護離職、介護心中などをはじめとする家庭内介護にかかる問題もしばしば報じられている。
>
> 　最近、特に議論を呼んだのが、2007年の名古屋での鉄道立ち入り事故である。すなわち認知症高齢者が線路内に立ち入り、列車と衝突して死亡した事案において、列車の運行に支障をきたしたことから鉄道会社から高齢者を介護していた家族に対して賠償請求がされ、一審、二審では請求が一定程度認められたことから、大きな議論を呼んだ（二審は名古屋高裁平成25年8月9日判決、判例時報2202巻68頁以下）。鉄道会社に損害が発生しているのは確かであるが、その負担を家族に負わせることについては否定的な論調が強く、家族介護の難しさが改めて浮き彫りになった。その後、最高裁平成28年3月1日判決は家族の賠償責任を否定した。
>
> 　ただこの事案では、鉄道会社から家族への請求ということで、家族の苦境が目立つことになっていたが、被害をこうむるのは鉄道会社のような「強者」とはかぎらず、自身の損害を含め、問題は多様な形で起こりうる点に注意を要する。
>
> 　この観点からとりわけ深刻化してきているのが、認知症高齢者の運転による交通事故であり、これについても賠償責任が家族に及ぶことがありえよう。

要介護状態となったこと自体で支払われることがある。

　もっとも実際的には上記の代理受領の仕組みにより、介護保険も多くの場合、医療保険のように、実質的には現物給付化されている。ただしこの償還払いは、法律上の原則であるのにとどまらず、現実にいろいろ行われている。例えば要介護認定より前の緊急でのサービス利用や、ケアプランを作成していない場合、福祉用具購入や住宅改修の場合等々である。

　なおすでに見たように、利用限度内で要した費用の全部ではなく、その原則9割（〜7割）が支給され、残りは利用者負担になる。

3.6　介護保険制度の利用者負担（一部負担）　————————●

　原則9割（〜7割）が給付（償還）されるということは、残りは利用者が負担することを意味している。つまり介護保険では原則1割（高所得者は2〜3

図6-6 介護保険給付における利用者負担

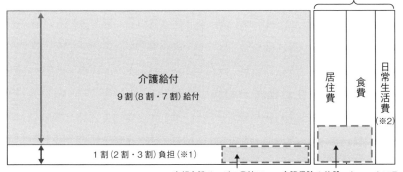

※白色の部分が自己負担
施設サービス利用時

介護給付
9割（8割・7割）給付

居住費

食費

日常生活費（※2）

1割（2割・3割）負担（※1）

高額介護サービス費等に
よる負担の軽減

介護保険3施設・ショートステイ
においては、「補足給付」による居
住費、食費の軽減

(注) ※1 居宅介護支援は全額が保険給付される。
「合計所得金額160万円以上」かつ、「年金収入＋その他合計所得金額280万円以上（単
身世帯の場合。夫婦世帯の場合346万円以上）」の場合は、2割負担となる。
「合計所得金額220万円以上」かつ、「年金収入＋その他合計所得金額340万円以上（単
身世帯の場合。夫婦世帯の場合463万円以上）」の場合は、3割負担となる。
※2 日常生活費とは、サービスの一環で提供される日常生活上の便宜のうち、日常生活で
通常必要となる費用。（例：理美容代、教養娯楽費用、預かり金の管理費用など）
(出所) 厚生労働省老健局「介護保険制度の概要」令和3年5月。

割）が**利用者負担**である。これは医療保険の患者窓口負担に対応している。

なお、ケアプランを策定するケアマネジメントについては、一部負担は要せ
ず、全額が保険給付される（これについても他のサービスと同様に、利用者負
担を求めるようにすべきだとの議論もある）。

また月々の介護サービス費の利用者負担額が、上限額を超えた場合には、そ
の超えた分が、高額介護サービス費として払い戻される。これは医療保険にお
ける高額療養費と同様の仕組みである。一般的な所得の場合には、世帯として
の負担の上限は月4万4,400円であるが、所得水準により細かく負担上限は分
けられている。

さらに別途、医療費の自己負担と合算して限度額が判定される（高額医療・
高額介護合算療養費）。その基準は細かく定められているが、75歳以上では年
間56万円が上限額の基本となっている。

　なお施設における食費および居住費については、いわばどこで生活していても かかる費用なので、2005年（平成17年）の改正により利用者が負担すること となっているが、低所得者については、その負担軽減の仕組みがとられている。すなわち標準的な費用の額と負担限度額の差額が、介護保険から特定入所者介護サービス費として給付される。これは**補足給付**と呼ばれる（なお2014年の改正により、その要件として資産等も勘案されることになった）。

3.7　介護保険と生活保護の関係

　40歳〜64歳で、生活保護を受けていると、医療保険の被保険者とならないことから、すでに見たようにその仕組みと連動している介護保険でも被保険者とはならない。そこで介護サービスを利用する必要が生じた場合には、生活保護（介護扶助）により、介護サービスを利用することになる。

　他方、65歳以上で、生活保護を受けている場合は、介護保険には加入し、その保険料が別途生活保護から（生活扶助として）支給される。そして実際に介護保険により介護サービスを利用する場合には、そこでの利用者負担について、別途、生活保護から（介護扶助として）支給される。これは二度手間とも言えるが、はじめから生活保護の受給者を制度から排除しない工夫でもある。

3.8　介護保険制度のサービスの種類

介護給付、予防給付、特別給付

　介護保険法上、保険給付としては、介護給付、予防給付、市町村特別給付の３つとされている（介護保険法第18条）。このうち最後の市町村特別給付は、要介護状態等の軽減または悪化の防止に資する保険給付として条例で定めるものであり、各自治体が独自に実施できる。

　具体的には介護保険法上の介護給付の種類は、居宅介護サービス費、居宅介護サービス計画費、施設介護サービス費、地域密着型介護サービス費等の13種類に分かれており、すでに見たように費用の支給という形で規定されている。

　また介護保険で利用できるサービスの種類は、その態様から大きくは、在宅介護で利用するサービス、施設の利用、その他のサービスの３つに大別できる。

介護保険による在宅サービス

介護保険制度が始まった段階では、特に**在宅サービス**（法律では「居宅サービス」と言われる）が重視された。これは要介護状態になったら施設や病院に「放り込んでしまう」のではなくて、なるべく最後まで住み慣れた自宅で過ごしてもらう、またその支援を行うという考え方である。

在宅サービスの中でも、ホームヘルプ（訪問介護。ホームヘルパーが要介護者の居宅を訪問して、家事援助や身体介助等を行う）、デイサービス（通所介護。老人デイサービスセンター等での日中の預かり）、ショートステイ（短期入所生活介護。老人短期入所施設や特養等への短期間の入所）が「三本柱」と言われた。このうちデイサービスとショートステイは、施設を使っての介護サービスであるが、在宅での介護を一時的に支援するという意味合いから、在宅サービスと位置づけられている。

ほかに在宅サービスとしては、訪問看護や訪問リハビリテーション、福祉用具の貸与（車いすや介護ベッドなど）その他がある。

そしてそれらサービスの供給を確保し、また多様なものとするために、自治体や社会福祉法人に加えて、民間営利事業者や、NPO法人などもサービスを提供できるようになっている。

介護保険による施設サービス

施設サービスとしては、いわゆる特養（**特別養護老人ホーム**。寝たきりや認知症のために常時介護が必要で、自宅での生活が困難な人を対象に生活全般の介護を行う。介護保険法上は「介護老人福祉施設」と言う）への入所が代表的である。ほかに在宅との中間的な施設である老人保健施設（病状が安定期にあり入院治療の必要はないが、看護・介護・リハビリを必要とする要介護状態の高齢者を対象に、慢性期医療と機能訓練によって在宅への復帰を目指す。介護保険法上は「介護老人保健施設」と言う）、介護医療院（日常的な医学管理や看取り・ターミナル等の機能と生活施設としての機能とを兼ね備えた新たな介護保険施設）等がある。

特に特養については入居希望者も多く、すでに見たように「順番待ち」の状態であり、2014年には特養への新規の入居は原則として要介護度3以上に限定

図6-7　介護サービスの種類

都道府県・政令市・中核市が指定・監督を行うサービス		市町村が指定・監督を行うサービス
介護給付を行うサービス	◎居宅サービス 【訪問サービス】 ○訪問介護（ホームヘルプサービス） ○訪問入浴介護 ○訪問看護 ○訪問リハビリテーション ○居宅療養管理指導 ○特定施設入居者生活介護 ○福祉用具貸与 ○特定福祉用具販売 ◎施設サービス ○介護老人福祉施設 ○介護老人保健施設 ○介護療養型医療施設 ○介護医療院 【通所サービス】 ○通所介護（デイサービス） ○通所リハビリテーション 【短期入所サービス】 ○短期入所生活介護 　（ショートステイ） ○短期入所療養介護	◎地域密着型介護サービス ○定期巡回・随時対応型訪問介護看護 ○夜間対応型訪問介護 ○地域密着型通所介護 ○認知症対応型通所介護 ○小規模多機能型居宅介護 ○認知症対応型共同生活介護 　（グループホーム） ○地域密着型特定施設入居者生活介護 ○地域密着型介護老人福祉施設入所者生活介護 ○複合型サービス 　（看護小規模多機能型居宅介護） ◎居宅介護支援
予防給付を行うサービス	◎介護予防サービス 【訪問サービス】 ○介護予防訪問入浴介護 ○介護予防訪問看護 ○介護予防訪問リハビリテーション ○介護予防居宅療養管理指導 ○介護予防特定施設入居者生活介護 ○介護予防福祉用具貸与 ○特定介護予防福祉用具販売 【通所サービス】 ○介護予防通所リハビリテーション 【短期入所サービス】 ○介護予防短期入所生活介護 　（ショートステイ） ○介護予防短期入所療養介護	◎地域密着型介護予防サービス ○介護予防認知症対応型通所介護 ○介護予防小規模多機能型居宅介護 ○介護予防認知症対応型共同生活介護 　（グループホーム） ◎介護予防支援

(注)　このほか、居宅介護（介護予防）住宅改修、介護予防・日常生活支援総合事業がある。
(出所)　厚生労働省老健局「介護保険制度の概要」令和3年5月。

する法改正が行われた。

　なお、いわゆる有料老人ホーム（一時金で購入するもの）においても、介護保険は利用できるが、その場合には、有料老人ホームはそれを購入した人のいわば「自宅」なので、在宅サービスの利用という位置づけになり、特定施設入居者生活介護という種類になる。

介護保険によるその他のサービス

　また近年では、「その他」に分類されるような、多種多様な内容が現れている。かつては要介護にはなっていない要支援者への予防給付が注目されたが、最近では特に2005年（平成17年）改正により創設された**地域密着型サービス**、すなわち認知症対応型共同生活介護（グループホーム）や巡回型の訪問介護等

に力が入れられてきた。これは認知症高齢者や一人暮らし高齢者の増加などを踏まえて、できるかぎり住み慣れた地域での生活を継続できるようにするという趣旨であり、地域における総合的・包括的なマネジメントの一環として位置づけられている。

この地域密着型サービスについては、市町村長が指定権限を有しており、原則としてその市町村の被保険者のみが利用可能で、地域の実情に応じた弾力的な基準や報酬などの設定が可能である。

また後述するように、より広く、地域において保健医療介護等の連携を図る**地域包括ケアシステム**の構築が目指されている。

3.9　介護保険制度の地域支援事業

上記とは別に、介護が必要な状態となる前から介護予防を推進するとともに、高齢者が地域において自立した生活を継続できるように、地域における包括的・継続的なマネジメント機能を強化する観点から、2005年（平成17年）改正により市町村が実施する**地域支援事業**が創設されており、その実施機関として**地域包括支援センター**がある。

地域支援事業は2011年（平成23年）の改正と医療介護総合確保推進法により、後述する地域包括ケアシステムの中で拡充された。すなわち新しい介護予防・日常生活支援総合事業として、在宅医療・介護連携の推進などの地域支援事業の充実とあわせて多様化が図られた。

特に全国一律の予防給付として提供されていた訪問介護・通所介護はこの地域支援事業に移行して、住民等が参画するような多様なサービスを市町村が総合的に提供可能な仕組みが目指されている（もっともこれらが実質的な給付抑制につながるとの指摘もある）。

3.10　介護報酬

事業者が利用者に介護サービスを提供した場合に、その対価として保険者から事業者に支払われる費用を**介護報酬**と言う。医療保険における診療報酬に対応するものである。介護報酬は、サービスごとに設定されており、各サービスの基本的なサービス提供にかかる費用に加えて、各事業所のサービス提供体制

や利用者の状況等に応じて、加算・減算される仕組みになっている。

　具体的には、介護給付費単位数表に基づいて報酬が定められる。報酬単価は単位で評価され、1単位が原則10円であるが、地域による差も設けられている。この単位数表は、厚生労働大臣が社会保障審議会介護給付費分科会の意見を聴いて定め、原則として3年に1回改定される。

　これらにより、実際には非常に複雑なのだが、例えば訪問入浴サービス1回が約1万2,000円であるとか、特養に入所する要介護3の方の場合は1日当たり約7,000円であるとかという形で、介護報酬が決まっている。

　その7〜9割が保険者から支払われ、残り1〜3割は利用者負担になる。

4 介護保険制度の歴史と政策動向

4.1　介護保険制度の創設以前

　この介護問題については、かつては老人福祉法に基づく老人福祉制度と、老人保健法に基づく老人医療の領域で対応されていた。

　すなわち1つには、低所得者を中心的な対象として、施設に入居してもらうことを中心に、社会福祉の領域で税財源の施策として対応されていた。これは**措置制度**と呼ばれ、市町村が、必要と認められる人に対して、必要な福祉サービスを決定し、行政処分に基づいていわば一方的に提供するという仕組みである。そこではサービス利用の権利性に乏しく、利用者にとってはサービスを選択することができず、利用しにくいものだった。1990年代以降には高齢者保健福祉推進10カ年戦略（いわゆるゴールドプラン）によって、介護施設等の基盤整備が進められてきたが、需要を満たすには至っていなかった。

　他方、医療分野では、実際には治療で「直る」わけではないのだが、介護を要する高齢者を「入院させておく」ということがしばしば行われてきた。これは**社会的入院**と言われ、医療機関を介護施設としていわば代用するものである。家族としても、病院に預けておけばラクで安心ではあるが、医療機関を要介護高齢者の生活の場とするのは無理が大きい。病院からの退院を促進するた

めに、病院と在宅の中間に位置する老人保健施設が創設されたり（1986年）、療養環境を改善するために療養型病床群が設定されたり（1992年）したものの、抜本的な解決には至っていなかった。

そしてこれらで対応しきれない部分は家族が負っていたところ、これは要介護リスクという人間なら誰でもかかえているリスクだということが認識される中で、日本でも検討が本格化したのである。

4.2　介護保険制度創設の経緯と意義

介護保険制度の検討は、1994年に厚生省内に高齢者介護対策本部が設置され、「高齢者介護・自立支援システム研究会」の報告書が取りまとめられたことを機として本格化した。その後、1996年の老人保健福祉審議会の報告を経て、介護保険関連法案が国会に提出され、1997年の12月に可決・成立し、公布された。施行は2000年4月1日とされた。

この介護保険の創設趣旨については、以下の4点が掲げられた。すなわち第1に介護の社会化（介護問題を社会全体で支える）、第2に社会保険方式の導入（給付と負担の明確化）、第3に利用者本位のサービス利用システムの創設、第4に社会保障構造改革の第一歩としての位置づけである。

その理念は、介護保険法の第1条に結実している。少し長いが、以下のとおりである。

　「この法律は、加齢に伴って生ずる心身の変化に起因する疾病等により要介護状態となり、入浴、排せつ、食事等の介護、機能訓練並びに看護及び療養上の管理その他の医療を要する者等について、これらの者が尊厳を保持し、その有する能力に応じ自立した日常生活を営むことができるよう、必要な保健医療サービス及び福祉サービスに係る給付を行うため、国民の共同連帯の理念に基づき介護保険制度を設け、その行う保険給付等に関して必要な事項を定め、もって国民の保健医療の向上及び福祉の増進を図ることを目的とする。」

制度全体としては、税財源ではなく、上記のように社会保険方式を取るものとされた。これはすでに制度が先行して発足していたドイツに範を取ったものである。ただしすでに見たように、財源には少なからず公費も投入されてい

る。またケアマネジメントの部分を含め、ドイツとは異なる仕組みもいろいろ取り入れられている。

4.3　その後の介護保険制度の改正の経緯 ─────────●

　介護保険制度の創設後も、何度か大きな制度改正が行われてきている。

　まず2005年（平成17年）の法改正においては、介護予防に重点を置いて、予防重視型システムへの転換が標榜された。また施設給付の見直しがされて、食事、居住費が保険給付の対象外となり、あわせて低所得者への措置が取られた。さらに地域密着型サービス、地域包括支援センターが創設された。

　2008年（平成20年）の法改正においては、社会問題となった前年のコムスンの介護報酬不正請求の問題を契機として、介護サービス事業者の法令遵守等の業務管理体制の整備が図られた。

　2011年（平成23年）の法改正においては、高齢者が地域で自立した生活を営めるように、地域包括ケアシステムの推進が標榜された。あわせて介護職員によるたん吸引等が認められるようになった。

　2014年（平成26年）の法改正においては、地域包括ケアシステムの構築に向けて、地域支援事業の充実（全国一律の予防給付（訪問介護・通所介護）を市町村が取り組む地域支援事業に移行し、多様化する）、サービスの重点化・効率化が図られた。特に特養の新規入所者については、要介護3以上に限定した。あわせて費用負担の公平性として、第1号被保険者の保険料設定をより細かく段階化し、またこれまで一律1割であった利用料について、65歳以上で一定以上所得があり、相対的に負担能力があるものについては2割とされる。また低所得の施設利用者の食費・居住費を補填する補足給付の要件に資産等も勘案されることになった（これらは2015年4月以降、順次、施行されている）。

　2017年（平成29年）の法改正においては、特に所得の高い層の一部負担の割合が3割とされ（ただし月額4万4,400円の負担の上限あり）、また日常的な医学管理や看取り・ターミナルケア等の機能と生活施設としての機能とを兼ね備えた新たな介護保険施設である「介護医療院」が創設された。

　制定当時は比較的シンプルだった介護保険制度も、現在ではかなり複雑なものとなっている。それは社会保障制度の宿命と言うべきかもしれない。以下で

は近時の政策動向として、特に超高齢社会における介護を考えるうえでのポイントになるとされる地域包括ケアシステムについて、項を改めて取り上げておきたい。

4.4　地域包括ケアシステム

　介護については、医療との連携がかねてより課題となっている。そもそも医療と介護とは似ている面もあり、逆に介護は定義も明確ではなく、実際的にも重なり合う場面も多い。例えば介護を「ケア」、医療を「キュア」と呼ぶとしても、両者の分水嶺は明確ではない。

　他方で、担い手は明確に分かれており、制度的にも見てきたように、医療保険と介護保険は別である。したがって実際的な連携をどう図るかが課題となり、すでに見たように介護保険法第1条では、これらの連携を謳っていた。

　そこで近時、この実際的な連携を目指して、特に強調されているのが地域包括ケアという考え方であり、これは2011年（平成23年）、2014年（平成26年）の介護保険法改正でも大幅に取り入れられるに至っている。

　すなわち2025年を目途に、高齢者の尊厳の保持と自立生活の支援の目的の下で、可能なかぎり住み慣れた地域で、自分らしい暮らしを人生の最後まで続けることができるよう、地域の包括的な支援・サービス提供体制（地域包括ケアシステム）の構築が推進されている。

　その目的に向けて、医療介護総合確保推進法第1条では「地域包括ケアシステム」について、「医療、介護、介護予防（要介護状態若しくは要支援状態となることの予防又は要介護状態若しくは要支援状態の軽減若しくは悪化の防止をいう。）、住まい及び自立した日常生活の支援が包括的に確保される体制」と定義している（介護保険法の第5条3項にもその趣旨が規定されている）。

　地域包括ケアシステムは、保険者である市町村や都道府県が、地域の自主性や主体性に基づき、地域の特性に応じて作り上げていくことが必要とされる。これは具体的には、前述した医療介護総合確保推進法第1条に集約されているように、5つの構成要素からなるとされる。

　第1に、「住まいと住まい方」である。生活の基盤として必要な住まいが整備され、本人の希望と経済力にかなった住まい方が確保されていることが地域

図6-8　地域包括ケアシステムの構築について

○団塊の世代が75歳以上となる2025年を目途に、重度な要介護状態となっても住み慣れた地域で自分らしい暮らしを人生の最後まで続けることができるよう、医療・介護・予防・住まい・生活支援が包括的に確保される体制（地域包括ケアシステム）の構築を実現。
○今後、認知症高齢者の増加が見込まれることから、認知症高齢者の地域での生活を支えるためにも、地域包括ケアシステムの構築が重要。
○人口が横ばいで75歳以上人口が急増する大都市部、75歳以上人口の増加は緩やかだが人口は減少する町村部等、高齢化の進展状況には大きな地域差が生じている。
○地域包括ケアシステムは、保険者である市町村や都道府県が、地域の自主性や主体性に基づき、地域の特性に応じて作り上げていくことが必要。

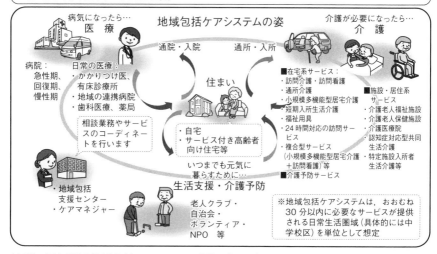

（出所）　厚生労働省「地域包括ケアシステムの構築に向けて」。

包括ケアシステムの前提であり、高齢者のプライバシーと尊厳が十分に守られた住環境が必要だとされる。

　第2に、「生活支援・福祉サービス」である。心身の能力の低下、経済的理由、家族関係の変化などでも尊厳ある生活が継続できるよう生活支援を行う。生活支援には、食事の準備など、サービス化できる支援から、近隣住民の声かけや見守りなどのインフォーマルな支援まで幅広く、担い手も多様となる。生活困窮者などには、福祉サービスとしての提供も行われる必要がある。

　これらを大きな前提として、第3・第4・第5に、「介護・医療・予防」が位置づけられる。すなわち個々人のかかえる課題にあわせて「介護・リハビリテーション」「医療・看護」「保健・予防」が専門職によって提供される（有機

的に連携し、一体的に提供する）。ケアマネジメントに基づき、必要に応じて生活支援と一体的に提供される必要がある。

　そしてこれら全体を、「本人・家族の選択と心がまえ」が支えるものとされる。単身・高齢者のみ世帯が主流になる中で、在宅生活を選択することの意味を、本人・家族が理解し、そのための心がまえを持つことが重要だとされる。

　特に都市部とそれ以外とは、異なる対応が求められていることから、自治体の先進事例を参考としながらの展開が企図されている。

5　介護保険制度の課題

5.1　介護保険制度の諸課題

　介護および介護保険制度についても、社会保険の他の制度と同様に課題が山積している。その時々で、様々な点が表面化して大きな議論や社会問題となるが、ここでは制度創設以来、長く議論されている課題を中心にいくつかだけを取り上げたい。

5.2　介護保険制度における被保険者の範囲

　介護保険制度の創設当時から議論されている問題の1つが、**障害者福祉制度**との関係、すなわちこれらを制度的に統合すべきかどうかという問題である。

　実際、利用するサービスの種類は共通する部分は小さくない。また要介護という状態と、障害との類似性からも、統一的に扱うのが望ましいとの指摘もある。他方、似ている部分があるとしても、主たる対象の年齢層の違いは大きく、それに起因する性格の差を強調すべきだとの指摘もある。

　ただ実際的には障害者福祉制度のほうが、給付が充実しているところがあることから、統合すると「低いほうにそろえる」ことになるとの懸念もあり、統合されずに今日に至っている。他方、障害者福祉制度のほうも、いわゆる支援費制度、自立支援制度を経て、今日では障害者総合支援法により体系化されていることから、両者の距離は大きくなっているとも言える。

　この点は介護保険の性格、すなわち保険料を払っても、給付される可能性が必ずしも大きくはないことも関係している。医療保険であれば、生涯まったく利用しないということはほぼありえないが、介護保険の場合には、生涯まったく利用せず、いわゆる「掛け捨て」となる可能性もある。それが悪いというわけではないのだが、そのため保険料の拠出を求める被保険者年齢も、そう簡単には拡大しづらいところがある。

5.3　介護保険制度におけるサービスの質の問題（供給問題）──●

　介護保険制度が創設された当初から、「保険あって介護（サービス）なし」になるのではないかという懸念は呈せられてきた。実際には一定程度のサービス市場は整備されて、多くの国民が介護サービスを利用するに至っている（例えば以前には町の中で介護事業所を見かけることは稀だった）。しかしサービス供給をめぐる問題は、様々な形で現れている。

　特に居宅サービスについては、多様なサービスの提供を確保するために、**民間営利法人**等も基準に合致していれば、指定居宅サービス事業者として都道府県の指定を受けることができることになっている。しかしその中でもコムスンの不正請求問題に象徴されるように、営利追求が前面に出るための弊害も見られ、すでに見たように2008年（平成20年）の法改正で対応を迫られた。

　他方、特養などの施設については、今のところ民間営利企業の参入は許されていない。規制緩和のテーマとして議論されることもあるが、民間営利企業による経営が認められていない大きな理由の1つは、介護施設の場合、経営の安定が強く求められるためである。

　つまりホームヘルプ・サービスなどの居宅サービスであれば、1つの会社が仮に経営破綻してしまっても、別のところからホームヘルパーに来てもらうなどの代替措置を取ることはできるのだが、老人ホームのような施設の場合には破綻してしまうと入居者は行き場を失い、深刻な事態になる。もっとも有料老人ホームでは、そういうことが現実に起きている。

　他方、やはりすでに見たように、その中では特に特養への入所希望の需要に対応しきれずに、いわゆる特養の待機問題が深刻になっている。また介護領域全般での人手不足も深刻である。厳しい仕事に対して、低賃金が指摘されてお

り、介護人材の確保が急務となっている。

　さらに施設での事故や虐待の事件もしばしば問題となる。これらは被害者たる利用者のみならず、施設や職員にとってもリスク・マネジメントを迫られる、深刻な問題である。

5.4　家族介護への現金給付

　介護保険では、家族自身が行っている介護についての保険給付はない。

　この点は制度創設当時から議論がある。同じ要介護状態なら、外部サービスを利用しない場合でも、何らかの支給（現金給付等）があるのが公平であり、家族介護にも報いるべきだとの主張と、そうすると家族（特に女性）による介護を固定化してしまうとの主張が対峙している。

　そもそも家族介護を外部サービスに置き換えるために介護保険は作られたという経緯、また外部サービスの利用を前提として、その費用を償還するという制度の法的構成からは、現行制度が家族介護への現金給付を行っていないことは理解可能であるが、実態として家族介護を外部サービスに置き換えきれていないことからすると、課題を残している（実際的な対応として、一定の要件の下に自治体から「家族介護慰労給付金」が支給されている）。

　もし家族介護に対しても、何らかの給付を行うとすれば、それは要介護状態になったこと自体に着目したものか、それとも家族による介護労働に着目したものか、その性格を位置づける必要があるだろう。なお介護負担に伴ういわゆる機会費用については、すでに一部は雇用保険で対応されている。

キーワード

介護保険　要介護認定　介護報酬　認知症　施設サービスと在宅サービス
償還払い　ケアプラン　一部負担　地域包括ケア　家族介護

復習問題

1　介護保険の保険者は□□□□である。

2　介護保険の第1号被保険者の保険料は、□□□□が一定額以上の場合、そこから天引きされる。

3　介護保険の第2号被保険者は□□□□歳以上の医療保険加入者である。

4　介護保険の給付は、法律上は [　　　] の支給になっている。

5　要介護認定においては、その家族状況は勘案され [　　　]。

6　介護保険財政の [　　　] 割を公費が賄っている。

7　介護保険の給付は事業者が [　　　] 受領する。

8　デイサービスやショートステイは [　　　] サービスに分類される。

9　ケアマネジメントについては、一部負担の対象になって [　　　]。

10　介護保険が創設される前は、介護サービスは [　　　] により提供されていた。

練習問題

1　介護保険制度について、医療保険制度と比べて、その仕組みや考え方がどのように異なっているかを整理し、現在の役割分担と、あるべき役割分担についての考えをまとめなさい。

2　「要介護リスク」の特性について、他の社会保険がカバーしているリスクと比較しつつ述べてください。

3　介護保険と生活保護の関係について、場合を分けて説明してください。またそのような仕組みはどう評価できるでしょうか。

4　地域における介護の展開を重視する近時の政策について説明するとともに、自身で評価してみてください。

5　介護保険制度は、誰のための制度だと言えるでしょうか。法律に書いてあること、書いてないことを含めて、多角的に考えてみてください。

Further Readings

上野千鶴子『ケアの社会学——当事者主権の福祉社会へ』太田出版、2011年

堤修三『介護保険の意味論——制度の本質から介護保険のこれからを考える』中央法規出版、2010年

二木立『介護保険制度の総合的研究』勁草書房、2007年

増田雅暢『逐条解説　介護保険法〈2016改訂版〉』法研、2016年

三好春樹『介護のススメ！——希望と創造の老人ケア入門』ちくまプリマー新書、2016年

第7章 障害者施策

本章では、障害者施策を取り上げる。障害者施策は、障害者が自立して社会参加することを支援する様々な施策を指す。これらの支援策の対象となる障害者は、法律上の定義によって画されている。第1節で障害者施策の意義を、第2節で障害者施策の実態をそれぞれ説明する。

障害者の自立と社会参加を支援するための施策は、従来、福祉サービスを中心に説明されてきた。障害者の福祉サービスは、自立した日常生活を営むことを支援する介護だけでなく、社会生活に参加することを支援する訓練も含む。これらの福祉サービスは、「措置から契約へ」の制度改革を経て、主に自立支援給付によって保障されている。しかし、障害者の自立と社会参加を支援するためには、福祉サービスにとどまらず、障害年金などの所得保障や割当雇用などの雇用促進も重要である。第3節で、障害者施策の仕組みを説明する。

近年、国連の障害者権利条約を締結するため、差別禁止が導入され、障害者施策は、差別のない共生社会に向けて新たな動きを見せている。第4節で障害者施策の歴史と動向を、第5節で障害者施策の課題をそれぞれ説明する。

【キーワード】
障害者の定義　障害者手帳　自立支援給付　地域生活支援事業
障害年金　障害者手当　割当雇用　障害者権利条約
差別禁止

1　障害者施策の意義

1.1　障害者施策の概念

　障害者施策とは、障害者の自立と社会参加を支援するための施策である。なぜなら、障害者は心身の機能の障害によって日常生活や社会生活に制限を受けているので、自立と社会参加に関わる幅広い分野が障害者施策の対象となるからである。したがって、障害者施策は、①医療・福祉サービス、②所得保障、③雇用促進、④障害児に対する教育、⑤施設のバリアフリー化を含み、社会保障に限られない。本章では、障害者が自立した日常生活と社会生活を営むことを支援する福祉サービス、障害者が自立した生計を維持することを支援する所得保障、障害者が職業生活に参加することを支援する雇用促進を取り上げる。

　障害者施策は、すべての者が障害の有無によって分け隔てられることなく**共生する社会**を実現することを目的としている。共生社会を実現するための**基本原則**として、障害者基本法は、①障害者があらゆる分野の活動に参加する機会を確保されること、②障害者が地域社会において他の者と共生することを妨げられないこと、③障害者が意思疎通のための手段を選択する機会を確保されること、④何人も障害者に対して障害を理由とする差別をしてはならないこと、⑤社会的障壁の除去の実施について必要かつ合理的な配慮がされなければならないことを規定している。そうすると、障害者は、保護がなされる客体ではなく、他の者と等しく基本的人権を享有する個人として、必要な支援を受けながら自己決定に基づき社会参加する主体ととらえられている。障害者施策は、これらの基本原則に則っていなければならない。近年では、**障害者権利条約**という国際人権規範に基づく**差別禁止**の国内法制化が課題であった（➡ 4.2）。

　障害者施策の基本方針として、障害者基本法は、①障害者施策が、障害者の性別、年齢、障害の状態、生活の実態に応じて策定・実施されなければならないこと、②国と地方公共団体が障害者施策を講ずるにあたっては、障害者その他の関係者の意見を聴き、その意見を尊重するよう努めなければならないことを規定している。

1.2　障害者の定義

　障害者の定義は、時の流れの中で変わりうる。2011年（平成23年）改正前の障害者基本法において、障害者とは、身体障害、知的障害または精神障害があるため、継続的に日常生活または社会生活に相当な制限を受ける者と定義されていた。この定義は、障害者が直面する問題は健康状態から直接に生じるので、障害者個人に対する医療や訓練によって問題解決が図られるという「**医学モデル**」を前提としている。しかし、障害者が直面する問題は、個人的要因だけに起因するのではなく、社会における様々な障壁、例えば周囲の人の差別や偏見・誤解によって生じるので、問題解決のためには、社会的障壁を取り除くこと、例えば差別を禁止することも必要である。障害者の直面する問題は社会的要因に起因するという「**社会モデル**」を取り入れるため、2011年改正によって障害者基本法における障害者の定義が見直された（➡COLUMN）。

　現在の障害者基本法において、**障害者**とは、身体障害、知的障害、精神障害（発達障害を含む）その他の心身の機能の障害がある者であって、心身の機能の障害と社会的障壁により継続的に日常生活または社会生活に相当な制限を受ける状態にある者と定義されている。**社会的障壁**とは、社会における事物、制度、慣行、観念その他一切のものと定義されているので、①物理的なバリア、②制度的なバリア、③文化・情報面のバリア、④意識上のバリア（心の壁）を含む。心身の機能の障害には、難病も含まれる。

　障害者施策の対象となる障害者は、個別法の目的・内容に応じて異なる。例えば、**福祉サービスの対象となる障害者**とは、障害者総合支援法において、身体障害者福祉法に規定する身体障害者、知的障害者福祉法にいう知的障害者、精神保健福祉法に規定する精神障害者（発達障害者を含む）または難病患者と定義されている。このうち、**身体障害者**とは、身体障害者福祉法において、同法別表に掲げる身体上の障害がある者であって、身体障害者手帳の交付を受けた者と定義されている。ここでの身体上の障害は、①視覚障害、②聴覚または平衡機能の障害、③音声機能、言語機能または咀嚼機能の障害、④肢体不自由、⑤心臓、腎臓または呼吸器の機能の障害、⑥膀胱または直腸の機能の障害、⑦小腸の機能の障害、⑧ヒト免疫不全ウイルスによる免疫の機能の障害、

COLUMN 障害の概念と表記

　障害者権利条約は、その前文で、障害が発展する概念であり、障害が、機能障害を有する者とこれらの者に対する態度・環境による障壁との間の相互作用であって、これらの者が他の者との平等を基礎として社会に完全かつ効果的に参加することを妨げるものによって生じるとしている。障害を機能障害と社会的障壁との間の相互作用によって生じるものととらえる見方は、2001年（平成13年）に世界保健機関（WHO）で採択された国際生活機能分類（ICF）に端を発する。ICF は、人の生活機能を心身機能・身体構造、活動、参加に分類することで障害をとらえようとするものである。ICF では、障害は、機能障害、活動制限、参加制約のすべてを含み、健康状態と環境因子との間の相互作用によって生じると理解されている。その意味で、ICF は、障害を個人の問題としてとらえる医学モデルと、障害を社会によって作られた問題とみなす社会モデルを統合するアプローチを採用している。2011年（平成23年）改正後の障害者基本法による障害者の定義も、このアプローチの延長線上にある。

　また、障害の表記について、「害」に否定的なイメージがあるとして、「障碍」や「障がい」という表記が用いられることがある。このうち、「碍」は障壁を意味することから、「障碍」という表記を支持する立場がある。しかし、「碍」は常用漢字にはいっていないので、地方公共団体や民間企業の中には、「障がい」というひらがな表記を採用するところがある。他方で、社会モデルの観点から、社会的障壁が改善・解消されるべきことを強調するため、「障害」という表記を支持する立場もある。本章では、法令上の表記との整合性という趣旨から、「障害」という表記を用いている。

---

⑨肝臓の機能の障害を指す。これらの身体上の障害がある者が身体障害者手帳の交付を受ければ（➡ 3.1）、福祉サービスの対象となる身体障害者に当てはまる。

　これに対して、**知的障害者**は、知的障害者福祉法では定義されていない。なぜなら、知的障害の定義やその判断基準が確立していないので、幅広く福祉サービスを行うことが知的障害者福祉法の目的に適合するからである。もっとも、厚生労働省「知的障害児（者）基礎調査」によると、知的障害とは、知的機能の障害が発達期（おおむね18歳まで）に現れ、日常生活に支障が生じてい

るため、何らかの特別の援助を必要とする状態にあるものと定義されている。他方で、**精神障害者**とは、精神保健福祉法において、統合失調症、精神作用物質による急性中毒またはその依存症、知的障害、精神物質その他の精神疾患を有する者と定義されている。したがって、知的障害者と精神障害者が福祉サービスを利用するためには、障害者手帳の交付を受ける必要はない。

　また、**雇用促進の対象となる障害者**とは、障害者雇用促進法において、身体障害、知的障害、精神障害その他の心身の機能の障害があるため、長期にわたり、職業生活に相当の制限を受け、または職業生活を営むことが著しく困難な者と定義されている。この意味での障害者が、雇用分野の差別禁止の対象となる（➡︎4.3）。そのうえで、割当雇用の対象となるのは、原則として障害者手帳の交付を受けた障害者である（➡︎3.3）。

2　障害者施策の実態

　内閣府『障害者白書（令和3年版）』によると、**障害者の総数**は964万7,000人であり、国民の約7.6%が何らかの障害を有している。内訳は、身体障害者436万人、知的障害者109万4,000人、精神障害者419万3,000人である。人口1,000人当たりの人数で見ると、身体障害者は34人、知的障害者は9人、精神障害者は33人となる。また、在宅生活者数と施設入所者数の内訳は、表7-1のとおりである。施設入所者の割合は、身体障害者1.7%、知的障害者12.1%、精神障害者7.2%である。

　厚生労働省「生活のしづらさなどに関する調査（全国在宅障害児・者等実態調査）（平成28年）」によると、**在宅の障害者手帳所持者**は559万4,000人であり、内訳は、身体障害者手帳所持者428万7,000人、療育手帳所持者96万2,000人、精神障害者保健福祉手帳所持者84万1,000人である。他方で、障害者手帳を所持していないけれども、自立支援給付を受給している者は、33万8,000人である。

　厚生労働省「障害福祉サービス等の利用状況について」によると、**福祉サービスの利用者数**は2021年（令和3年）6月で94万1,000人である。内訳は、身

表7-1　障害者数と在宅生活者・施設入所者数（推計）

		総　数	在宅生活者数	施設入所者数
障　害　者		964万7,000人	914万人	50万7,000人
	身体障害者	436万人	428万7,000人	7万3,000人
	知的障害者	109万4,000人	96万2,000人	13万2,000人
	精神障害者	419万3,000人	389万1,000人	30万2,000人

（出所）　内閣府『障害者白書（令和3年版）』。

体障害者22万3,000人、知的障害者42万9,000人、精神障害者27万人である。利用者数のうち、居宅介護が19万1,635人、重度訪問介護が1万1,628人、生活介護が29万5,965人、施設入所支援が12万6,525人、就労移行支援が3万6,114人、就労継続支援A型が7万8,069人、就労継続支援B型が29万4,107人である。

　厚生労働省「社会福祉施設等調査（令和2年）」によると、障害者に施設入所支援などを行う**施設数**は5,556施設である。また、施設以外の**福祉サービス事業所数**のうち、居宅介護事業が2万3,741事業所、重度訪問介護事業が2万1,327事業所である。障害者の居宅介護と重度訪問介護の利用状況は、表7-2のとおりである。

　厚生労働省「障害者雇用実態調査（平成30年度）」によると、従業員5人以上の事業所で**雇用されている障害者数**は82万1,000人であり、内訳は、身体障害者42万3,000人、知的障害者18万9,000人、精神障害者20万人、発達障害者が3万9,000人である。雇用されている障害者の賃金の平均月額は、身体障害者21万5,000円、知的障害者11万7,000円、精神障害者12万5,000円、発達障害者は12万7,000円である。

　厚生労働省「厚生年金保険・国民年金事業年報（令和元年度）」によると、**障害年金の受給者数**は249万7,000人である。このうち、障害基礎年金のみの受給者数は163万5,000人であり、全体の約65％を占めている。障害基礎年金と障害厚生年金を併給している受給者の平均年金月額は12万5,473円であり、障害基礎年金のみの受給者の平均年金月額は7万2,280円である。厚生労働省「障害年金受給者実態調査（令和元年）」によると、障害年金受給者の34％が就労しており、障害年金受給者世帯の年間収入の中央値は193万円である。

表7-2　障害者の居宅介護と重度訪問介護の利用状況（2020年9月）

	居宅介護サービス					重度訪問介護サービス	
	身体介護が中心	通院介護が中心		通院等乗降介護が中心	家事援助が中心		うち移動介護
		身体介護を伴う	身体介護を伴わない				
利用実人員	10万7,069人	2万3,539人	7,707人	2,989人	12万5,473人	2万3,263人	7,295人
訪問回数合計	196万5,996回	7万4,630回	1万8,787回	2万1,759回	116万5,090回	64万4,154回	5万4,340回
利用者1人当たり訪問回数	18.4回	3.2回	2.4回	7.3回	9.3回	27.7回	7.4回

（出所）　厚生労働省「社会福祉施設等調査（令和2年）」。

3　障害者施策の仕組み

3.1　障害者手帳

　障害者手帳は、障害の存在とその程度を証明するとともに、各種の支援策を受けられる地位を付与するものである。ここでの支援策は、福祉サービスに限られず、割当雇用、税金の軽減措置、公共料金の割引など、幅広い分野に及ぶ。ただし、障害者が障害年金を受給するためには、障害年金の障害等級に当てはまる必要がある（➡3.3）ものの、障害者手帳の交付を受ける必要はない。

　身体障害者福祉法は、手帳の交付を受けることを身体障害者の要件と定めた（➡1.2）うえで、**身体障害者手帳**を設けている。身体に障害のある者が身体障害者手帳の交付を受けるためには、医師の診断書を添えて、市町村を通じて都道府県知事に申請する必要がある。この申請に基づいて、都道府県知事が身体障害者福祉法別表に掲げる身体上の障害があるかどうかを審査し、身体障害者手帳の交付を決定する。身体障害者手帳は、市町村を通じて交付され、市町村は、交付時に身体障害者の福祉に関し必要な情報を提供しなければならない。

　身体障害者手帳には、障害の級別が記載される。**身体障害の程度**は、重度のものから1級から7級までに分かれている。7級は、単独では身体障害者手帳の交付対象とならない。身体障害者福祉法施行規則の別表第5号で定められている身体障害者障害程度等級表は、身体の外部障害を身体の機能の障害（例：

視力、聴力、四肢の欠損部分）に着目して整理している一方で、身体の内部障害については、日常生活への制限の度合いに着目している。

　知的障害者福祉法は、知的障害者に対する手帳制度を設けていない。しかし、知的障害者が福祉サービスをはじめとする各種の支援策を受けやすくするため、国は通知によって**療育手帳**を設けており、都道府県は規則や要綱に基づいて療育手帳を交付している。療育手帳の交付手続は、知的障害者が都道府県知事に申請して、都道府県知事が更生相談所における判定結果に基づいて交付を決定する。知的障害の程度は、重度のものからＡ（重度）とＢ（それ以外）に分かれているものの、都道府県は、中度の区分を設けることができる。

　精神保健福祉法は、手帳の交付を受けることを精神障害者の要件と定めていない（➡1.2）けれども、一定の精神障害の状態にあることを証明することで各種の支援策が講じられることを促進するため、**精神障害者保健福祉手帳**を設けている。精神障害者保健福祉手帳の交付手続は、精神障害者（知的障害者を除く）が都道府県知事に申請して、都道府県知事が政令で定める精神障害の状態にあるかどうかを審査して交付を決定する。政令で定める精神障害の状態は、重度のものから1級から3級までの障害等級に当てはまる程度のものであり、日常生活または社会生活への制限の度合いに着目している。

3.2　障害者の福祉サービス

福祉サービスの全体像

　障害者は、自立した日常生活を営むためには、他人による身の回りの介護や身体機能を補う補装具を必要とする。また障害者は、社会生活に参加するために、身体機能・生活能力の向上や就労に向けた訓練を必要とする。これらの福祉サービスを必要とする障害者は、基本的に、**障害者総合支援法**という障害者の日常生活と社会生活を支援する法律に基づく**自立支援給付**の支給を受ける。自立支援給付は、障害者が事業者とサービス利用契約を締結したうえで、サービスに要した費用を支給するものである。自立支援給付の実施主体は、市町村である。自立支援給付の対象となる障害者には、身体障害者、知的障害者、精神障害者（発達障害者を含む）だけでなく、難病患者も含まれる（➡1.2）。

　自立支援給付の対象とならない福祉サービス、例えば意思疎通支援、移動支

援、日常生活用具については、市町村と都道府県が障害者総合支援法に基づく**地域生活支援事業**を行う。これは、障害者の個別ニーズに対応する給付ではなく、地域の実情や利用者の状況に応じて柔軟に実施できる事業である。

　福祉サービスを必要とする障害者が、やむをえない事由、例えば家族から虐待を受けていることにより自立支援給付の支給を受けることが著しく困難である場合には、市町村は、身体障害者福祉法と知的障害者福祉法に基づく**措置**、すなわち福祉サービスの提供または市町村以外の者への委託を行う。したがって、福祉サービスの提供システムが「**措置から契約へ**」（⇒4.1、第10章3.1）移行した後も、万が一の場合に備えて措置制度が残されている。

　障害者が福祉サービスに関する相談をする場合の**相談窓口**は、市町村の福祉事務所や障害福祉課である。また、市町村は、地域における相談支援の中核的な役割を担う機関として、**基幹相談支援センター**を設置することができる。基幹相談支援センターは、障害者総合支援法、身体障害者福祉法、知的障害者福祉法、精神保健福祉法に基づく相談支援を総合的に行う施設である。

自立支援給付

　自立支援給付は、「サービス費の支給」をするものである。すなわち、市町村は、支給決定を受けた障害者が、都道府県知事が指定する事業者からサービスを受けた場合には、障害者に対して、サービスに要した費用について自立支援給付を支給する。したがって、自立支援給付は、法律上、サービス費を後から払い戻す**費用償還給付**と位置づけられている。

　そのうえで、事業者による**代理受領**が認められている。すなわち、市町村は、サービスに要した費用について、自立支援給付として障害者に支払うべき額の限度において、その障害者に代わり、事業者に支払うことができる。代理受領の結果、自立支援給付は事業者のサービス提供に対する報酬として支払われるので、障害者は利用者負担だけでサービスを利用できる。したがって、自立支援給付は、**事実上現物給付化**している。

　自立支援給付の種類は、①福祉サービスに関する給付、②相談支援に関する給付、③医療に関する給付、④補装具に関する給付、⑤利用者負担の軽減に関する給付に分けられる。①福祉サービスに関する給付は、**介護給付費**と**訓練等**

表7-3　自立支援給付の対象となる福祉サービス

自立支援給付	対象となる福祉サービス
介護給付費	居宅介護＝在宅での入浴、排せつ、食事の介護 重度訪問介護＝重度の肢体不自由者または重度の知的障害・精神障害により行動上著しい困難を有する者で常時介護を必要とする者に対する在宅での介護、外出時の移動支援、入院時の意思疎通支援 同行援護＝視覚障害により移動に著しい困難を有する者に対する移動に必要な情報の提供（代筆や代読を含む）、移動の援護その他の外出支援 行動援護＝自己判断能力が制限されている者に対する行動時の危険を回避するために必要な支援、外出支援 療養介護＝医療と常時介護を必要とする者に対する病院での機能訓練、療養上の管理、看護、介護、日常生活の世話 生活介護＝常時介護を必要とする者に対する昼間の介護、創作的活動や生産活動の機会の提供 短期入所＝在宅で介護する者が病気の場合に施設に短期間入所して行われる介護 重度障害者等包括支援＝介護の必要性がとても高い者に対する居宅介護その他の複数の福祉サービスの包括的な提供 施設入所支援＝施設に入所する者に対する夜間の介護
訓練等給付費	自立訓練＝身体機能や生活能力の向上のために必要な機能訓練と生活訓練 就労移行支援＝一般企業での就労を希望する者に対する生産活動、職場体験その他の就労に必要な知識や能力の向上のために必要な訓練 就労継続支援＝一般企業での就労が困難な者に対する就労の機会や生産活動の機会の提供 就労定着支援＝一般企業での就労に移行した者に対する就労に伴う生活上の変化に対応するための連絡調整、指導、助言 自立生活援助＝一人暮らしに必要な理解力・生活力を補うため、定期的な巡回訪問や随時の対応による日常生活における課題の把握、必要な助言、連絡調整 共同生活援助＝共同生活を行う住居（グループホーム）での夜間の相談、介護、日常生活の援助

（出所）　筆者作成。

給付費からなる。介護給付費と訓練等給付費の対象となる福祉サービスは、表7-3のとおりである。

　②相談支援に関する給付は、**地域相談支援給付費**と**計画相談支援給付費**からなる。地域相談支援給付費は、施設や病院に入所している障害者が地域に移行するための相談支援（地域移行支援）と、在宅で単身生活する障害者に対する常時の連絡や緊急時の相談支援（地域定着支援）を対象とする。計画相談支援給付費は、サービス利用計画（案）の作成を対象とする。

　③医療に関する給付は、**自立支援医療費**である。これは、身体障害者の更生医療（例：腎機能に対する人工透析）や精神障害者の通院医療にかかる医療保険の一部負担金（➡第 5 章3.4）を軽減するものである。

表7-4　福祉サービスにかかる利用者負担の上限月額

区　　分	所得状況	上限月額
生活保護	生活保護受給世帯	0円
低 所 得	市町村民税非課税世帯	0円
一 般 1	市町村民税課税世帯（在宅で生活しており、所得割16万円未満）	9,300円
一 般 2	市町村民税課税世帯（上記以外）	3万7,200円

（出所）　厚生労働省ホームページ。

　④補装具に関する給付は、**補装具費**である。これは、身体機能を補完・代替し、長期間にわたり継続して使用され、医師などによる専門的な意見・診断に基づき使用が必要とされるものを対象とする。例えば、義肢や車いすである。

　自立支援給付の額は、厚生労働大臣の定める基準に基づき算定したサービス費から、利用者負担を控除した額である。サービス費の算定基準は、報酬基準として告示で定められている。**利用者負担**の額は、障害者の家計の負担能力を斟酌して政令で定める額である。福祉サービスにかかる利用者負担の上限月額は、表7-4のとおりである。したがって、利用者負担は、所得に応じた**応能負担**である（■➡ 第1章3.2）。ただし、計画相談支援給付費の額は10割相当額なので、サービス利用計画（案）の作成について自己負担はない。

　利用者負担は、障害者総合支援法の前身である**障害者自立支援法**では、サービス利用に応じた**応益負担**であった。すなわち、自立支援給付の額はサービス費の9割相当額であったので、サービス費の1割相当額が利用者負担となった。これは、サービス費が増大する中で、障害者に一定の自己負担を求めるものであった（■➡ 4.1）。しかし、福祉サービスは障害者の自立と社会参加にとって必要不可欠なものであるのに、そうしたサービスを「利益」とみなす考え方はおかしいとして、障害者からの批判を受けた。そこで、所得の少ない障害者に対する利用者負担が軽減され、2010年（平成22年）改正によって利用者負担が応能負担に改められた。その結果、福祉サービスを利用する障害者のうち、9割超は自己負担なしである。

　自立支援給付の支給に要する費用は、市町村がいったん支弁したうえで、国が50％、都道府県が25％をそれぞれ義務的に負担する（**義務的経費**）。自立支

援給付の財源は、**公費**（税金）で賄われることから、公費を用いるのにふさわしいサービスの質を確保するため、自立支援給付の支払いを受ける事業者は、あらかじめ都道府県知事による指定を受けなければならない。その際、事業者は、都道府県の条例で定める人員・設備・運営に関する基準を満たす必要がある。障害者は、公的な規制・監督の下にある事業者と契約を締結してサービスを受ける。多様な事業者が競争しながら障害者にサービスを提供する一方で、行政がサービス費を負担する仕組みは、**準市場**と言われる（➡ 第10章2.1）。

支給決定のプロセス

福祉サービスを利用しようとする障害者は、市町村による介護給付費または訓練等給付費の**支給決定**を受けなければならない。支給決定のプロセスは、次のとおりである。

①障害者は、市町村に申請を行い、市町村の職員または相談支援事業者の相談支援専門員が、障害者と面接をし、その心身の状況や置かれている環境について調査をする。

②市町村は、市町村審査会による審査判定の結果に基づき、障害支援区分の認定を行う。市町村審査会は、障害支援区分の審査判定業務を行う学識経験者からなる専門機関である。**障害支援区分**は、障害者の心身の状態に応じて必要とされる標準的な支援の度合いを示す区分であり、支援の度合いに応じて区分1から区分6までの段階に分かれている。障害支援区分の認定は、介護給付費の支給申請があった場合にのみ行われる。

③市町村は、障害者のニーズと適切なサービスを結び付けるケア・マネジメントを実施するため、障害者にサービス利用計画案の提出を求め、障害者は、サービス利用計画案を提出する。**サービス利用計画案**は、相談支援事業者がニーズの把握（アセスメント）に基づき作成するものを原則とする。ただし、障害者は、自ら作成するサービス利用計画案も提出できる。

④市町村は、障害者の障害支援区分その他の心身の状況、介護者の状況、障害者の置かれている環境、障害者のサービス利用意向、サービス利用計画案などを勘案して支給の要否と支給量を決定し、障害者に受給者証を交付する。**支給量**は、1カ月間に介護給付費または訓練等給付費を支給する福祉サービスの

量である。支給量は、介護保険の要介護度ごとに設定された支給限度額（■➡第6章3.4）と異なり、障害者の実情に応じて個別に決定される。したがって、支給量の決定は**行政による裁量**に委ねられており（■➡第10章3.4）、市町村は、公平かつ適切に支給決定を行うため、あらかじめ支給決定基準を定めている。

　⑤支給決定後、相談支援事業者は、サービス事業者と連絡調整を行い、サービス利用計画を作成し、または障害者自身がサービス利用計画を作成し、障害者は、事業者と契約を締結して福祉サービスを利用する。障害者の判断能力が不十分な場合には、契約締結を支援する**成年後見制度**が障害者の権利擁護機能を果たす（■➡第9章3.4）。

自立支援給付と介護・医療保険給付との関係

　自立支援給付は、障害者が介護保険給付または医療保険給付であって自立支援給付に相当するものを受けることができる場合には、その限度において行わない。なぜなら、社会保険による給付と公費による給付が重複する場合には、事前の保険料拠出に基づく**保険給付が優先**するからである。したがって、自立支援医療費は、医療保険の一部負担金（■➡第5章3.4）を軽減する。また、介護給付費と訓練等給付費は、障害者が65歳になり介護保険の第1号被保険者として介護保険給付を受けている（■➡第6章3.3）場合には、介護保険給付では足りない上乗せ部分（具体的には、支給量が介護保険の支給限度額を上回る部分）と、介護保険給付の種類として存在しない横出し部分（例：外出支援や就労支援）について支給する。

　しかし、介護保険給付の利用者負担（■➡第6章3.6）は自立支援給付の利用者負担と比べて高いので、障害者が65歳になると新たに原則1割の利用者負担が発生する。また、自立支援給付の指定を受けた事業者が介護保険給付の指定を受けていない場合には、これまでとは別の事業者からサービスを利用せざるをえない場合が生じる。高齢の障害者が介護保険給付を円滑に受けることができるようにするため、2016年（平成28年）改正により、65歳になる前までに5年以上自立支援給付を受けていた障害者は、本人とその配偶者が市町村民税非課税であり、障害支援区分が2以上である場合には、介護保険給付の利用者負担が自立支援給付によって軽減（償還）される仕組みが設けられた。また、

2017年（平成29年）改正によって**共生型サービス**が設けられ、自立支援給付の指定を受けている事業者が介護保険給付の指定を受けやすくなった。これにより、障害者が65歳になっても、使い慣れた事業者からサービスを利用しやすくなることが期待される。

地域生活支援事業

地域生活支援事業は、障害者個人に対して給付を行う自立支援給付と異なり、市町村または都道府県が実施する事業であり、事業の内容は地域で独自に設定できる。地域生活支援事業に要する費用は、市町村または都道府県がいったん支弁したうえで、国が50％以内、都道府県が25％以内をそれぞれ予算の範囲内で補助することができる（**裁量的経費**）。

　市町村の地域生活支援事業は、①障害者に対する理解を深めるための研修・啓発事業、②地域住民が自発的に行う活動に対する支援事業、③障害者からの相談に応ずるとともに、必要な情報の提供を行う事業、④成年後見制度の利用に要する費用を支給する事業、⑤成年後見制度における法人後見の活動を支援するための研修を行う事業、⑥手話通訳者の派遣を行う事業、⑦日常生活用具の給付または貸与を行う事業、⑧手話奉仕員の養成を行う事業、⑨障害者の移動を支援する事業、⑩障害者を地域活動支援センターに通わせ創作的活動の機会の提供を行う事業を必須事業とし、その他市町村が必要と認めた事業を任意事業とする。

　都道府県の地域生活支援事業は、①専門性の高い相談支援事業、②専門性の高い意思疎通支援を行う者の養成研修事業、③専門性の高い意思疎通支援を行う者の派遣事業、④意思疎通支援を行う者の派遣にかかる市町村相互の連絡調整事業、⑤広域的な対応が必要な事業を必須事業とし、サービス提供者のための養成研修事業など都道府県が必要と認めた事業を任意事業とする。

3.3　障害者の所得保障と雇用促進

所得保障と雇用促進の全体像

　障害者は、自立した生計を維持するため、所得を必要とするけれども、就労によって所得を稼ぐことが望ましい。障害者が職業生活に参加することを支援

するため、**障害者雇用促進法**に基づき、事業主に対して**割当雇用**という障害者の雇用義務が課されている。それとあわせて、障害者の職業生活における自立を図る**職業リハビリテーション**が行われている。具体的には、公共職業安定所（ハローワーク）による職業紹介・職業指導、障害者職業センターによる職業評価・職業指導・職業準備訓練、障害者職業能力開発校・訓練施設による職業訓練、障害者就業・生活支援センター（なかぽつセンター）による就業面と生活面の一体的な相談・支援である。以上は、民間企業や官公庁での一般就労を支援するものである。

　一般就労を希望する障害者または一般就労が困難な障害者に対しては、就労移行支援や就労継続支援といった**福祉的就労**（就労系福祉サービス）が障害者総合支援法に基づく自立支援給付によって行われている（➡ 3.2）。**就労継続支援**は、雇用契約に基づく就労が可能である者に対するA型と、雇用契約に基づく就労が困難である者に対するB型に分かれている。A型利用者は、事業者との間で雇用契約を締結するので、労働基準法上の労働者として最低賃金法などの労働基準関係法令の適用を受ける。これに対して、B型利用者は、事業者との間で雇用契約を締結せず、労働基準関係法令の適用を受けない。いずれも、利用者の自己負担が発生する。

　しかし、障害者は、雇用の場を得られずに就労できなかったり、就労していても低賃金であったりする。障害者が自立した生計を維持するために、障害者に対して**障害年金**や**障害者手当**といった所得保障が行われている。障害年金や障害者手当によって生計を維持できない障害者は、自らの資産と能力で最低限度の生活を維持できない場合には、**生活保護**の対象となる（➡ 第4章3）。

障害年金

障害年金は、基本的に社会保険によって行われている（➡ 第2章3.4、第11章4）。したがって、障害者が障害年金を受給するためには、原則として事前の保険料拠出を必要とする（**拠出制**）。ただし、障害者が事前の保険料拠出によらずに障害年金を受給できる場合がある（**無拠出制**）。これは、国民年金に加入する20歳前に障害を持ったために事前に備えられない場合である。

　障害年金は、公的年金の体系（➡ 第2章3.1）に即して、国民年金法に基

づく１階部分の障害基礎年金と厚生年金保険法に基づく２階部分の障害厚生年金に分かれる。このうち、１階部分の**障害基礎年金**は、拠出制と無拠出制に分かれる。障害者が拠出制障害基礎年金を受給するためには、①障害の原因となった傷病について初めて医師の診療を受けた日（**初診日**）に国民年金に加入していること、②初診日から１年６カ月を経過した日（障害認定日）に障害等級１級または２級に当てはまる程度の障害の状態にあること、③初診日の前日に保険料納付済期間と保険料免除期間を合算した期間が国民年金に加入していた期間の３分の２以上であることを必要とする。

したがって、国民年金に加入する20歳前に初診日のある障害者は、拠出制障害基礎年金を受給できない。20歳前障害者の所得保障の必要性から拠出制年金を補完する趣旨で設けられているのが、無拠出制の**20歳前障害基礎年金**である。障害者が20歳前障害基礎年金を受給するためには、①初診日に20歳未満であること、②20歳到達日または障害認定日に障害等級１級または２級に当てはまる程度の障害の状態にあることを必要とする。20歳前障害基礎年金は、事前の保険料拠出を要しないので、障害者に一定額の所得がある場合には支給停止される。

障害基礎年金の額は、拠出制であれ無拠出制であれ、障害等級２級の場合には、満額の老齢基礎年金と同額であり、2022年（令和４年）で月額６万4,816円である。障害等級１級の場合は、その1.25倍である。したがって、障害基礎年金は、**基礎的な生活水準**を保障するものである。障害者が18歳未満の子の生計を維持している場合には、障害基礎年金に一定額が加算される。

２階部分の**障害厚生年金**は、拠出制のみである。障害者が障害厚生年金を受給するためには、①初診日に厚生年金に加入している、つまり被用者であること、②障害認定日に障害等級１級、２級または３級に当てはまる程度の障害の状態にあること、③初診日の前日に国民年金の保険料納付済期間と保険料免除期間を合算した期間が国民年金に加入していた期間の３分の２以上であることである。

障害厚生年金の額は、障害等級２級と３級の場合には、厚生年金に加入していた期間の平均報酬に比例した額であり、障害等級１級の場合、その1.25倍である。したがって、障害厚生年金は、**従前の生活水準**を保障するものである。

障害者が65歳未満の配偶者の生計を維持している場合には、障害厚生年金に一定額が加算される。

障害年金の障害等級は、重度のものから1級から3級までに分かれている。1級と2級は、障害基礎年金と障害厚生年金共通で、日常生活への制限の度合いに応じて国民年金法施行令の別表で定められている。3級は、障害厚生年金限定で、労働への制限の度合いに応じて厚生年金保険法施行令の別表第1で定められている。障害年金の障害等級は、障害者手帳の障害等級（■➡ 3.1）と制度上の目的を異にするので、別の観点から設定されている。

障害者手当

障害年金以外の所得保障として、**障害者手当**がある。これは、事前の保険料拠出を必要とせず、税金を財源として定額の金銭給付を支給する社会手当である。障害者手当には、特定の無年金障害者に対する特別障害給付金と、在宅の最重度障害者に対する特別障害者手当がある。

国民年金は、1985年（昭和60年）改正によって専業主婦を、1989年（平成元年）改正によって学生をそれぞれ強制加入の対象とした。それ以前には、専業主婦と学生は国民年金に任意加入の途しか認められていなかった。したがって、任意加入の時代に国民年金に加入していなかった専業主婦と学生が障害を有すると、障害年金を受給できなかった。任意加入の時代に無年金となった障害者を救済するために、**特別障害給付金**が設けられている。

特別障害給付金は、任意加入の時代に国民年金に加入していなかった専業主婦または学生が障害年金の障害等級1級または2級に当てはまり、障害年金を受給できない者を対象とする。特別障害給付金の額は、障害基礎年金の6割相当額（障害等級1級の場合、月額5万2,300円、障害等級2級の場合、月額4万1,840円）である。特別障害給付金は、障害者に一定額の所得がある場合には支給停止される。

また、**特別障害者手当**は、在宅の最重度障害者に対して、障害による特別の負担を軽減するものであり、障害年金と併給できる。特別障害者手当は、著しく重度の障害の状態にあるため、日常生活において常時特別の介護を必要とする20歳以上の者を対象としており、在宅で生活をしている場合に限られる。特

別障害者手当の額は、2022年（令和4年）で月額2万7,300円である。特別障
害者手当は、障害者に一定額の所得がある場合に支給停止される。

割当雇用

　割当雇用は、障害者に雇用の「量」を保障するため、障害者雇用促進法に基
づき、事業主に対して法定雇用率以上の障害者の雇用を義務づけるものであ
る。すなわち、事業主は、障害者に雇用の場を提供する社会連帯責任に基づ
き、その雇用する身体障害者、知的障害者または精神障害者の数が、その雇用
する労働者の数に法定雇用率を乗じた数（法定雇用障害者数）以上でなければ
ならない。したがって、障害者の雇用義務は、事業主の雇用する労働者数に応
じて分担されている。雇用義務の対象となる障害者は、基本的に障害者手帳の
交付を受けた者である。重度の身体障害者と知的障害者は、1人を2人として
算定される（**ダブルカウント**）。雇用義務の対象には、2018年（平成30年）4
月から精神障害者も追加された。

　法定雇用率は、一般労働者と同じ水準で障害者の雇用機会を確保するため、
労働者（失業者を含む）総数に対する身体障害者、知的障害者および精神障害
者である労働者（失業者を含む）総数の割合を基準として、5年ごとに政令で
定められる。法定雇用率は、2021年（令和3年）4月から民間企業の事業主
2.3％、国と地方公共団体2.6％である。後者の法定雇用率が高いのは、国と地
方公共団体は率先して障害者を雇用すべき立場にあるからである。

　雇用率は、企業単位で適用されるので、親会社と子会社の関係にある場合で
あっても、雇用率は別々に適用される。ただし、親会社が障害者の雇用に特別
の配慮をした子会社を設立し、その子会社が障害者を集中的に雇用する場合に
は、一定の要件を満たす子会社（**特例子会社**）を親会社と同一の事業主とみな
し、雇用率がまとめて適用される。

　事業主は、その雇用する障害者の数が法定雇用障害者数を下回る場合には、
高齢・障害・求職者雇用支援機構に対して、その下回る人数に5万円を乗じた
額を**納付金**として支払わなければならない。同機構は、納付金を財源として、
法定雇用障害者数を超えて障害者を雇用する事業主に対して、その超える人数
に2万7,000円を乗じた額を**調整金**として支給する。また、特に短い労働時間

（週10時間以上20時間未満）であれば就労可能な障害者を雇用する事業主に対して、その雇用の促進を図るための特例給付金を支給する。そして、障害者を雇用する事業主に対して、その雇用のために必要となる施設の設置・整備や介助者の配置などに要する費用に充てるための**助成金**を支給する。

納付金は、障害者を雇用する事業主と雇用していない事業主の経済的負担の不均衡を調整することで、障害者の雇用に伴う**経済的負担の平等化**を図るとともに、障害者を雇用する事業主を助成することで、障害者の雇用を容易にするものであり、制裁としての罰金ではない。したがって、事業主は、納付金を納付しても雇用義務を免除されない。雇用義務の実効性を確保するため、行政は、雇用率未達成の事業主に対して、障害者の雇入れ計画の作成を命じるとともに、その実施を勧告し、事業主が勧告に従わない場合にはその旨を公表することができる。

障害者雇用の助成金には、納付金を財源とした助成金のほかに、雇用保険２事業（➡ 第３章3.5）の枠内で、つまり雇用保険料を財源として、障害者を雇い入れたり障害者の職業能力を開発したりする事業主に対して支給される助成金がある。

4 障害者施策の歴史と動向

4.1 障害者施策の歴史

障害者施策の始まりは、戦後復興期に遡る。戦争で負傷して身体障害を持った**傷痍軍人の更生問題**をきっかけに、1949年（昭和24年）に身体障害者福祉法が制定され、身体障害者手帳が設けられるとともに、身体障害者の更生に必要な訓練や医療が行われることになった。しかし、身体障害者の雇用問題は残ったことから、高度経済成長期にはいって、1960年（昭和35年）に身体障害者雇用促進法が制定され、事業主に対して身体障害者の雇用を義務づける割当雇用が導入された。事業主に対する雇用義務は、1976年（昭和51年）改正で強化され、雇用率未達成の事業主から納付金が徴収されることになった。また、知的

障害者の更生に必要な指導や訓練を整備するため、1960年（昭和35年）に精神薄弱者福祉法（現在の知的障害者福祉法）が制定された。精神障害者に対しては、1950年（昭和25年）の精神衛生法によって、医療中心の対応が行われてきた。

　障害者施策の画期となったのが、国際障害者年である。国連は、1975年（昭和50年）に障害者の権利宣言を決議した後、1981年（昭和56年）を**国際障害者年**と定め、「完全参加と平等」という目標テーマの下で各国に対して行動計画を示した。これを受けて、日本でも障害者施策の充実が図られた。1985年（昭和60年）の基礎年金の創設（➡第2章4.2）によって、20歳前に障害を持った障害者に対して拠出制障害基礎年金と同額の障害基礎年金が支給されるとともに、常時特別な介護を要する最重度の障害者に対して特別障害者手当が支給されることになり、障害者の所得保障が充実した。1987年（昭和62年）には、身体障害者雇用促進法の名称が障害者雇用促進法に改められ、知的障害者も雇用率に算入可能になった。知的障害者が雇用義務の対象に追加されたのは、1997年（平成9年）の改正によってである。1993年（平成5年）には、精神障害者の福祉施策を充実させるため、1987年に精神衛生法から改称された精神保健法の名称が精神保健福祉法に改められ、精神障害者保健福祉手帳が設けられた。

　21世紀への転換期は、障害者施策の転換期でもあった。障害者の福祉サービスは、戦後50年間、行政が福祉サービスの要否と内容を決定する措置制度によって提供されてきた。しかし、障害者にサービス選択権を保障することで障害者の自己決定を尊重するため、2000年（平成12年）の**社会福祉基礎構造改革**によって、措置制度は、障害者が事業者とサービス利用契約を締結し、市町村が障害者に対してサービス費を支給する契約制度に改められた。この制度改革は、「**措置から契約へ**」と言われる（➡第10章3.1）。その結果、当初の予想を超えてサービス利用が増加し、財源不足が発生した。他方で、同様の機能を有する福祉サービスであっても、身体障害者と知的障害者ごとに身体障害者福祉法と知的障害者福祉法に基づき縦割りで提供されており、精神障害者は対象外とされていた。そこで、2005年（平成17年）に**障害者自立支援法**が制定され、障害の種別ではなく福祉サービスの機能に着目して、福祉サービスの提供システムが自立支援給付に一元化され、精神障害者もその対象に追加されることに

なった。同時に、サービス費の増大を抑制するため、**利用者負担**が障害者の所得に応じた応能負担からサービス利用に応じた応益負担に改められた。その結果、障害者に自己負担が発生し、障害者自立支援法は障害者からの強い批判を受けた。そこで、所得の少ない障害者の利用者負担が軽減されることになった（■➡ 3.2）。2012年（平成24年）には、障害者自立支援法の名称が**障害者総合支援法**に改められ、難病患者も自立支援給付の対象に追加されることになった。

　障害者総合支援法は、2016年（平成28年）に改正され、高齢の障害者が介護保険給付を円滑に受けることができるようにするため、利用者負担の軽減措置が講じられた。また、地域共生社会の実現に向けた取り組みの一環として、2017年（平成29年）に障害者総合支援法が改正され、高齢者と障害者が同一の事業者からサービスを利用しやすくするため、**共生型サービス**が設けられた（■➡ 3.2）。

4.2　障害者権利条約

　これまでの障害者施策は、福祉サービスや割当雇用によって行われてきた。そこでは、障害者が「保護の客体」ととらえられてきたことは否めない。しかし、障害者も平等な「権利の主体」である（■➡ 1.1）。後者の観点からすると、障害者は、差別によって他の者と等しく基本的人権を享有することを妨げられてきた。例えば、精神障害者がその障害を理由にアパートの管理業者からアパートの入居を拒否されると、居住の自由を享有できない。また、車いす利用者が駅のホームで職員による介助を受けられないと、移動の自由を享有できない。そこで、1990年代から2000年代にかけて、欧米諸国で障害に基づく差別を禁止する法制度が採用され、**差別禁止**が国際的な潮流になった。このような中、2006年（平成18年）に国連で障害者権利条約が採択された。

　障害者権利条約は、障害者の基本的人権の享有を確保するため、条約の一般原則、締約国の一般的義務、障害者の権利実現のための措置、条約の実現のための仕組みを規定する基本的かつ包括的な条約である。この条約の制定過程においては、"Nothing About Us Without Us"（私たちのことを私たち抜きに決めないで）というスローガンの下に、障害者や障害者団体が積極的に関与した。障害者の参加は、条約の実現過程においても求められている。

　障害者権利条約によると、締約国は、障害に基づくあらゆる差別を禁止するものとし、差別を撤廃することを目的として合理的配慮が提供されることを確保するための適当な措置を取る。**障害に基づく差別**とは、障害に基づくあらゆる区別、排除または制限であって、基本的人権の享有を侵害するものと定義されており、合理的配慮の否定を含むあらゆる形態の差別を含む。**合理的配慮**とは、障害者が基本的人権の享有を確保するための必要かつ適当な変更・調整であって、均衡を失したまたは過度の負担を課さないものと定義されている。

　障害に基づく差別の禁止は、日本では法制化されていなかった。**障害者権利条約の締結に向けた国内法の整備**のため、2011年（平成23年）に障害者基本法が改正され、基本原則が規定されて（■➡ 1.1）障害者の定義が見直された（■➡ 1.2）。その後、2013年（平成25年）に障害者差別解消法が制定され、日常生活と社会生活に関わる幅広い分野について差別禁止が導入された。雇用分野については、同年の障害者雇用促進法の改正によって差別禁止が規定された。同時に、雇用義務の対象に精神障害者も追加されることになった。これを受けて、日本は2014年（平成26年）に障害者権利条約を締結し、障害者権利条約は国内で効力を有している。

　障害者差別解消法は、制定当初、民間事業者による合理的配慮の提供を努力義務にとどめていたものの、2021年（令和3年）に改正され、民間事業者に対して合理的配慮の提供を法的に義務づけることになった（■➡ 4.3）。

4.3　障害者の差別禁止

差別禁止（1）──障害者差別解消法

　障害者差別解消法に基づく差別禁止は、差別のない共生社会を実現するために、民間事業者と行政機関に対して障害を理由とする差別を禁止するものである。ここで**差別禁止の対象となる障害者**は、障害者手帳の交付を受けた者に限られず、心身の機能の障害がある者であって、心身の機能の障害と社会的障壁により継続的に日常生活または社会生活に相当な制限を受ける状態にある者である。障害者差別解消法における障害者の定義は、障害者基本法における障害者の定義（■➡ 1.2）と同じである。したがって、障害者差別解消法に基づく差別禁止は、医療、教育、住宅、公共交通、福祉サービス、商品・サービス、行

政活動など、障害者の日常生活と社会生活に関わる幅広い分野を対象とする。ただし、雇用分野の差別禁止は、障害者雇用促進法で定めるところによる。

　民間事業者は、障害を理由として障害者でない者と**不当な差別的取り扱い**をすることにより、障害者の権利利益を侵害してはならない。例えば、精神障害者がその障害を理由にアパートの入居を拒否されることや、身体障害者が飲食店で盲導犬などの補助犬の同伴を拒否されることは、不当な差別的取り扱いにあたる。ただし、正当な理由がある場合には、不当な差別的取り扱いにあたらないものがある。民間事業者だけでなく行政機関も障害を理由とする不当な差別的取り扱いを禁止されており、いずれも法的義務である。

　民間事業者は、障害者から社会的障壁の除去を必要としている旨の意思の表明があった場合において、その実施に伴う負担が過重でなければ、障害者の権利利益を侵害することにならないように、社会的障壁の除去の実施について必要かつ**合理的な配慮**をしなければならない。例えば、車いす利用者に対して段差にスロープを渡すことが合理的配慮にあたる。合理的配慮は具体的な場面で個別的な対応を求めるものなので、その内容は障害者と民間事業者との間の建設的な対話で決められる。

　そうすると、求められる対応は多種多様であるから、民間事業者による合理的配慮の提供は努力義務にとどまっていた。しかし、民間事業者は、障害者との建設的な対話の義務を免れない。社会全体の取り組みを進めるとともに障害者権利条約との整合性を確保するため、2021年（令和3年）改正によって民間事業者による合理的配慮の提供は法的義務となる予定である（この改正は、2024年〔令和6年〕5月までの政令で定める日に実施される）。これに対して、行政機関による合理的配慮の提供はもともと法的義務である。

　障害者差別解消法は、差別を定義せず、行政の定めるガイドラインや事例の積み重ねによって差別の内容を明らかにしようとしている。また、障害者差別解消法は、**差別禁止に違反した場合の私法上の効力**を定めていないので、差別禁止の規定から直接、不当な差別的取り扱いを違法・無効としたり合理的配慮の提供を請求したりすることはできず、民法上の公序良俗や不法行為の規定を通じて間接的に効力が生じる。差別禁止の実効性を確保するために、行政は民間事業者に対して報告徴収や助言・指導・勧告をすることができる。このよう

に、障害者差別解消法は**行政主導型のシステム**を採用しているので、国と地方公共団体は差別に関する相談・紛争解決の体制整備を求められる。これは、既存の機関の活用で足りるものの、独自の相談員や紛争解決機関を設置している地方公共団体もある。

差別禁止（2）──障害者雇用促進法

　障害者差別解消法は、雇用分野の差別禁止については、障害者雇用促進法の規定に委ねている。**障害者雇用促進法に基づく差別禁止**は、障害者に雇用の「質」を保障するため、事業主に対して雇用の各場面での障害者の差別を禁止するものである。ここで**差別禁止の対象となる障害者**は、障害者手帳の交付を受けた者に限られず、心身の機能の障害があるために、長期にわたり職業生活に相当の制限を受ける者である（■➡ 1.2）。

　事業主は、募集・採用時においては、障害者に対して障害者でない者と均等な機会を与えなければならず、また採用後においては、賃金の決定その他の待遇について、労働者が障害者であることを理由として障害者でない者と**不当な差別的取り扱い**をしてはならない（法的義務）。禁止される差別の具体的内容は、国の定める指針などで示されている。例えば、単に障害者だからという理由で応募を拒否することは差別にあたる。しかし、障害者を有利に取り扱うこと、例えば障害者のみを対象とした求人は、**積極的差別是正措置**として差別にはあたらない。その他、労働能力を適正に評価した結果として異なる取り扱いをすることは、差別にはあたらない。

　事業主は、募集・採用時と採用後において、障害者と障害者でない者との均等な機会・待遇の確保または障害者の有する能力の有効な発揮の支障となっている事情を改善するため、障害の特性に配慮した必要な措置（**合理的配慮**）を講じなければならない（法的義務）。ただし、合理的配慮が事業主に過重な負担となる場合には、事業主は提供義務を負わない。このうち、募集・採用時の合理的配慮の提供については、障害者からの申し出が必要である。合理的配慮の事例は、国の定める指針などで示されている。例えば、聴覚・言語障害者に対して面接や業務指示を筆談などで行うことが合理的配慮にあたる。

　障害者雇用促進法も、障害者差別解消法と同じく差別禁止に違反した場合の

私法上の効力を定めていない。差別禁止の実効性は、当事者間による自主的な紛争解決とともに、行政による助言・指導・勧告や調停によって確保される。

5　障害者施策の課題

　障害者権利条約は、障害者が**地域社会で生活する**（他の者との）**平等の権利**を有することを認める。この権利には、①障害者が居住地を選択し、どこで誰と生活するかを選択する機会を有するとともに、特定の生活施設で生活する義務を負わないこと、②地域社会における生活と地域社会への包容を支援し、地域社会からの孤立と隔離を防止するために必要な在宅サービスその他の地域社会支援サービスを障害者が利用する機会を有することが含まれる。この観点からすると、①常時介護を要する重度の障害者が地域社会で生活するための在宅サービスの**支給量**について、行政による裁量が認められている（⇒3.2、第10章3.4）ので、市町村が財政事情を考慮して障害者の希望を下回る支給量を決定することがある、②**地域生活支援事業**（⇒3.2）の対象となる福祉サービスについて、地域間格差があるので、移動支援や意思疎通支援が十分に保障されない、といった問題がある。地域社会への参加と包容を容易にするためには、福祉サービスの充実が必要であるけれども、そのための財源の確保も必要になる。その方策として、公費負担を増やすことを主張する立場がある一方で、40歳以上の者が加入する介護保険を40歳未満の者に適用拡大することを主張する立場もある（⇒第6章5.2）。

　障害者権利条約は、障害者が自己とその家族の**相当な**（衣食住を含む）**生活水準についての権利**を有することを認める。この観点からすると、障害年金の水準について、高齢化の進展に伴って高齢者の老齢年金を減額する**マクロ経済スライド**（⇒第2章3.2）が障害年金にも適用されるので、今後は障害年金の水準が低下していく、という問題がある。障害者は、障害基礎年金のみの受給者が障害年金受給者全体の約65％を占めており（⇒2）、高齢者とは異なり事前に資産形成を行うことも難しいので、障害者の生活水準の確保という観点から障害年金の給付水準のあり方を検討する必要がある。その意味で、2012

年（平成24年）改正により、所得の少ない障害者の障害基礎年金を補完するため、**障害年金生活者支援給付金**が設けられたことは重要である。これは、税金（消費増税分）を財源として、所得が一定額以下の障害基礎年金受給者に対して月額5,000円（障害等級1級の場合にはその1.25倍）を支給する社会手当である。

　障害者権利条約は、障害者が**労働についての権利**を有することを認める。この権利には、障害者に開放された労働市場において障害者が選択・承諾する労働によって生計を立てる機会を有する権利が含まれる。この観点からすると、**福祉的就労**（➡3.3）について、①特に就労継続支援B型事業所の賃金（工賃）が月額約1万6,000円と低い水準にある、②サービス利用終了者に占める一般就労への移行者の割合が年間29％にとどまっている、といった問題がある。厚生労働省「障害者雇用状況の集計結果（令和3年）」によると、民間企業の**実雇用率**が2.2％であり、法定雇用率（➡3.3）達成企業の割合は47％である。したがって、割当雇用によって障害者に民間企業などの一般就労の場における雇用の「量」を確保するとともに、納付金を財源とした助成金を活用することで、障害者に職場における**合理的配慮**（➡4.3）の提供、つまり雇用の「質」を確保することが必要である。その意味で、雇用義務の対象に精神障害者が追加されたことに伴い、法定雇用率が引き上げられたことは重要である。

　障害者権利条約では、障害に基づく差別はあらゆる形態の差別を含む（➡4.2）。しかし、障害者差別解消法と障害者雇用促進法に基づき禁止される差別は、障害を理由とする**直接差別**であり（➡4.3）、外形的には中立の基準・規則・慣行であってもそれが適用されることにより結果的には他の者に比較して不利益が生じる**間接差別**を含まない。間接差別の例として、事故によって両足を切断した従業員がマイカー通勤を希望したけれども、マイカー通勤禁止を定める勤務先の就業規則によって希望が受け入れられず、退職せざるをえなかった場合があげられる。したがって、禁止される差別の対象が限定されている、という問題がある。

　合理的配慮の不提供を含む差別の禁止は、なじみのない考え方かもしれない。しかし、合理的配慮の提供は、車いす利用者に対する駅のホームでの職員による介助など、日本の社会で行われてきた。障害者権利条約によると、締約

国は、障害者に関する社会全体の意識を向上させ、障害者の権利に対する尊重を育成し、障害者に関する定型化された観念・偏見・有害な慣行と戦うため、障害者とその権利に関する**公衆の意識の啓発活動**を行う。差別禁止の文脈においては、差別禁止はそのままでは絵に描いた餅で終わるので、差別禁止を社会に根付かせるためには、国と地方公共団体による啓発活動や相談対応をはじめとする様々な取り組みが必要である。地方公共団体の中には、差別のない共生社会の実現のため、独自の条例を定めているところがあり、差別の解消に向けた地域での取り組みとして注目される。こうした取り組みが着実に継続されることによって、差別という社会的障壁に直面する障害者が、地域社会において自立して社会参加することが可能になる。

キーワード

障害者の定義　障害者手帳　自立支援給付　地域生活支援事業　障害年金
障害者手当　割当雇用　障害者権利条約　差別禁止

復習問題

1　障害者基本法の2011年（平成23年）改正により、障害者の定義が改正され、障害者が直面する問題は社会的要因としての社会的障壁に起因するという [　　　] モデルが取り入れられた。

2　障害者総合支援法に基づく自立支援給付は、障害者が事業者とサービス利用契約を締結したうえで、サービスに要した費用を支給するものであり、法律上、サービス費を後から払い戻す [　　　] と位置づけられている。自立支援給付は、事業者による [　　　] が認められているので、事実上 [　　　] 化している。

3　福祉サービスの利用者負担は、障害者の家計の負担能力を斟酌して政令で定める額であるので、所得に応じた [　　　] である。

4　障害年金は、障害者の基礎的な生活を保障する1階部分の [　　　] と障害者の従前生活を保障する2階部分の [　　　] からなる。

5　障害者差別解消法は、民間事業者と行政機関に対して、精神障害者のアパート入居を拒否するなどの [　　　] を禁止するとともに、車いす利用者に対してスロープを渡すなどの [　　　] を義務づけている。

練習問題

1　障害者基本法で定義される障害者、個別法で定義される障害者、障害者手帳の交付を受ける障害者の関係をまとめなさい。

2　障害者に福祉サービスを保障する自立支援給付の仕組みについて説明し、自立支援給付と介護保険給付との関係を整理しなさい。

3　障害者の雇用を促進するため、事業主はどのようなことを義務づけられているだろうか。

4　障害者の差別を解消するため、地域でどのような取り組みが行われているだろうか。例えば、身近な地方公共団体の取り組みを調べてみよう。

Further Readings

菊池馨実・中川純・川島聡編著『障害法』（第2版）、成文堂、2021年

障害者福祉研究会編『逐条解説　障害者総合支援法』（第2版）、中央法規出版、2019年

永野仁美『障害者の雇用と所得保障』信山社、2013年

長谷川珠子『障害者雇用と合理的配慮』日本評論社、2018年

第8章 児童福祉と子育て支援

　本章ではわが国の児童福祉および子育て支援の体系を、児童福祉法や子ども・子育て支援法、児童虐待防止法など、わが国の子どもに関わる法制度や、諸制度をとりまく現状を概観しながら説明していく。

　保育の分野では、子ども・子育て支援新制度が定着し、待機児童も減少傾向にある。子どもに関わる各社会手当も、子育て世帯の経済的支援にとって、重要な意味を持っている。特にひとり親家庭を取り巻く状況は依然厳しい。児童虐待への対応も急務と言えるだろう。

　加えて少子化対策や、その一つとして近年注目されているワークライフ・バランスに関わる政策も、子どもの育ちや子育てに、深い関わりを持っている。例えば育児休業制度の活用も子育て支援の課題としてあげられる。

　本章では、子ども自身の育ちと、子を持つ世帯全体への支援の両方に注目しながら、子どもをめぐる環境がどのように変化し、社会保障制度においていかなる政策的対応が可能なのか考えていく。

【キーワード】
待機児童　児童福祉法　子ども・子育て支援法　少子化
ワークライフ・バランス　児童虐待　社会的養護　児童手当
児童扶養手当　子どもの貧困

1 児童福祉と子育て支援の意義

　児童福祉・子育て支援に関わる社会保障制度は、少子化、待機児童、児童虐待、子どもの貧困といった、子どもをめぐる問題が大きな政策的課題となる現在のわが国において、その重要性を増している。他方、高齢化の進展を背景に高齢者に対する社会保障支出が増大する一方で、子どもに対する支出は十分なものとは言えない。

　児童福祉・子育て支援の意義は、子ども自身が健やかに育つこと、そして子どもを養育する家庭の生活を安定させることにある。また出生率の低下が続くわが国では、**少子化**に歯止めをかけることも、大きな政策目標となっている。ただし子どもをめぐる政策の成果として若年者人口の増加が期待され、子どもの健全な育成のために養育者への支援が必要だとしても、児童福祉・子育て支援の中心は子ども自身の育ちであることに留意する必要がある。

　わが国の児童福祉・子育て支援は以下の3つに大別できる。

　第1に、子育て支援策である。保育サービスの提供だけでなく、育児休業など就労と子育ての両立を支援する制度もこれに含まれる。わが国の保育サービスは、**児童福祉法**に基づく保育所での保育を中心に展開してきたが、**子ども・子育て支援法の制定**によりその体系はより包括的なものとなった。ただし待機児童問題の解消は現在でも大きな課題であり、人口変動に応じたサービス供給主体の多様化が求められる。

　第2に、児童手当等の社会手当を中心とする子育て世帯への経済的支援策である。わが国の児童手当は制度創設以来、給付期間、給付額ともに不十分と言わざるをえない状況であったが、子ども手当への制度変更の時期を経て、拡充されつつある。また児童扶養手当の拡充も、ひとり親世帯の経済的安定性を強化するものだと言える。社会手当や遺族年金だけでなく、養育費の支払いを促進する制度、あるいは生活保護制度の子どもに関わる扶助や加算も、それぞれ目的は異なるものの、子育て世帯への経済的支援策として機能する。

　第3に、要保護児童に対する社会的養護である。児童虐待への対応は児童福祉における大きな課題の1つである。虐待を受け、児童養護施設等で養育され

る子どもは、心身の健康の回復、自立へ向けた道筋を含めて多くの困難をかかえている。加えて、虐待が起こりやすい環境を作らないために、例えば生活困窮世帯の子育て環境を改善していくことが社会保障制度の役割だと言えるだろう。

2　児童福祉と子育て支援の実態

2.1　待機児童と保育サービス

　2021年4月現在で保育所等を利用する子どもは、約274万人にのぼる。保育所の利用率は上昇する一方、待機児童数は2017年以降減少を続けている（厚生労働省「保育所等関連状況取りまとめ（令和3年4月1日）」図8-1）。待機児童は1歳児、2歳児が特に多く、首都圏等の都市部に集中する傾向が見られる。待機児童は、少子化を背景に減少傾向が顕著になっており、将来的な需要を踏まえた計画的な保育の供給が求められている。ただし、例えば、認可保育所の利用を希望しながら、認可外施設を利用せざるをえない子どもの中には、待機児童に算入されていない子どももいるため、保護者や子どもが希望する施設を利用できるようにするための環境整備も欠かせない。

　市町村は、子ども・子育て支援事業計画を策定することとなっており、その主な内容は、保育の需要量の見込みと、需要に見合った供給量をどのように確保するかということ、そして、施設整備等の実施時期である。また、都道府県は、市町村計画を基に、区域ごとに需要量と供給量を積み上げ、都道府県子ども・子育て支援事業計画を策定する。市町村および都道府県が策定する計画は、各地域の需要と供給を明らかにするだけではなく、保育所等の認可にも影響を及ぼす。都道府県は、需要が供給を上回る場合に、保育施設の整備を求められるだけでなく、例えば、ある地域で供給が過剰である場合には、認可をしないこともできる。一方、現行制度では、下限（20人以上）は設定されているものの、保育所の定員に関する規制は限定的で、各地域の保育の供給量は、各施設の定員に左右される。市町村および都道府県が、計画策定の段階で、地域の需

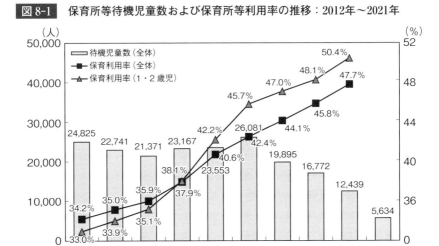

図 8-1 保育所等待機児童数および保育所等利用率の推移：2012年〜2021年

(出所)　厚生労働省「保育所等関連状況取りまとめ（令和 3 年 4 月 1 日）」(2021 年)。
https://www.mhlw.go.jp/content/11922000/000821949.pdf

要と供給を正確に把握することが、効率的な保育の供給にとって重要である。

2.2　子育て世帯への経済的支援

　子育て世帯への経済的支援の中心を占めるのが、社会手当である。児童手当の支給対象児童が約1,637万3,000人（2019年度）、児童扶養手当の受給者数が、約90万人（2019年度末時点）、特別児童扶養手当の支給対象障害児数が約26万4,000人（2019年度末時点）となっている（内閣府、総務省統計局）。

　わが国の社会保障支出を見ると、**子どもや子育て世帯に対する支出は先進国の中でも高いとは言えない**（図8-2）。わが国で子どもを育てる場合、進学や就職といった進路選択によって異なるとはいえ、特に教育費について相応の支出が必要となる。このことは文部科学省の学校外での学習費用に関する調査からも見てとることができる。（図8-3）。それにもかかわらず、費用負担は親の自助に委ねられている部分が少なくない。

　同じ子育て世帯であっても様々な格差が存在する。1 人親世帯、特に母子世帯は、男性に比して女性の賃金が低いことや、乳幼児期にある子どもの養育と

図 8-2　政策分野別社会支出の国際比較（2017年）

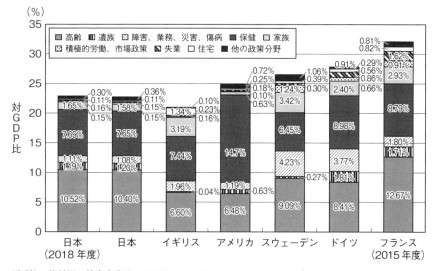

（資料）　諸外国の社会支出は、OECD Social Expenditure Database（http://www.oecd.org/els/so
　　　　cial/expenditure）、国内総生産・国内所得については、日本は内閣府「平成28年度国民経済
　　　　計算年報」、諸外国は OECD National Accounts 2017 による。
（出所）　国立社会保障・人口問題研究所「平成30（2018）年度　社会保障費用統計（概要）」。
　　　　http://www.ipss.go.jp/ss-cost/j/fsss-h30/H30-houdougaiyou.pdf

就業の両立が困難であることから、経済的支援を必要としている。近年は父子
世帯も経済的苦境にあることが認識されるようになり、児童扶養手当や遺族基
礎年金が父子世帯にも支給されるようになった。また障害を持った子を養育す
る世帯が公的な所得保障を必要とする状況は変わっていない。

2.3　児童虐待と社会的養護

　わが国で社会的養護を担ってきたのは**児童養護施設等**の児童福祉施設であ
り、近年は**里親委託**も積極的に推進されている。2019年段階で、児童養護施設
は612カ所（在籍数2万4,542人）、委託里親数は4,609世帯（委託児童数5,832
人）で、ファミリーホーム（417カ所、1,660人）の整備も進んでいる（総務省
統計局）。

　児童虐待が近年重大な問題として認識されるようになり、通告件数は増え続

図8-3　学年別補助学習費

(単位：円)

区　　分		補　助　学　習　費							
		家庭内学習費		家庭教師費等		学　習　塾　費		そ　の　他	
		公　立	私　立	公　立	私　立	公　立	私　立	公　立	私　立
幼 稚 園	平　均	11,340	14,761	3,036	5,091	7,788	27,401	400	976
	3　歳	6,702	13,141	1,879	4,822	3,947	19,694	145	552
	4　歳	10,079	11,366	3,269	4,291	8,812	32,396	663	881
	5　歳	14,290	19,525	3,329	6,111	8,564	29,570	295	1,454
小 学 校	平　均	14,761	45,480	13,015	42,560	53,313	252,790	1,380	7,555
	第 1 学年	36,781	79,117	9,166	21,956	17,991	114,452	518	4,379
	第 2 学年	11,998	37,959	8,971	23,384	30,278	121,978	719	3,821
	第 3 学年	10,626	38,147	11,143	26,990	40,629	162,612	935	4,744
	第 4 学年	10,870	37,870	14,517	41,512	47,773	257,528	949	5,664
	第 5 学年	8,465	37,768	14,250	49,699	84,579	384,113	1,485	9,477
	第 6 学年	10,552	41,274	19,760	93,083	96,289	485,494	3,611	17,477
中 学 校	平　均	13,229	28,534	20,777	31,174	202,965	153,365	6,618	7,273
	第 1 学年	14,845	35,903	19,695	20,232	110,774	117,141	1,651	4,512
	第 2 学年	10,940	23,272	18,255	38,199	178,408	156,644	7,043	8,684
	第 3 学年	13,943	26,358	24,260	35,193	313,780	186,569	10,880	8,646
高等学校 (全日制)	平　均	16,769	27,205	12,836	20,020	106,884	129,313	11,386	17,407
	第 1 学年	18,242	25,420	12,075	22,730	71,534	85,200	3,644	7,946
	第 2 学年	12,789	18,489	11,231	20,566	98,567	120,636	6,317	13,753
	第 3 学年	19,310	37,909	15,215	16,658	150,650	183,807	24,248	30,915

(注)　表中の網掛けは公立・私立別学年別における各支出項目別の最大値を示している。
(出所)　文部科学省「結果の概要―平成30年度子供の学習費調査」(2019年)。
　　　　https://www.mext.go.jp/content/20191212-mxt_chousa01-000003123_03.pdf

けている（図8-4）。児童虐待は子どもの生命、身体を脅かす重大な権利侵害行為であり、早期の発見と子どもの保護が必要になる。しかし虐待行為は家庭内で行われるため、周囲の目が届きにくく、虐待の兆候があっても、適切なタイミングで行政機関等が介入することは容易ではない。また保護した後の処遇や親との関係も問題になる。

　被虐待児童の他にも、様々な理由により親の監護を受けられない子どもが一定数存在し、そのような子どもは児童養護施設や里親の下で養育される。これら要保護児童については、国家責任の下で養育が行われるが、一定の生活水準を保障するだけでなく、将来の自立に対する支援も重要となる。例えば児童福祉法では、一定の例外は認められるものの、原則として18歳未満の子どもが

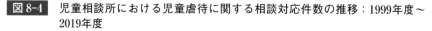

図8-4 児童相談所における児童虐待に関する相談対応件数の推移：1999年度〜2019年度

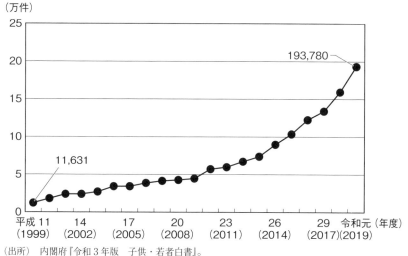

（出所）　内閣府『令和3年版　子供・若者白書』。
https://www8.cao.go.jp/youth/whitepaper/r03honpen/pdf/s3_3-1.pdf

サービスの対象となる。

3 児童福祉と子育て支援の仕組み

3.1 保育サービス

　現在のわが国の保育サービスは、主として児童福祉法と子ども・子育て支援法に基づいて制度が構築されている。わが国では、長きにわたり児童福祉法に基づき、保育に欠ける子どもに保育サービスを提供してきた。現行制度では、利用者と事業者の契約に基づくサービス提供の仕組みを一部導入することで、他の福祉サービスと同様に、利用者の選択がより重要な位置づけを与えられている。また多様な類型の事業者に認可および確認を与えることによってサービス供給量を増やし、待機児童への対応を図っている。現行制度は、保育と教育の一体化も含め、子どもに関わる多様なサービスを1つの制度体系に組み込ん

だ。

　現行制度では、就学前（0歳から5歳）の子どもを、保育の必要性と年齢に応じて、3つのタイプに分類する。子どもと保護者は、必要性の認定を受け、保育サービスを提供する事業者もしくは市町村と契約を結び、サービスを受ける。事業者の類型によって異なる部分はあるものの、利用者である子どもと保護者が、保育所などの事業者と契約を結ぶ場合には、市町村の役割は、利用者への給付を行うことと、認可や確認といった事業者への規制および監督権限の行使に限定される。ただし市町村等は待機児童に対応する責任を免れるわけではなく、調整やあっせんといったプロセスを通じ、あらゆる手段を使って保育が必要と認定された子どもに保育サービスを提供することが求められる。

給付対象と支給方法

　保育の必要性の認定にあたって、**子どもは、1号（3歳以上で保育を必要としない）、2号（3歳以上で保育を必要とする）、3号（3歳未満で保育を必要とする）に分類される。**1号は幼稚園、2号は保育所、3号は保育所および地域型保育で保育を受けることができ、認定こども園はいずれの子どもも利用できる。現行制度では、保育を必要としないと認定された場合でも、教育サービスを、保育と同じ制度体系の中で受けることができる。

　保育に関する**給付は、保育所、幼稚園、認定こども園を対象とする施設型給付と、家庭的保育等を対象とする地域型保育給付に分けられる。**いずれも制度上は金銭給付として利用者に支払われることになっているが、実際には保育所等サービスを提供する事業者が受領し、利用者は費用の一部を支払うだけである（代理受領）。

保育の必要性の認定

　保育の必要性を認定するため、保育を必要とする事由が国レベルで定められており、市町村も条例でこれに類する事由を定めることができる。保育サービスを受けるための事由には、就労、妊娠・出産や保護者の疾病・障害、兄弟姉妹や親族など同居している者に対する介護等がある。その他保護者の就学、虐待やドメスティック・バイオレンス（DV）といった各事由も対象となる。

　現行制度では、パートタイム等も含めて就労形態にかかわらず保育の必要性が認定される。保育標準時間認定では、親がフルタイム労働者（1カ月120時間程度の就労）である子どもを対象に、標準時間として最大11時間の保育が認められる。保育短時間認定では、親がパートタイム労働者（1カ月に48時間から64時間程度就労）である子どもを対象に、最大8時間の保育が認められる。この2つの時間を基本枠組みとして、各家庭の保育必要量（時間）が認定される。必要量の認定においては、保育を必要とする事由の有無、標準時間か短時間の区分に加えて、子の障害の有無や生活保護世帯該当性といった特別な事由も考慮し、最終的な認定に至る。保育を必要としない1号認定の子どもは**教育標準時間**の認定を受け、幼稚園や認定こども園を利用する。

　保育所等を利用し、施設型給付あるいは地域型保育給付を受けるためには、事業者あるいは市町村に利用申込をして、契約を締結する必要がある。ただし、定員超過などの理由で、保護者が選択した施設を利用できない場合には、市町村による利用調整やあっせんが行われる。

待機児童への対応

　現行制度において、待機児童の増減は、市町村によるあっせんや調整が機能するかにかかっている。すべての子ども・保護者の希望を満たすことは不可能であり、複数の選択肢を用意したうえで適切な情報提供を行うことが重要になる。加えて、複数の施設、サービスの間をスムーズに移ることができる仕組みを充実させる必要がある。例えば0歳～2歳の期間は地域型保育を利用し、定員に余裕ができたのを見て、3歳以降は保育所へ移る子どももいる。

　あっせんや調整がどのように行われるかは、各自治体の運用に委ねられる。現行制度では「正当な理由」なくサービスの提供を拒否することはできないとされている。保護者に対し、希望していない施設やサービスへ誘導することや、必要性の認定を受けたにもかかわらず、施設やサービスを利用できない状態にとどめおくことは原則として許されない。ただし「正当な理由」には利用希望者が定員を上回ることも含まれるため、待機児童が発生する可能性は残されている。

　施設型給付および地域型保育給付は、基本額に加算を加えた公定価格からな

り、公定価格から利用者負担を差し引いた額が、利用者（代理受領により事業者）に支払われる。認可および確認を受けた施設は、公定価格を基準に人件費などを支払うため、保育士の待遇改善や、保育の質の向上を促すためには、加算の活用が有効な方法の一つだといえる。

　利用者負担は、幼児教育・保育の無償化により、3歳以上と0〜2歳で大きく分かれることになった。3歳以上は、認可施設であれば、子どもの受給資格の類型や利用する施設の類型にかかわらず無償となり、認可外施設は平均的な利用料を上限として、企業主導型保育は標準的な利用料につき無償となる。0〜2歳については、保育の必要性の認定を受けた住民税非課税世帯が無償化の対象となる。保育の必要性の認定を受けた0〜2歳の子どもに係る利用者負担は、8段階に分かれている。

　無償化の対象が3歳以上に限定されている現行制度は、就学前の子どもに対する教育を重視しているととらえることができる。義務教育との接続を考慮すると、就学前の子どもに対する教育を普遍的に提供することが求められる。他方で、そもそも利用者負担については応能負担の仕組みを採用していたにもかかわらず、一律に無償とすることに妥当性はあったのか、今後の0〜2歳に係る利用者負担のあり方を考える際に検討する必要があるだろう。

多様な事業者との契約

　現行制度の特徴として、多様な事業者を1つの制度に組み込んだ点をあげることができる。現行制度には、施設型給付の対象として、公立保育所、幼稚園、認定こども園があり、地域型保育給付の対象として、家庭的保育、小規模保育、事業所内保育、居宅訪問型保育がある。これに加えて、地域子ども・子育て支援事業の中には、家庭で子どもを育てる世帯への支援が含まれている。

（1）保育所

　保育所は、公立と私立で異なる。私立保育所は、施設型給付の対象ではなく、旧制度と同様に、保護者と市町村の間で利用契約を締結し、市町村が私立保育所に委託費を支払う。公立保育所については、サービスを提供する主体が市町村自身であることを考えると、事実上市町村と公的契約を締結する形で

あった従前と同様の状態になる。

　現行制度では、サービス提供主体への規制として、認可と確認という2つの手法を用いる。認可と確認は、施設型給付を受けるための資格付与という点では共通しているが、判断する基準が異なる。認可は施設の面積、調理施設の有無、子ども1人に対するスタッフの数等の、施設や人員に関わる基準を満たした施設に対して行われる。これに対して確認は、利用定員や情報公開など運営に関わる基準を満たした施設に対して行われる。確認は、金銭給付たる施設型給付を受給する資格であり、認可を受けていることが、確認を受ける前提となる。認可に関する基準は、保育所については各都道府県が定めることになるが、国が政省令で基準を示している。

（2）認定こども園

　認定こども園は、保育所や幼稚園とともに施設型給付の対象となる施設であるが、保育所や幼稚園とは異なり、保育と教育の両方の機能を有する施設として位置づけられる。保育所と同じく、都道府県知事が認可を行う。

　幼保連携型、幼稚園型、保育所型、地方裁量型の4つのタイプがあり、その中でも幼保連携型は、教育と保育を一体的に提供する施設であり、中心的な存在だと言える。例えばスタッフには幼稚園教諭の資格を持つ者と、保育士資格を有する者の両方が含まれる。認定こども園では、1号認定を受け教育標準時間として給付を受ける子どもと、2号・3号認定を受け保育標準時間として給付を受ける子どもが混在し、さらに短時間で給付を受ける子どもも含まれる。そのため異なるニーズを持つ子どもに対し、統一的に教育および保育を提供する手法の確立が求められる。認定類型や利用方法が異なっていても、共通した教育を受けられるようなプログラムを提供することで、認定こども園の重要性は今後増していくものと思われる。

（3）地域型保育

　保育所、幼稚園、認定こども園が、施設型給付の対象であるのに対し、現行制度以前は認可外とされてきた多様な施設やサービスを1つの類型に位置づけたのが地域型保育給付である。地域型保育給付においては、3歳未満で保育を

必要とする子どもを対象とし、地域型保育事業者として認可、確認を受けた施設等と契約を締結すると、給付が行われる。

　地域型保育は、家庭的保育、小規模保育（Ａ型・Ｂ型・Ｃ型）、事業所内保育、居宅訪問型保育に分類される。家庭的保育は、一般に保育ママとも呼ばれるサービスであり、家庭的保育者として各市町村の認定を受けた者が、家庭的保育者の自宅等で子どもを保育する。家庭的保育者は必ずしも保育士資格を持つ者に限定されない。小規模保育は、6人以上19人以下の子どもを保育するサービスであり、従来グループ保育等と呼ばれてきたサービスを、1つの類型に整理したものである。Ａ型が保育所分園に近いもの、Ｃ型が家庭的保育やグループ保育に近いもの、Ｂ型が両者の中間的形態とされる。事業所内保育では、企業が子を持つ被用者のために、保育サービスを提供する。事業所の中に保育室を設置する場合もあれば、近隣の保育施設に委託する場合もある。また自社の被用者の子だけでなく、地域の子どもが利用できる施設もある。居宅訪問型保育は、子を持つ家庭で保育を行うもので、サービスの性質上、面積基準などは設定されておらず、地域型保育の中でも特殊なサービスである。居宅訪問型保育を利用できるのは、子どもが疾病や障害を持つ場合、他の施設やサービスを利用できずつなぎが必要な場合、あるいは親が夜間就労する場合などに限定されている。

（4）地域子ども・子育て支援事業

　地域子ども・子育て支援事業は、施設型給付や地域型保育給付では対応できないニーズに応えるものであり、保育だけでなく、健康も含む子どもの成長発達を支えるサービスである。そのため支援事業は、教育・保育・保健に関する情報提供および相談、妊婦健康診査、乳児家庭全戸訪問事業、養育支援訪問事業、延長保育事業、病児保育事業、放課後児童クラブなど多様な内容を含んでいる。保育に関しては、保育所等の施設保育では対応できないニーズへの対応、家庭での子育てを選択した保護者に対する支援、施設へのアクセスが十分ではない地方の保育ニーズへの対応を主たる役割とする。保健サービスの提供は、母子の健康、栄養状態を媒介として、養育環境に潜むリスクを見つけ出し、早期に対応するきっかけとなる。また放課後児童クラブのような就学期の

子どもを対象にした事業も含めると、支援事業は狭義の保育に限定されない子育ち、子育てを支えるものと言えるだろう。

　現行制度では、認可および確認を受け、施設型給付や地域型保育給付の対象となる施設以外の、いわゆる認可外施設も大きな役割を果たしている。認可外施設は、希望する認可施設を利用できなかった子どもの受け皿となるだけでなく、夜間就労する保護者の子どもを預かるといった役割も担う。保育の無償化において、認可外施設についても部分的に対象となったことは、認可外施設の役割の大きさを示している。また、企業主導型保育事業のように、認可外施設であっても、保育の質や運営方法の面で、一定の水準を満たす施設を活用する動きも見られる。

3.2　社会手当と子育て世帯への経済的支援 ─────────●

　わが国の社会保障制度では、子育て世帯に対する様々な経済的支援が行われている。社会手当に分類されるものとして、児童手当、児童扶養手当、特別児童扶養手当および障害児福祉手当がある。社会手当は、一定の条件を満たす者が、拠出やニーズの有無にかかわらず受給できる普遍的な給付類型であるが、わが国の社会手当は所得制限等を伴うため、選別的な要素を含んでいる。

児童手当

　児童手当は家庭生活の安定と子どもの健全な育成を目的に現金給付を行う制度である。つまり児童手当は、子育てを行う親および世帯への支援と、子ども自身への支援の両方を政策目的とする。

　児童手当の給付対象は、中学校修了までの子どもである。年齢によって給付額（2020年現在）が異なり、3歳未満（子ども1人当たり1万5,000円）、3歳〜小学校修了まで（第1子、第2子は1万円、第3子以降は1万5,000円）、中学生（1万円）に区分される。**所得制限**は夫婦と子ども2人の場合960万円であるものの、所得制限を超える世帯に対しても特例給付（5,000円）が行われる。財源の大部分は国（3分の2）と地方公共団体（3分の1）が負担する。ただし3歳未満の子どもに対する特例給付を除く給付（被用者の子に対する給付分）については、**事業主負担（15分の7）**があり、これがわが国の児童手当

の特徴の１つとなっている。給付された現金について、使途の限定はない。条文上は子どものために使うことが定められているが、強制力はない。例えば給食費に未納がある場合は、受給者の同意を得て天引きできるが、使途は基本的に受給者たる親等に委ねられている。

児童扶養手当

　児童扶養手当は、１人親世帯の生活の安定と自立の促進、子どもの健全な育成を目的とした制度である。受給者は、養育者である親等で、支給対象となるのは、父母が婚姻を解消した子ども、父母が死亡した子ども、父母が政令で定める程度の障害にある子ども、父母の生死が明らかでない子ども、これらに準ずる状態にある子ども、である。支給額（2021年現在）は、第１子につき４万3,160円、第２子に係る加算が10,190円、第３子以降に係る加算が、子ども１人につき6,110円となる。児童手当とは異なり、子の数が増えるごとに１人当たりの給付額は減る。児童扶養手当は一部支給もできるため、扶養親族の数と所得で段階的に支給額が定められている。現在は２人世帯で160万円未満の場合には全額支給され、160万円以上365万円未満の場合には一部支給となる。

　ほかにも支給停止要件があり、**支給期間が５年を超えると２分の１が支給停止となる**（３歳未満の子を養育する期間は除く）。ただし就労している場合や求職活動に従事している場合、また病気や障害で就労が困難である場合には適用除外となるため、実質的には就労要件として機能する。これら給付額を制限する規定には、１人親の就労自立を促すという制度目的が反映されていると言えるだろう。

　児童扶養手当制度は、１人親世帯に対する支援策の一環でもある。そのため国家による現金給付だけでなく、婚姻解消後の養育費の確保を後押しする政策や、親に対する就労支援も同時に行う必要がある。

特別児童扶養手当

　特別児童扶養手当は、精神または身体に障害を有する子どもの福祉を増進することを目的とし、受給要件を満たす20歳未満の子を家庭で養育する父母等に給付される。特別児童扶養手当は、子を持つ世帯に対する現金給付であり、障

害者福祉政策の1つでもある。障害の程度により給付額（2020年現在）が異なり、1級は月額5万2,500円、2級は3万4,970円となっている。扶養親族の数、受給者もしくは配偶者の収入に基づく支給制限がある。

　加えて、重度障害児を対象とした障害児福祉手当もあり、この手当は精神または身体に障害を有する子ども本人に対し支給される。支給額は月額1万4,880円で、本人だけでなく配偶者や扶養義務者の収入および所得に基づく支給制限がある。

3.3　少子化対策とワークライフ・バランス

わが国の少子化対策

　現在のわが国の現状を見ると、出生数は84万835人（令和2年（2020）人口動態統計（確定数）の概況）で、出生率（2020年時点で1.33）も低く、少子化の傾向は変わっていない。**未婚化、晩婚化**も進行しており、高齢出産の増加や子育てにかかる費用の問題が、出産を躊躇させていると言える。非正規雇用の増加や、就労と子育てを両立できない職場環境など、従来から指摘されている問題も解決されていない。

　わが国の少子化対策は、1990年のいわゆる「1.57ショック」から、1994年の「エンゼルプラン」、1999年の「新エンゼルプラン」、2003年の「次世代育成支援対策推進法」「少子化社会対策基本法」および2004年の大綱を経て、2010年の「子ども・子育てビジョン」に至る。そして現行制度たる子ども・子育て支援新制度も広く少子化対策の一部と見ることができる。

　わが国の少子化対策は、待機児童の解消、**ワークライフ・バランスを含む職場環境の改善**を柱としつつ、近年は地域での子育て支援に着目した対策が打ち出されている。保育分野では、就学前の子どもに対する保育サービスの提供だけでなく、就学期の子どもを預かる放課後児童クラブなどを拡大することも含まれ、地域ぐるみの子育て支援がモデルとして提示されている。また非正規雇用が増え、結婚や出産に対する経済的障壁をかかえる若年世代のために、キャリア教育や求職活動の支援を行うことも少子化対策の一環とされている。加えて、幼稚園や保育所の利用における第3子以降の無償化や、公営住宅への優先的な入居など、多子世帯の経済的困難に着目した従来からの政策の維持、拡大

も含まれる。

　少子化対策に関わる政策群（図8-5）を概観すると、少子化対策一般には人口政策と言い換えることのできる、直接的な出産の奨励策が含まれるのに対して、わが国の少子化対策は、子どもを産み育てている、あるいは出産や子育てを将来希望する世帯に対する環境整備を軸としていることがわかる。

ワークライフ・バランスと子育て支援

　少子化対策においては、保育サービス等の充実だけでなく、子を持つ親の就労環境を改善することも重要な課題となる。そのため前述のとおり、ワークライフ・バランスの促進策も少子化対策としての側面を持っている。ワークライフ・バランスは、広く仕事と生活の調和を目指すものであり、そこには子育てだけでなく趣味や余暇なども含まれる。ただしわが国の現状を見ると、子育てや介護と就労をどのように両立させるかということが、ワークライフ・バランス政策の主要な課題となっている。

　職場環境と子育て支援という観点から重要な法制度として、まず**育児・介護休業法**をあげることができる。育児休業は原則として子が 1 歳に達するまで、父母が両方取得する場合には 1 歳 2 カ月まで取得することができる。その他短時間勤務措置、時間外労働の免除、不利益取扱の禁止などが定められている。また被用者年金の加入者（第 2 号被保険者）は、育児休業期間中、事業主分も含め保険料を免除されるため、これも育児休業取得を支援する制度だと言える。加えて、育児休業中は賃金が支払われず、必ずしも使用者から所得保障がなされるわけではないため、雇用保険から育児休業給付金（賃金の67％で 6 カ月経過後は50％）が支払われる。

　育児休業の取得率を見ると、女性が81.6％であるのに対し、男性は12.65％にとどまっている（厚生労働省「雇用均等基本調査（令和 2 年）」）。この差が生じる原因は様々あろうが、社会的な性別役割分業の意識もその一因だと言える。ただし男性労働者も育児休業取得を希望しているとすれば、法制度や使用者側の問題ということになろう。令和 3 年に創設された育児・介護休業法に基づく出産時育児休業も、「男性版産休」として、男性の育児参加を促すことが期待される。

図 8-5　少子化社会対策大綱のポイント

少子化社会対策大綱のポイント

◆ 新たな「少子化社会対策大綱」を、令和 2 年 5 月 29 日に閣議決定
◆ 基本的な目標として「希望出生率 1.8」の実現を掲げ、目標実現のための具体的な道筋を示す狙い

背景
● 2019 年の出生数は 86 万 5,239 人と過去最少（「86 万ショック」）
● 少子化の進行は、人口の減少と高齢化を通じて社会経済に多大な影響を及ぼす、国民共通の困難
● 少子化の背景にある、個々人の結婚や出産、子育ての希望の実現を阻む隘路の打破に強力に取り組む必要

主な施策
●「希望出生率 1.8」の実現に向けて、ライフステージに応じた総合的な少子化対策を大胆に進める

【結婚しない理由】男女とも「適当な相手にめぐり会わない」が最多	【理想の子供数を持たない理由（理想 1 人）】欲しいけれどもできないから（74.0％）高年齢で産むのはいやだから（39.0％）	【夫の休日の家事・育児時間別にみた第 2 子以降の出生割合】家事・育児時間なし：10.0％　6 時間以上：87.1％	【理想の子供数を持たない理由（理想 3 人）】子育てや教育にお金がかかりすぎるから（69.8％）

結婚支援	妊娠・出産への支援	仕事と子育ての両立	地域・社会による子育て支援	経済的支援
地方公共団体が行う総合的な結婚支援の一層の取組を支援結婚に伴う新生活のスタートアップに係る経済的負担を軽減	＜不妊治療＞不妊治療の費用助成を行うとともに、適応症と効果が明らかな治療には広く医療保険の適用を検討し、支援を拡充＜切れ目のない支援＞産後ケア事業の充実等	＜男性の家事・育児参画促進＞男性の育休取得 30％目標に向けた総合的な取組の推進＜育児休業給付＞上記取組の推進状況を踏まえ、中長期的な観点から、その充実を含め、効果的な制度の在り方を総合的に検討＜待機児童解消＞保育の受け皿確保	保護者の就業の有無等にかかわらず多様なニーズに応じて、全ての子育て家庭が、それぞれが必要とする支援にアクセスでき、安全かつ安心して子供を育てられる環境を整備	＜児童手当＞財源確保の具体的な方策と併せて、子供の数や所得水準に応じた効果的な給付の在り方を検討＜高等教育の修学支援＞多子世帯に更に配慮した制度の充実を検討＜幼児教育・保育の無償化＞2019 年 10 月からの無償化を着実に実施

● 更に強力に少子化対策を推し進めるために必要な安定財源の確保について、国民各層の理解を得ながら、社会全体での費用負担の在り方を含め、幅広く検討を進める

新型コロナウイルス
● 新型コロナウイルスの流行は、安心して子供を産み育てられる環境整備の重要性を改めて浮き彫りにした
● 非常時の対応にも留意しながら、事態の収束後に見込まれる社会経済や国民生活の変容も見通しつつ、総合的な少子化対策を進める

（出所）　内閣府『令和 3 年版　少子化社会対策白書』。
https://www.8.cao.go.jp/shoushi/shoushika/whitepaper/measures/w-2021/r03pdfhonpen/pdf/s2-1-2.pdf

3.4　児童虐待防止と社会的養護

　わが国では、親の監護を受けられない等の事情をかかえる子どもに対し、児童福祉法に基づく養育、監護を行ってきた。児童養護施設等で行われる養育は、現在に至るまで、措置制度の下で行われている。都道府県知事は、児童福祉法に基づく権限を行使し、社会福祉法人等が運営する施設に、子どもの養育、監護を委託する。現在は里親家庭への委託も進んでいるが、わが国では現

在でも施設での養育が中心となっている。

児童虐待の定義

　死別や経済的困窮により親による養育を受けられない子どもに加え、親から虐待を受けた結果、公的な保護を受ける子どもが増加している。前述のとおり、児童虐待の通告件数は増加しており、子どもの保護とその後の監護、養育に関する制度構築が進められてきた。児童虐待防止法（「児童虐待の防止等に関する法律」）は、**身体的虐待、性的虐待、ネグレクト、心理的虐待**を主たる虐待内容として規定する。ネグレクトとは「児童の心身の正常な発達を妨げるような著しい減食又は長時間の放置」（児童虐待防止法第2条3号）、心理的虐待は「児童に対する著しい暴言又は著しく拒絶的な反応、児童が同居する家庭における配偶者に対する暴力（略）その他の児童に著しい心理的外傷を与える言動を行うこと」（同4号）と定義される。

児童虐待への対応

　虐待を発見した者には通告が義務づけられ、子どもに接する専門家は早期発見に努めなければならない。通告を受けた福祉事務所は、学校などの関係機関と連携し、子どもの安全確認、保護にむけて、子どもを**児童相談所**へ送致する。都道府県知事は、立入調査、あるいは親等に対し出頭要求を行う。虐待の疑いがあるにもかかわらず、相手方が出頭要求に応じない場合には、住居に臨検し子どもを捜索することができる。また必要な場合には警察の援助を受けることもできる。

　子どもを一時保護した後、児童福祉法に基づく措置も含め、子どもの処遇が検討される。措置の内容は子どもの特性や家庭の状況によって様々であるが、虐待を受けた子どもの場合には、児童福祉法が定める小規模住居型児童養育事業や里親への委託、児童養護施設等への入所が有力な選択肢となる。また、家庭裁判所により親権喪失、親権停止が行われることもある。

社会的養護の現状

　現在のわが国において、要保護児童が養育される場として、主要な役割を果

たしているのは児童養護施設である。保護に至る背景として前述した虐待があるものの、社会的養護に至る理由は、虐待以外にも多様である。その1つとして障害児への対応、例えば子どもが知的障害等を有していることがある。例えば**乳児院**は専門的な機能も併せもち、障害や疾病を有する子どもにも対応している。その他非行問題に対応する**児童自立支援施設**や、DV被害を受けた親子に対応する**母子生活支援施設**も含め、多様な施設、サービスにより複合的な困難をかかえる親や子に対する支援が行われている。

　施設保護が中心を占めるわが国でも、子どもの育ちを考慮し、養育里親を中心とした里親家庭への委託が促進されている。施設で養育する場合にも、**地域小規模児童養護施設の増設や、従来型の児童養護施設や乳児院における小規模グループケアの推進など、小規模化が進められている**。このように個々の子どもの育ちを重視した成育環境を整備することに加えて、施設や養育家庭からの自立支援も重要な課題である。進学、就職といった場面で、制度上の「児童」である18歳を超えて自立できない者に対しては継続的な支援が求められる。

　児童虐待防止法が定めるのは、児童虐待が疑われる家庭へ早期に介入し、最悪の結果を回避するために行政機関がその権限を行使することである。児童虐待を防止するためには、子どもが生まれた時点から、低所得や1人親など子育てに困難をかかえると思われる家庭を支援することが必要となる。例えば、訪問型の保健サービスは有効な手法の1つである。加えて、ここまで紹介してきた保育サービスの優先的な提供や、現金給付なども、子育ての困難さから生じる児童虐待を防ぐための環境整備として重要である。

4　児童福祉と子育て支援の歴史と政策

4.1　措置制度による児童福祉

　戦後のわが国では、戦災孤児を含め、国家による子どもの保護と養育が目の前の課題としてあった。児童福祉は、子どもを危険な労働や様々な搾取から守り、非行を防ぐとともに、最低限度の生活を保障するための制度であった。そ

こではかつての高齢者や障害者と同じく、措置制度によるサービスの供給が有効であったと言えよう。1947年に成立した児童福祉法は、社会的養護も保育所制度も、非行少年に対する処遇も含む幅広い法律であり、これら主として要保護児童のニーズに対処するものであった。しかし時を経るにつれ、サービス供給の仕組みはおのおの異なる展開をたどった。

　社会的養護が現在でも措置制度の下で行われているのに対し、保育所は徐々にサービス供給の方法を変化させていった。ただし保育所制度は、他の福祉サービスとは異なる変遷を見せた。**措置から契約へ**、という流れの中で障害者福祉は支援費支給方式に、高齢者福祉は介護保険制度へ移行し、利用者と事業者が直接契約し、市町村は受給資格認定と費用の支給を主たる役割とするようになった。これに対し保育所は、**1997年の児童福祉法改正**によって、利用希望者が入所を希望する保育所を選択し、市町村に対し申込みを行い、入所決定を受けるという仕組みを採用した。これは措置と契約の中間的な仕組みととらえることもできる。その後、現行制度の根拠となる子ども・子育て支援法（2012年）に至る流れが徐々に形成されていった。

　他方、社会的養護が必要な子どもについては現在に至るまで措置制度の下でサービスが行われているものの、従来児童福祉法の下で行われていた児童虐待への対応については、**児童虐待防止法（2000年）**と連携した仕組みへとその枠組みを変化させていった。

4.2　少子化対策と子育て支援策の展開 ●

　都市部を中心に待機児童が問題となる一方で、わが国全体では出生率が低下し、少子化が進行した。少子化は世代間での助け合いを基礎とする社会保障制度の基盤を揺るがし、経済全体に悪影響を及ぼすため、対策が求められた。前述のとおり、少子化の原因として、晩婚化や未婚化、子育て費用の増加、雇用の不安定化による子育て世帯の経済的困窮、子どもをめぐる社会環境の悪化などをあげることができる。少子化社会対策基本法（2003年）から、次世代育成支援対策推進法の改正（2014年）に至るまで、各課題に対応した総合的な政策が実施されている。

　わが国の少子化対策は出産、子育てを望む世帯に対する環境整備が中心で

あった。特に子育て世帯に対する経済的支援においては、現金給付の拡充が求められるようになる。ある時期までは、児童扶養手当法（1961年）や特別児童扶養手当法（1964年）によって、1人親世帯や障害児を持つ世帯などの特別なニーズを持つ世帯に対して現金給付を行うにとどまっていた。しかし**1971年に児童手当が創設された**ことにより、一定の年齢の子を有する世帯に、広く給付が行われることになった。

児童手当は当初低額にとどまったが、給付額、対象年齢ともに拡大していく。その目的も多子というリスクの軽減から、少子化対策を背景とした子育て費用の支援へと変化した。また「子ども手当」が創設された時期には、その目的が改めて問われることになった。

また1人親世帯への現金給付は、児童扶養手当、遺族基礎年金ともに父子世帯を含めた1人親世帯を対象としている。両制度は現在に至るまで一定年齢以下の子を持つ1人親世帯にとって重要な制度であり続けている。

4.3　子ども・子育て支援新制度と子育て支援の今後 ───────●

近年の児童福祉における大きな変化は、現行制度としてすでに紹介した、子ども・子育て支援新制度の創設である。新制度は、利用者と事業者の間の契約方式の導入など、新しい要素を含むものの、多くはこの10年あるいは20年の議論をまとめあげたものである。

第1に、認定こども園の本格的な制度化や保育の無償化によって、長きにわたって議論されてきたいわゆる幼保一元化の議論が、1つの形になった。第2に、保育サービスの多様化の流れを反映した制度となった。家庭的保育や事業所内保育といった従来型の保育所以外での保育サービスの提供、待機児童問題解消のために各自治体で行われた独自の認証基準設定など、先進的な取り組みを評価、追認した。第3に、特に2000年代の議論では、保育サービスだけでなく、現金給付も含めた総合的な子育て支援が構想されており、このような観点は今後も重要となるだろう。

保育以外の子育て支援策も急速に拡大した。育児休業の拡大や育児休業期間中の社会保険料の免除など、子育てと就労の両立を支援するための政策も進められている。放課後児童クラブなど、就学期の子どもを監護するサービスも、

就労との両立にとって重要であり、需要も増加している。今後は雇用保険制度による育児休業給付金を充実させるなど、家庭での子育てを助けるための支援と、保育サービスの充実の両方を進めることで、おのおのの世帯の状況にあった子育てを可能にしていくべきだろう。子育てと就労をどのように両立するかは、各家庭の選択に委ねられるべき事柄である。しかし現在のわが国では、保育サービスを利用する場合でも、育児休業を取得して家庭で子育てを行う場合でも、対象者や要件が限定されており、十分な選択肢が提示されているとは言えない。例えばパートタイム労働者に対する、保育サービスの利用を含めた子育て支援は、今後の課題である。

5 児童福祉と子育て支援の課題

5.1 保育サービスの多様化と質の確保 ─────────●

　保育において喫緊の課題であった待機児童の問題は徐々に解消されつつある。ただし保育サービスをまったく受けられない子どもだけでなく、希望の保育所に入所できず、やむをえず保育所以外の保育サービスを利用する、あるいは遠方の保育所に通わざるをえない子どもも、十分にサービスを利用できない状態にある。

　供給量の増加とともに重要なのが、サービスの質の確保である。これまで保育サービスの質を維持、向上させるために重要な役割を果たしてきたのが、児童福祉施設の設備および運営に関する基準である。ただすでに述べたとおり、設備や人員に関する基準は各自治体の条例に委ねられている。例えば地方では広い居室や運動場を確保できるのに対し、都市部では複合施設の一室を保育所として利用することも珍しくない。

　現行制度では、地域型保育を中心に多様なサービスを1つの制度に組み込んだため、施設やサービスの類型に応じた、複数の基準を設定せざるをえなくなった。事業所内保育で事業場内に保育室を設ける場合には設備面での制約が多く、居宅訪問型保育では設備面での規制は困難である。例えば保育所で提供

する給食を保育所内の調理施設で調理する（自園調理）か、外部委託し提供することも許容されるかといった問題もある。自ら調理施設を持たない場合には、外部で一括調理したものを配送せざるをえない。しかし外部委託は、自園調理と比較して、個々の子どもへの配慮や食育の推進といった点で劣る場合もある。逆に自園調理が望ましいとしても、すべての施設が調理室の設置を義務づけられるとすれば、給付対象となる施設の数が減少するおそれもある。

　今後、施設やサービスが多様化し、一部の施設等では、設備や人員といった点で制約を伴うことを前提に質を維持、向上させていく必要があるだろう。例えば保育需要の増大による保育士不足を背景に、保育士資格を有しないスタッフに監護を委ねるとしても、別の基準を策定し、子どもの生命や健康を守る体制を構築すべきであろう。

5.2　児童福祉と教育の機会

今後の児童福祉は、教育とのつながりを意識した政策が重要になっていく。

　第1に、保育サービスでは、保育を必要としない1号認定の子どもに対して、教育標準時間に基づく給付が行われる。また教育施設である幼稚園と保育所が連携する認定こども園については、1号、2号、3号認定のすべての子どもが利用可能である。

　認定こども園は、幼保一体化の議論の延長線上にある。保育所と幼稚園が歴史的に担ってきた役割の違いもあり、幼保一体化の議論は、必ずしも順調に進んだわけではなかった。例えば幼稚園と保育所は基本的にそれぞれ別の法体系に位置づけられるため、教育と保育の一体化という点では不十分であった。これに対して現行制度の幼保連携型は、就学前教育の拡大という点からも肯定的に評価することができる。また、保育の無償化も、保育や教育の類型を問わない点で、3歳以上の子どもについて保育と教育の一体化を促すものと言える。

　第2に、社会的養護においても、教育機会をどのように付与していくかといった問題が伴う。例えば、児童相談所等で一時保護された子どもに対し、勉強面で遅れが生じないように教育の機会を提供することが求められる。また施設や里親家庭を離れ自立する過程で、高校卒業段階での就労が依然として主たる選択肢であることを前提としながらも、大学等への進学に意欲、能力を持つ

子どもに対しては、経済的支援を行う必要があるだろう。

　第3に、現金給付についても、教育費用という観点から、その体系を見直す必要がある。わが国の児童手当をめぐる問題として、第1に給付額の低さがあげられる。現在の給付は実際の子育て費用と比較した時、きわめて限定的な支援と言わざるをえない。第2に、受給対象者を義務教育期までとしていることも再考の余地がある。子育て費用の多くを教育費が占め、9割以上の子どもが高校へ進学する状況においては、義務教育期までに限定する理由は乏しい。もちろん財源の制約は考慮する必要があるものの、3歳未満の子どもへの給付が最も手厚い体系も見直す余地がある。第3に、現金給付という給付類型の利点として、受給者が自らあるいは自分の子のニーズに最もよく合致した使途を決められる点があげられる。そのため使途の制限や現物給付化といった議論には慎重であるべきだろう。他方、児童養護施設等で養育される子どもに対する手当を、施設が受け取ることが妥当であるかといった問題も含め、監護者を受給者とする制度のあり方それ自体には再考の余地がある。

　わが国では、子育て世帯への所得保障としてまず社会手当をあげることができるものの、子育て世帯に対する経済的支援政策はこれに限られない。すでにあげた遺族基礎年金、遺族厚生年金に加えて、税法に基づく各種控除も子育て世帯にとっては重要な意味を持つ。**給付つき税額控除**は、わが国でも政策上の選択肢として何度も議論されているが、いまだ導入には至っていない。

　また現金給付と、就労支援を含めたサービス給付との連携も重要な課題となる。例えば児童手当の拡充とともに、保育料の負担を軽減する施策も必要となる。1人親世帯については、児童扶養手当の拡充とともに、親に対する就労支援も求められる。ただし現金給付と就労支援が連携することで、就労、求職活動に従事しない親に対し、給付を過度に制限することにならないよう注意が必要となる。

5.3　子育てから子育ちへ

　ここまでわが国の児童福祉の課題として、サービスにおける質の保障、現金給付も含めた教育機会の付与という側面から説明してきた。これらの課題は、子育てから子育ちへという考え方と密接に結び付く。子育てから子育ちへとい

COLUMN　低所得世帯の子育てと子どもの貧困

　児童福祉と子育て支援について考えるうえで、留意しなければならないのが、低所得世帯における子育ての困難さと、子どもの貧困という現象である。子どもの貧困という視点は、子ども期の貧困が、子どもの将来的な成長発達、キャリアや収入に悪影響を及ぼすという考え方に基づいている。また貧困世帯の子が成人後に同じく貧困状態に陥ることを、貧困の連鎖と呼ぶが、貧困世帯の子どもを支援することによってこのような貧困の連鎖を防ぐという狙いもある。子どもの貧困という視点は、貧困世帯の子どもへの支援というだけでなく、子ども特有のニーズに着目する点に特徴がある。例えば同じ栄養の欠如や偏り、食生活の乱れであっても、成人が被る健康への悪影響と比較して、味覚や食生活を形成する過程にある子どものほうがより大きな影響を受ける。また修学旅行への参加や、友人との交流が経済的理由によって妨げられる場合には、社会保障給付等で補うことのできない損失を被る可能性もある。

　子どもの貧困の原因として1人親世帯や親の失業、疾病などをあげることができる。本章で見てきたように、わが国には社会手当の1つとして児童扶養手当があり、保育所利用においても種々のニーズをかかえた世帯は優先的に入所することができるし、保育料も負担能力に応じた設定になっている。他方、親や世帯の貧困によって、子どもが進学、就職の面で不利な状況に置かれていることは否定できない。前述した現金給付や保育サービスの提供も、低所得の親が就労することを前提としているものの、就学前の子をかかえている時期は就労が困難であるし、母子世帯については男女間の賃金格差も経済的自立を妨げる要因となる。子を持つ低所得世帯を支援する際には、このような困難が結果的に子の成長発達に影響を与える可能性があることに留意すべきであろう。

　「子どもの貧困対策の推進に関する法律」および「子供の貧困対策に関する大綱」が、わが国の子どもの貧困対策の軸となっている。対策法および大綱は、2019年に改正され、対策法では、子どもの「現在」と「将来」の両方を対象とすることが明記され、大綱では、ひとり親に関する指標等が追加された。大綱の内容等からわが国の子どもの貧困対策について、次の特徴を指摘できる。第1に、子ども自身に対する施策と、親に対する施策を両輪として展開している。親や世帯への支援に偏ることは、子ども自身のニーズに着目する子どもの貧困が持っていた視点を失わせる危険があるものの、貧困状態の解消のため、親に対する支援は欠かせない。第2に、進学や就労など子どもや親の自立を重視している。これ

は本章で紹介した児童扶養手当の方向性や、生活保護制度の自立支援を重視する方向性と軌を一にするものである。第 3 に、生活保護世帯や 1 人親世帯など、わが国の社会保障制度の中でニーズが類型化された世帯を対象としている。

　子どもの貧困は社会保障制度だけで解決できる問題ではなく、教育制度や雇用政策など様々な領域にまたがる課題である。子どもの貧困は、子どもという存在を通じて、社会保障制度の役割や範囲を再考するきっかけにもなるだろう。

う表現には、子どものいる家庭、親への支援だけでなく、子ども自身への支援を中心に据えるべきとの意味が含まれている。

　例えば、保育の必要性の認定は、一部の要件を除き、親の状況を主たる判断基準とする。実際にサービスを受けるのは子ども自身であるにもかかわらず、養育・監護する者がサービスを選択する。また現金給付についても、障害児に対する一部の給付を除き、原則として監護する親が受給者となる。児童虐待から保護に至る過程でも、措置制度の下で、自らの養育環境について子どもが選択できる範囲はきわめて限定されている。子どもは心身ともに未成熟であるがゆえに、親や監護者が法的に大きな力を持ち、日常生活のあらゆる側面において決定権を持っている。社会保障制度は、世帯を単位に給付対象を把握することが多いため、子ども自身のニーズや選択を考慮する仕組みが十分には構築されてこなかった。

　一方、子どもの幸福や成長にとって、世帯の生活の安定が必要なことは言うまでもない。子育てから子育ちへ向かう児童福祉とは、子ども自身の成長発達を中心に据えつつ、子どもを支える環境や周囲の人々を支える制度だと言えよう。

キーワード
待機児童　児童福祉法　子ども・子育て支援法　少子化
ワークライフ・バランス　児童虐待　社会的養護　児童手当　児童扶養手当
子どもの貧困

復習問題

1　現行制度では、保育所を利用するためには、保育の｜　　　｜の認定を受けなければならない。

2　地域型保育給付の対象となる家庭的保育事業は、認可、確認ともに｜　　　｜が行う。

3　保育の無償化により｜　　　｜歳以上の子どもの教育・保育が無償となった。

4　児童手当は、国や自治体のほかに、一部の財源を｜　　　｜が担う。

5　特別児童扶養手当は、｜　　　｜をもつ子どもがいる場合に支給される。

6　児童虐待防止法は、身体的虐待、｜　　　｜、心理的虐待、ネグレクトを虐待の類型として定めている。

7　育児休暇や「男性版産休」取得の根拠となるのが｜　　　｜法である。

8　児童養護施設等は、より家庭的なケアを実施するために｜　　　｜化が進められている。

9　子どもの貧困対策法は、子どもの貧困対策に関する｜　　　｜によって政策として具体化される。

10　児童虐待防止法や子ども・子育て支援法と連携しつつ、子どもの生活保障に関わる規定を包括的に含むのが｜　　　｜法である。

練習問題

1　保育所に入ることを希望したのに入れなかった子どもは、どのようなサービスを利用しているのか調べてみよう。

2　出生率が上昇した国では、どのような少子化対策が行われてきたか調べてみよう。

3　わが国で男性の育児休業取得率が低い理由をあげて、その改善策を考えてみよう。

4　子どもの時に貧困を経験すると、大人になってからどんな困難が生じるかを考えてみよう。

5　児童養護施設を出た18歳以上の若者は、生活上のどのような面で不利か考えてみよう。

6　認可外施設はどのような規制に服するか、認可施設と比較して考えてみよう。

7　未婚化の背景には、若者や現役世代をめぐるどのような変化があるのか考えてみよう。

8　育児休業期間中は厚生年金の保険料についてどのような優遇措置があるの
　　か調べてみよう。
9　父子世帯に特有の不利にはどのようなものがあるのか考えてみよう。
10　児童養護施設に入所している子どもの児童手当について、現在の取り扱い
　　が妥当なのか、考えてみよう。

Further Readings

阿部彩『子どもの貧困——日本の不公平を考える』岩波書店、2008年

江口隆裕『「子ども手当」と少子化対策』法律文化社、2011年

加藤智章・菊池馨実・倉田聡・前田雅子『社会保障法』（第7版）、有斐閣、
　　2019年

内閣府『令和3年版　子供・若者白書』2021年

https://www8.cao.go.jp/youth/whitepaper/r03honpen/pdf_index.html

内閣府『令和3年版　少子化社会対策白書』2021年

https://www8.cao.go.jp/shoushi/shoushika/whitepaper/measures/w-2021/r03
　　pdfhonpen/r03honpen.html

内閣府「子ども・子育て支援新制度について」2021年

https://www8.cao.go.jp/shoushi/shinseido/outline/index.html

第9章 権利擁護

　認知症高齢者、知的障害者、精神障害者等が、契約における判断能力が不十分であることから福祉サービスを十分に利用できず、また、詐欺的取引等の消費者被害や金銭搾取、虐待の被害を受ける事例が増加している。そうした場合に、高齢者や障害者の意思決定を支援し、本人の主張や利益を守るのが権利擁護である。

　権利擁護のための制度には、財産管理や身上監護を通じて意思決定を支援する成年後見制度や日常生活自立支援事業があり、さらには、消費者被害防止のための消費者契約法や身体面・経済面の虐待を防止するための虐待防止法がある。また、権利擁護のための情報提供等や、福祉サービスに対する不服を簡易迅速に解決するための苦情解決の制度がある。

　認知症高齢者数や権利侵害の事例が増加する中、本章では、権利擁護の制度の基本的な仕組みと制度間の関係のほか、将来的に権利擁護の充実を図っていくための課題を明らかにする。

【キーワード】
成年後見制度　法定後見　任意後見　財産管理　身上監護
日常生活自立支援事業　消費者契約法
高齢者・障害者・児童虐待防止　情報提供等　苦情解決

1　権利擁護の意義

　権利擁護という言葉から、どのような内容を思い浮かべるだろうか。また、なぜ社会保障で権利擁護を考える必要があるのだろうか。

　人は、原則として自らの意思決定に基づき日常生活を送っている。しかし、情報や知識の不足により、自己にとって満足のゆく意思決定をしていない（できない）場合がある。社会保障制度を利用しようとしても、個々の制度は複雑であり、判断能力が十分であっても、その内容を完全に理解したうえで判断するのは難しい。特に、高齢期の認知機能は若年期よりも相対的に低い傾向があり、また、認知症や障害を持つ者にとっては、自己の意思決定が難しい場合もある。その場合に、たとえ法が権利を保障していたとしても、社会保障における権利が現実には保障されない状況が生じる。そのため、個々人の状況に応じ、社会保障の権利を現実に保障する方策が必要になる。

　権利擁護は、そのような状況にある者の**権利を実質的に保障することを目的とする**。その際には、判断能力が不十分な場合を含めて、より広く、社会保障の全体にわたって権利の実質的保障のあり方を考える必要があろう。

　現実の人はみな違う。この点に目を向け、その異なり方から生じる状況に法がどう介入し、実質的な権利保障の実現を図るべきなのかが課題となる。

2　権利擁護をめぐる状況

　判断能力が不十分な場合に利用する日常生活自立支援事業の新規利用は、2019年度（令和元年度）に約1万1,000件あり、延べ相談件数は約213万件である。日常生活自立支援事業の**利用件数は、事業の開始以来、増加傾向にあったものの、近年、新規契約件数は減少傾向にある**（図9-1）。また、精神障害者等の相談、利用数が増加している。

　成年後見の申立て件数は、2020年（令和2年）に約3万7,000件である。利用者は80歳以上が最も多く、約56％が女性であって、開始原因は認知症が最も

図 9-1 日常生活自立支援事業の実施状況：1999年度〜2019年度

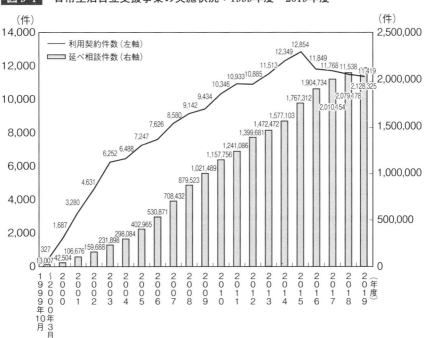

（出所） 厚生労働省『令和2年版 厚生労働白書』（2020年）資料編より筆者作成。

多く約64％である。法定後見では、後見、保佐、補助のうち、**後見が最も多い**。法定後見における後見人、保佐人、補助人は、親族（配偶者、子ども等）が約20％、親族以外の個人（法律・福祉の専門家、市民後見人等）が約69％、法人が約12％である。**後見人、保佐人、補助人になる親族の割合は年々減少し続けている**（図9-2）。任意後見監督人選任の審判の申立ては738件である。

　次に、虐待の現状を見ると、児童相談所における**児童虐待**の相談対応件数は毎年増加している。2020年度（令和2年度）は約20万5,000件であり、**死亡事例も発生**している。心理的虐待の割合が最も多く、次いで身体的虐待が多い。**高齢者虐待**では、養介護施設従事者等に比べ**養護者による虐待が多い**（2019年度は約1万7,000件、図9-3）。身体的虐待が最も多く（67.1％）、加害者は本人の息子が最も多い（40.2％）。虐待を受けたと認められた**障害者**は、2019年度に3,169人であり、**養護者による虐待が多く、身体的虐待が64％である**。

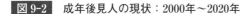

図 9-2　成年後見人の現状：2000年～2020年

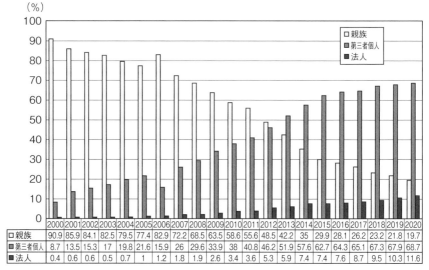

	2000	2001	2002	2003	2004	2005	2006	2007	2008	2009	2010	2011	2012	2013	2014	2015	2016	2017	2018	2019	2020
□親族	90.9	85.9	84.1	82.5	79.5	77.4	82.9	72.2	68.5	63.5	58.6	55.6	48.5	42.2	35	29.9	28.1	26.2	23.2	21.8	19.7
■第三者個人	8.7	13.5	15.3	17	19.8	21.6	15.9	26	29.6	33.9	38	40.8	46.2	51.9	57.6	62.7	64.3	65.1	67.3	67.9	68.7
■法人	0.4	0.6	0.6	0.5	0.7	1	1.2	1.8	1.9	2.6	3.4	3.6	5.3	5.9	7.4	7.4	7.6	8.7	9.5	10.3	11.6

（注）　1.　2000 年から 2007 年までは年度ごと、2008 年以降は 1 月から 12 月までである。
　　　　2.　成年後見人が該当する関係別の個数を母数とし、認容で終局した事件総数とは一致しない。
　　　　3.　2011 年以降の法人には、弁護士法人、司法書士法人、行政書士法人、税理士法人を含む。
（出所）　最高裁判所事務総局家庭局「成年後見関係事件の概況」より筆者作成。
　　　　　http://www.courts.go.jp/about/siryo/kouken.html

　そのほか、**高齢者の消費者被害**に関しては、全国の消費生活センターに寄せられた相談全体のうち契約当事者が60歳以上の相談は41％であり、約34万件となった（2020年度）。近年、インターネットを利用したデジタルコンテンツ（アダルトサイト、動画配信サービス等）、携帯電話サービス等の**情報通信関連の相談が増加**している。他方、架空請求の相談は大幅に減少し、健康食品等の定期購入に関する相談や通信販売に関する相談が増加している。また、高齢になるにつれ訪問販売や電話勧誘販売、訪問購入の割合が高くなり、80歳以上になると判断能力が不十分な者のトラブルも多くなっている。

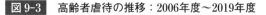

図 9-3　高齢者虐待の推移：2006年度〜2019年度

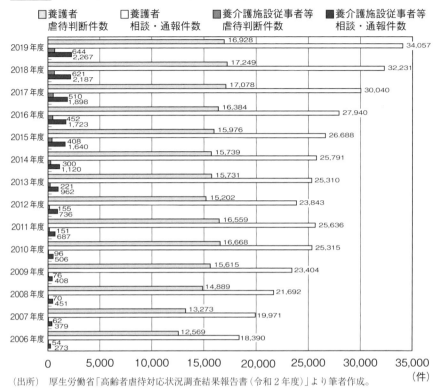

（出所）　厚生労働省「高齢者虐待対応状況調査結果報告書（令和2年度）」より筆者作成。

3　**権利擁護制度の仕組み**

3.1　情報提供等

　自ら意思決定をするためには、その基となる情報が必要である。特に、情報の面でもより弱い立場に置かれやすい高齢者や障害者については、情報を保障し権利利益を擁護する方策が必要である。そこで社会福祉法は、**高齢者等の利用者が適切かつ円滑に福祉サービスを利用できるようにするため**情報提供に関する規定を設けている。**社会福祉事業者**は、経営する社会福祉事業について情

報の提供を行い、契約の申込みがあった際には契約内容や履行に関する事項について**説明する努力義務**を負う。契約が成立した場合、社会福祉事業者は、経営者の名称、サービス内容、利用料金等が記載された**書面を交付する義務**がある（**努力義務ではない**）。また、社会福祉事業者は誇大広告をしてはならない。

3.2　苦情解決

　これも福祉サービス利用者の権利行使を広く援助する仕組みである。**社会福祉事業者**は、常に、利用者からの**苦情の適切な解決に努める義務**がある。また福祉サービス全般に関する利用者からの苦情を適切に解決するために、都道府県社会福祉協議会に**運営適正化委員会**が設置されている。苦情解決の申出があると、運営適正化委員会はその相談に応じるとともに事情を調査し、また社会福祉事業者の同意を得て苦情解決のあっせんを行える。利用者に対し不当な行為がなされている場合は、運営適正化委員会は都道府県知事に通知する。そのほか、特に介護サービスに関しては、介護保険法上、**国民健康保険団体連合会**に対して苦情の申立てができ、事業者に対する指導・助言がなされることがある。

3.3　日常生活自立支援事業

　3.1項、3.2項は、本人の判断能力が十分な場合も対象となる制度である。これに対して、日常生活自立支援事業は、認知症等で**判断能力が一定程度不十分な場合**に、日常生活を支援する事業（旧名称「地域福祉権利擁護事業」）である。**都道府県・指定都市社会福祉協議会**は、判断能力が不十分な者であっても**福祉サービスを適切に利用できるように助け**、利用に伴う金銭の払い戻し、預金の解約、預金の預け入れ等の**日常的な金銭管理**をする。

　この事業では、利用者が社会福祉協議会と契約をする。そのため、たとえ判断能力が不十分であっても、**利用者には少なくとも契約内容については判断できる能力が必要**である。認知症には軽度の場合もあり、たとえ認知症であっても契約内容を判断できないわけではない。

3.4　成年後見制度

　成年後見制度は、精神上の障害により判断能力が不十分な場合に利用する制

図9-4　成年後見制度の概要

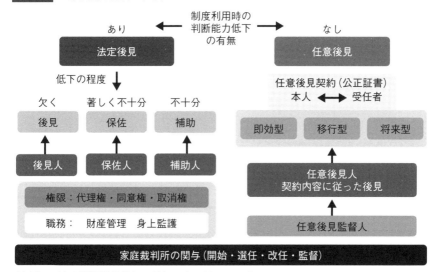

（出所）　西森利樹「保険情報」2492号（2010年8月20日7面）。

度である。その理念は、認知症高齢者、知的・精神障害者の判断能力を補完
し、また、意思決定等を支援することにより、本人の**自己決定を尊重**し、**残存
能力を活用**しつつ、**ノーマライゼーションの実現**を図ることである。

法定後見と任意後見

　成年後見制度は、制度の利用を始める際に判断能力が低下しているかどうか
により、法定後見と任意後見に分けられる（図9-4）。**法定後見**は、**すでに判断
能力が低下している場合**であり、さらに、能力の低下の程度により、**後見**（能
力を欠く常況）、**保佐**（能力が著しく不十分）、**補助**（能力が不十分）に分けら
れる。法定後見では、一定の者（本人、配偶者、四親等内の親族、検察官、市
区町村長等）の申立てにより家庭裁判所が審判をし、制度の利用が始まる。

　任意後見は、**将来、判断能力が低下する場合にそなえ**、本人が任意後見受任
者とあらかじめ支援のあり方等を契約（**任意後見契約**）する制度である。契約
の適正さを確保するため、この契約は公正証書で作成する。契約後に本人の判
断能力が低下した場合は、一定の者（本人、配偶者、四親等内の親族、任意後

見受任者）の申立てにより家庭裁判所が**任意後見監督人**を選任し、選任の時から任意後見契約の効力が生じる。任意後見監督人の監督によって任意後見人の権限濫用を防ぐ趣旨である。

成年後見人

　認知症高齢者、知的・精神障害者を支援する者を成年後見人と言う（ここでは、後見人、保佐人、補助人、任意後見人の総称として用いる）。成年後見人には**個人（複数も可）または法人がなる**ことができる。ただし、未成年者、破産者、本人に対し訴訟を提起した者等は成年後見人になることができない。**本人が制度を利用するためには、成年後見人のなり手がいることが必要不可欠**である。

　法定後見では、**家庭裁判所が後見人、保佐人、補助人を選任**し、その際、適任者を選任するために本人の状況や成年後見人となる者と本人との利害関係等を考慮する。**任意後見**は契約によることから、**本人が自分の意思で任意後見受任者を選ぶ**。

　成年後見人に与えられる権限は、本人の判断能力低下の程度等により異なる。法定後見では、後見人が最も権限の範囲が広く、以下、保佐人、補助人へと権限の範囲は狭くなる。後見人は、包括的代理権と取消権を有する。保佐人は、重要な財産上の行為について同意権と取消権を有する。補助人は、重要な財産上の行為の一部について同意権と取消権を有する。また、保佐人と補助人は、財産管理等の特定の法律行為について家庭裁判所から代理権を付与されることがある。任意後見人は、契約で定められた事項について代理権を有する。ただし、取消権は認められない。

　上記の権限に基づき、成年後見人は**本人の意思を尊重**し、その身上に配慮しつつ財産管理と身上監護をする。保佐人、補助人は財産管理の代理権を付与された場合にのみ財産管理をする。**財産管理**には、家屋の修理、賃貸、建物の増築のほか、現金、証券、および預金通帳の保管等がある。ただし、後見人、保佐人、補助人が本人の住んでいる家屋やその土地を売ったり、貸したりする場合は、家庭裁判所の許可がいる。**居住用の不動産**の処分は本人の身上面に与える影響が大きいからである。本人と後見人・保佐人・補助人との間に利益相反関係がある場合は、家庭裁判所による特別代理人、臨時保佐人、臨時補助人の選

<hr>

COLUMN 1 諸刃の剣と意思決定支援

　権利擁護の制度は本人の権利や利益を守る制度である一方、制度利用により権利や自己決定が制限され、支援者の不正により権利侵害が生じるおそれのある「諸刃の剣」の制度である。特に後見（➡3.4）は、本人の行為能力を制限し、包括的に代理決定する仕組みである。そのため、本人の意思と客観的な本人の福祉とが相いれない場合、本人の保護と自己決定の尊重とをどのように調和させるかが問題となる。この点、障害者権利条約の締結を受け、障害者施策において本人の意思決定を支援すべきことが定められた。その後、意思決定支援のあり方について各種のガイドラインが作成され、意思決定支援の推進が図られている。それらのガイドラインでは、関係者がチームにより支援するとされるほか、意思決定支援の具体的な内容やプロセス等が検討されている。権利擁護において、本人に対して保護的に関わるのではなく本人の主体的な意思決定を前提とした支援としての関わりが求められると言えよう。

<hr>

任が必要である。また、成年後見人は財産管理について本人に対し**善管注意義務**を負い、その義務を怠り本人に損害を与えた場合には損害賠償責任を負う。

　高齢化が進み、一人暮らしの高齢者が増えていることから、財産管理のみならず、生活の維持、医療、介護等の身上面に対する支援が求められている。これを**身上監護**と言い、身上監護事項には身上面に関する契約の締結・相手方の履行の監視・費用の支払い・契約の解除等がある。ただし、現実の介護行為のような事実行為は身上監護に含まれない。

成年後見監督

　成年後見人の支援のあり方は、本人の財産や生活状況に大きな影響を及ぼす。そこで、本人の利益を保護するために成年後見人に対する監督の規定が定められている。**法定後見**では、**家庭裁判所**が広汎な**一般的監督権**を持ち、家庭裁判所からは、後見人・保佐人・補助人に対して成年後見事務の報告、財産目録の提出を求められる。また、成年後見事務および財産状況の調査、その他の必要な処分をできる。**任意後見**では、**任意後見監督人が監督**し、任意後見監督人は任意後見人に対し事務の報告を求めるとともに、自ら調査する権限を有す

> **COLUMN 2** 低所得者の成年後見制度の利用
>
> 　低所得等から本人が申立て費用や報酬を支払う財産を有していない場合のために、成年後見制度利用支援事業があり、成年後見制度を利用する際の申立て費用や成年後見人の報酬が補助されている。しかし、この事業を実施するかどうかは市町村の判断にゆだねられているため、すべての市町村において実施されている状況にはない。そこで、低所得者の制度の利用促進を図るため、生活保護制度に後見扶助を新設することが考えられよう。そのほか、国や市町村などの地方自治体等が成年後見人に就任する制度（公的後見制度とも称される）の導入が考えられる。この制度は現在の日本では制度化されていないものの、諸外国の公的後見に該当する制度の検討を通じ日本においても公的後見制度に相当する制度を構築すべきとの指摘がある。今後、日本においても、財産の有無にかかわらず自己決定がより尊重されるための制度として公的後見制度の導入の是非をめぐる議論が活発になされることが期待される。

る。任意後見監督人は、緊急時には自ら事務を行い、また、家庭裁判所に対して報告をする義務がある。

3.5　虐待防止制度

　児童、高齢者、障害者は、たとえ他者から心や身体に虐待を受けたとしても、自ら声をあげて被害を訴えることが難しい場合がある。また、密室で起こりやすい虐待は外部からは把握しにくく、**発見の遅れにより被害が深刻化するおそれ**がある。そこで、**権利利益の擁護を目的**として、児童、高齢者、障害者に対する虐待防止法がそれぞれ定められている。

　虐待防止制度は、養護者（保護者）または養介護施設従事者等による虐待を対象とし、障害者の場合には障害者を雇用する使用者による虐待も含む。**虐待**とは、**①身体的虐待、②ネグレクト（世話等の放棄・放任）、③心理的虐待、④性的虐待、⑤経済的虐待**である。ただし、児童虐待には⑤が含まれない。虐待には、**早期の発見**と**早期の対応**が大切である。虐待を発見した場合、**誰でも**速やかに市町村に**通報ないしは通告する義務**がある（児童の場合には、福祉事務所、児童相談所を含む）。児童相談所虐待対応ダイヤルとして「**189**」（いち

はやく）がある。通報を受けた市町村等は、安全確認や事実確認、立ち入り調査等を行うとともに、虐待により生命や身体に重大な危険が生じているおそれがある場合には、一時的に保護するために施設等への入所といった必要な措置をとる義務がある。

　養護者による虐待は、介護等をする養護者の重い負担が要因になることがある。そこで、虐待を繰り返さないようにするため、高齢者、障害者の虐待防止法では、**養護者に対する支援**についても定められている。

3.6　消費者契約法

　以上の制度は、高齢者等の特定の者を主な対象とした制度である。これに対し、年齢や判断能力の程度に関わりなく権利擁護を図るものとして消費者契約法がある。消費者と事業者とでは、それぞれが持つ情報の量や質、交渉力に構造的な違いがある。商品やサービスについて自分で調べられるとしても、商品やサービスの知識について、事業者と対等なレベルにまで達するのは容易ではない。消費者被害やトラブルの背景には、こうした**情報の質量や交渉力の格差**がある。この法律は、これらの格差があることを前提に**消費者の利益の擁護**を図ることを目的として、2000年（平成12年）に制定された。**消費者**とは**個人**を指し、幅広い消費者契約を対象としている。

　事業者は情報の提供に努めなければならず、契約の際に事業者に不当な勧誘行為があった場合には、消費者は契約を取り消せる。**不当な勧誘行為**とは、事業者が虚偽の事実を述べることや確実に値上がりすると言うこと、通常の量を著しく超える物の購入を勧めること等である。また、契約書で事業者の損害賠償責任を免除することや法外なキャンセル料を要求すること、成年後見制度の利用により解除できる条項等、消費者の**権利を不当に侵害する条項**があった場合には、消費者は契約の無効を主張できる。なお、消費者ホットラインとして「**188**」（いやや）がある。

4　権利擁護制度の歴史と政策動向

　1998年（平成10年）の社会福祉基礎構造改革は、福祉サービス受給者を行政による一方的な保護の対象としていた措置制度を改めた。その結果、「**措置から契約へ**」との言葉に表されるように、サービス受給者が自ら契約をする、当事者の合意によるサービス利用関係が設定された。こうした改革を反映させるため、2000年には、従来の社会福祉事業法が社会福祉法に改められた。社会福祉法には利用者の立場や意見を擁護する仕組みが盛り込まれ、利用者への情報提供、利用援助、苦情解決、重要事項説明、誇大広告禁止等が定められた。1997年に制定された介護保険法は契約方式を取り入れ、また、障害者については2003年に支援費制度が導入され、各福祉サービスにおいて**サービスの直接利用契約の仕組み**が採用された。

　成年後見制度は、1999年（平成11年）に禁治産・準禁治産制度を改正したものである。契約方式を取り入れた介護保険法と成年後見制度は「車の両輪」とも言われた。成年後見制度の改正では、**新たに補助類型を導入**し、判断能力の低下が軽微な場合をカバーできるようにした。また、配偶者が当然に後見人になる制度を廃止し、新たに複数成年後見人、法人成年後見人の制度を導入し、**成年後見人の態勢を拡充**した。その後、成年後見人による財産横領といった不正事例の多発を受け、2012年、本人の財産のうち、通常は使用しない金銭を信託銀行等に信託する成年後見支援信託が導入された。成年後見制度の利用の促進を図るため、2016年、**成年後見制度利用促進法**が制定された。同法に基づく成年後見制度利用促進基本計画、基本計画を勘案されて作成される市町村利用促進計画により、利用者がメリットを実感できる制度・運用の改善、権利擁護支援の地域連携ネットワークづくり、不正防止の徹底と利用しやすさとの調和に向けた取り組みがなされている。

　虐待は、人間の尊厳を冒すものである。児童、高齢者、障害者に対する虐待は、家庭や施設等において多数発生しており、その発覚の遅れによって被害が増大するおそれがある。虐待防止に関する法律は、児童虐待防止法が2000年に制定されたのを嚆矢とし、2005年には高齢者虐待防止法が制定され、障害者虐

待防止法は2011年に制定されている。児童虐待防止法は2017年に接近禁止命令ができる場合が拡大され、2019年には児童相談所の体制強化や関係諸機関の連携強化に関する改正がされた。

　消費者契約法は、消費者被害の増加および事業者と消費者の格差を前提に、2000年に制定された。その後、被害を未然に防止し、被害の拡大を防止するため、2006年に、**適格消費者団体**が不当行為の差し止めを請求できる消費者団体訴訟制度が作られた。2008年には、消費者団体訴訟が景品表示法、特定商取引法にも導入されている。その後、取消しや無効に関する事項が改正され、2016年には、過量契約の取消しや消費者の解除権を放棄させる条項が設けられ、2018年には、不安をあおる行為等による取消しや消費者の後見等の利用を理由とする解除条項の無効の規定が設けられた。

5　権利擁護制度の課題──その充実に向けて

　権利擁護制度における課題は、本人を支援する役割を担う者の課題だとも言える。介護保険事業者の増加によりサービス量は充実した一方で、事業者の不祥事もあり、介護事業運営の適正さ等の**福祉サービスの質の確保が課題**となっている。成年後見制度は、本人の権利制限を伴うことから、個々人に応じた必要最小限の支援にとどめる制度にすることが求められている。特に、法定後見では、包括的な代理権が与えられる後見類型に偏重した運用がなされている点に批判がある。また、認知症高齢者が急激に増えている一方、親族による後見人、保佐人、補助人の割合は減少している。そのため、親族以外の成年後見人の確保や法人後見を活用した安定的な支援体制の構築が必要である。従来、成年後見制度は財産管理が中心の制度だと理解され、身上監護が重視されない傾向にある。しかし、**判断能力が不十分な者に対する意思決定支援の必要性は、財産のあるなしには関わらない。**近時、介護保険契約や身上監護を理由とする審判申立てが増加しており、財産管理と身上監護の関係を検討する必要がある。また、低所得者の制度利用の促進に向けたさらなる対策が求められている。**身上監護**については、**手術等の医的侵襲**に対する成年後見人の同意権が認

められるのかといった問題があり、身上監護の範囲をどう画するのかが課題である。また、成年後見制度利用促進法に基づいた**権利擁護支援の地域連携ネットワークづくり**や中核機関の設置が課題となっている。虐待防止制度は、早期対応を可能とするため、現在の法の定義よりも広い範囲で虐待をとらえていく方向での議論が必要であろう。また、**何よりも虐待を事前に防止するための支援**を充実していく必要がある。高齢者を対象とした消費者被害は後を絶たず、消費者契約法における被害の予防策の強化が求められる。

　権利擁護は、近年、重視されるようになった領域である。その背景には、福祉サービス利用者が自ら契約をする形式へと制度が転換されたこと等があるものの、わが国における社会保障制度が充実してきたことの証左とも言えよう。なぜなら、制度が未整備な段階では、そもそも利用可能なサービス自体が無く、個々人の状況に応じた権利の擁護、権利の実質的な保障は後回しになりやすいからである。

　権利擁護制度は、成熟期にある社会保障制度の円熟味を増す役割の一端を担っている。課題の克服を通じた今後の権利擁護制度の充実への取り組みが、個々人の状況に応じた**尊厳ある生の実現**へと繋がっていくことが期待される。

キーワード

成年後見制度　法定後見　任意後見　財産管理　身上監護
日常生活自立支援事業　消費者契約法　高齢者・障害者・児童虐待防止
情報提供等　苦情解決

復習問題

1　日常生活自立支援制度を実施しているのは、□□□□である。
2　成年後見制度の理念は、□□□□、残存能力の活用、□□□□である。
3　法定後見制度は、判断能力の低下の程度により、□□□□、□□□□、□□□□
　の３つに分類される。
4　児童・障害者・高齢者虐待の防止法は□□□□を目的としている。
5　消費者被害やトラブルの背景には、□□□□や□□□□がある。

練習問題

1　社会保障における権利擁護の目的は何か説明しなさい。

2　権利擁護をめぐる状況はどのようになっているか説明しなさい。

3　どのような権利擁護の制度があるのか説明しなさい。

4　権利擁護制度の課題について説明しなさい。

Further Readings

秋元美世・平田厚『社会福祉と権利擁護——人権のための理論と実践』有斐閣、2015年

河野正輝・阿部和光・増田雅暢・倉田聡編『社会福祉法入門』（第3版）、有斐閣、2015年

新井誠・赤沼康弘・大貫正男編『成年後見制度——法の理論と実務』（第2版）、有斐閣、2014年

日本弁護士連合会編『消費者法講義』（第5版）、日本評論社、2018年

樋口範雄・関ふ佐子編『高齢者法——長寿社会の法の基礎』東京大学出版会、2019年

第10章

社会保障と行政

　本章では、社会保障と行政の関係について取り扱う。社会保障の行政組織は、国と自治体に分かれ、保健所や福祉事務所などの専門機関が設置されているほか、日本年金機構や全国健康保険協会などの全国組織がある。公私の役割分担のうえで、社会福祉法人などの非営利組織が事業を行っているが、近年の内部市場政策の中で営利法人も一定の役割を果たすようになっている。

　社会保障の行政では、ニーズを持つ人の申請にはじまり、ソーシャルワークなどによって専門的な支援が行われるほか、地域住民の参加による支援も行われる。規制と給付、社会保険方式と税方式、措置と契約などの実施方法が取られる。政策決定過程においては、議会・審議会・行政官・関係団体などがそれぞれの役割を果たしており、決定基準には利益調整・費用対効果・規範的決定といった異なる基準が存在する。

【キーワード】

地方分権　福祉事務所　公私の役割分担

社会福祉法人と医療法人　ソーシャルワーク

地域包括ケアシステム　地域福祉計画

措置から契約へ　社会福祉基礎構造改革　請求権　裁量統制

審議会　政官関係　規範的基準

1　社会保障の行政組織

1.1　国と地方の役割分担

　社会保障行政は、医療・福祉を中心にした住民に身近な行政であるため、地方自治体において処理される比重が高く、また地方自治体の側から見ても社会保障行政の比重はきわめて高くなっている。社会保障を理解するためには、誰が行政主体になっているかを理解することは重要である。

　社会保障行政の担い手としての**国と地方の役割分担**の基本的考え方については、地方自治法第1条の2に、国においては①国際社会における国家としての存立に関わる事務、②全国的に統一して定めることが望ましい国民の諸活動もしくは地方自治に関する基本的な準則に関する事務、③全国的な規模でもしくは全国的な視点に立って行わなければならない施策および事業の実施その他の国が本来果たすべき役割を重点的に担い、**住民に身近な行政はできるかぎり地方公共団体に委ねる**ことを基本として、地方自治体との間で適切に役割を分担する、と定められている。

　地方自治体が行っている事業には、法定受託事務と自治事務がある。**法定受託事務**は、国が本来果たすべき役割に係る事務であって、その適正な処理を特に確保する必要があるものとして法令で定められたもので、生活保護が代表的なものである。その他は**自治事務**とされ（法律等により事務処理が義務づけられるものも含む）、介護保険、国民健康保険、各種福祉サービスがこれにあたる。法定受託事務については、国の是正の指示や代執行の対象となりうるが、自治事務についての国の関与は助言・勧告、是正の要求までとなっている。

社会保障各分野における国と地方の役割分担

　社会保障各分野における具体的な国・都道府県・市町村の役割分担は入り組んでいるが、おおまかに見ると、国は全国的な制度・政策立案と年金・労働保険事業、都道府県は医療施設と福祉施設の規制などの専門的・広域的な行政、市町村は医療・介護保険事業の運営、在宅福祉事業の規制などの住民に身近な

表 10-1 国と自治体の役割分担

	主な役割
国	法令の制定・解釈、年金・協会健康保険・労働保険事業の実施
都道府県	医療供給の規制・計画、保健所の設置（公衆衛生事業）、医療施設・福祉施設の規制、広域の社会福祉法人の認可、障害認定（更生相談所）、郡部における生活保護、児童相談所の設置
市 町 村	後期高齢者医療事業（ただし広域連合で処理）、介護保険事業、在宅福祉事業の規制、各種福祉の入所措置（保育も含む）、市部における生活保護

(注) 国民健康保険事業は、都道府県と市町村の共同で行われる。
(出所) 筆者作成。

行政を行っている。なお、政令指定都市や中核市における特例に注意を要する（財政的な分担については➡️第11章３）。

地方分権の進展

住民に身近な行政はできるかぎり地方自治体に委ねるという考え方に立ち、1980年代から国の事務を都道府県に、都道府県の事務を市町村に移譲する**地方分権改革**が積極的に進められてきた。1986年には**機関委任事務の整理合理化**及び補助率の見直しに関する一括法により、従来機関委任事務として行われてきた福祉施設への入所措置が団体事務となり、地方の実情に応じて対応できるようになるとともに、国庫補助率の８割から５割への引き下げなどの措置が取られた。1990年の**福祉８法の改正**は、社会福祉の制度体系にとって大きなエポックであり、在宅福祉事業（ホームヘルプなど）を法定化するとともに、福祉施設への入所措置権限を市町村に移譲し、地域における福祉へと舵を切ったものであった。1999年の**第一次分権改革**では、国と地方の権限の整理を行い、それまでの機関委任事務を廃止して法定受託事務と自治事務に整理するとともに、職員等の必置規制を見直し、地方への権限移譲を進めた。同改革が施行された2000年には介護保険制度が実施され、措置方式から契約方式への移行が始まったため、市町村の現場においては大きな改革となった。2004年〜06年には、国と地方の財政に関する整理を行い、補助金削減・交付税抑制・税源移譲の「三位一体の改革」と呼ばれた。社会保障の分野でも、公立保育所運営費の一般財源化（補助金を廃止し地方交付税の基準財政需要額への算入に切り替える）や各種補助率の削減が行われた。これ以降も**第二次分権改革**などが進められ、国

から都道府県へ、都道府県から市町村への権限移譲がなお行われている。

地方分権の現状と評価

　このように地方分権が進んでいる中で、社会保障分野における国と地方の関係についての特色を整理すると、以下のような点があげられる。

　第1に、福祉分野については、市町村合併の進展による市町村の規模の拡大と並行して、住民に最も身近な自治体である**市町村への権限移譲**が進んでいる。一方で、医療分野においては、二次医療圏が市町村の範囲を超えるために計画・規制権限に関する広域行政が必要であること、国民健康保険・後期高齢者医療の財政が市町村単位では賄いきれないことから、**都道府県の役割**が大きくなってきている。

　第2に、**市町村ごとの格差**が大きい。福祉行政において市町村の役割が大きくなっているが、専門的な人材の確保や、一般財源化や補助率引き下げの中での市町村財政全体の中での福祉予算の確保は大きな課題であり、市町村ごとの政策や職員の能力等によって大きな差が生じてきている。

　第3に、**国と自治体の関係**については、自治体への権限や財源の移譲が進んでいるものの、制度枠組み（法令や補助金の要綱）を決める権限は国が握っており、自治体に対する制約は強い。ただし、この点においても自治体ごとの格差は大きく、意欲と能力のある自治体は、積極的に独自の事業を展開するようになっている。地域に根差した福祉への流れの中で、国が先進自治体のやり方を**モデル事業**として取り上げ、制度化することが多くなっている。介護保険における秋田県鷹巣町、地域包括ケアにおける広島県御調町、生活保護の自立支援プログラムにおける北海道釧路市などは、「〇〇方式」として先進モデルとして取り上げられ、国の制度化の参考にされた例である。

　第4に、上記のような市町村ごとの格差や、地域福祉における制度運用の多様性、国の制度によらない地方単独事業の存在などから、福祉サービスの実態は制度だけではわからず、市町村の**現場の実態**を理解することが重要である。

1.2　自治体における専門機関 ────────────────●

　自治体においては、社会保障分野において特別な権能が法によって与えら

れ、専門性を持った職員が置かれている機関が重要な役割を果たしている。保健所、福祉事務所、児童相談所、地域包括支援センターなどがある。

　保健所は、都道府県、政令指定都市、中核市、特別区、5つの保健所政令市（保健所を設置できるものとして政令で定められた市）に置かれており（2021年現在）、医療と公衆衛生に関する専門的・広域的な業務を行っている。母子保健や老人保健などの業務は市町村（多くは市町村保健センター）の業務に移行したため、現在は精神保健福祉、感染症、栄養改善などの健康づくりに関する業務などが中心になっている。市に置かれている場合、保健所（保健センター）はその両方の業務をあわせて行っており、福祉事務所とも統合されて保健福祉センターなどとなっているところもある。また、環境衛生・食品衛生・動物衛生などの対物保健業務も行っている。医師、保健師のほか、薬剤師、栄養士などの専門職が配置されている。所長は原則として医師でなければならない。

　福祉事務所は、市、都道府県（郡部）と条例で46の町村（2021年現在）に置かれ、福祉に関する専門的・広域的な業務を行っている。老人福祉や障害者福祉などの業務は市町村の業務となっており、現在福祉事務所で行っている業務は生活保護を中心とし、ほかに母子家庭や児童扶養手当に関する業務などがある。現業員（ケースワーカー）、査察指導員などからなる所員の数は、市部で被保護世帯数80に対して1人、郡部で65に対して1人が標準数とされている。自治体の一般人事で配置が行われることが多く（一部自治体では福祉職を設けて充てている）、被保護世帯数が増加していることから、専門性を持つ職員の確保が大きな課題となっている。

　そのほか、各種の相談所がある。**児童相談所**は、都道府県、政令指定都市、3つの中核市、4つの特別区に置かれ（2021年現在）、児童福祉に関する専門的・広域的な業務を行っている。児童に関し、養護（養育困難や虐待）、保健（未熟児や虚弱児）、障害、非行、育成（行動や不登校など）の相談を受け、調査や判定を行い、施設への入所や里親への委託などの措置権を行使したり、一時保護を行ったりする。近年、虐待や養育に関する業務が急増している。職員には児童福祉司や児童心理司が置かれている。ほかに、身体障害者更生相談所、知的障害者更生相談所、精神保健福祉センターなどがある。

　地域包括支援センターは、介護保険法に基づき、市町村が設置主体となり、保健師・社会福祉士・主任介護支援専門員等を配置して、高齢者の保健医療の向上および福祉の増進を包括的に支援することを目的とする施設であり、高齢者の介護予防、総合相談支援、権利擁護、包括的・継続的ケアマネジメント業務などを行っている。地区ごとに置かれ、約7割は業務委託により社会福祉法人や医療法人が運営している。

1.3　国の実施機関

　国の事務についても、実施のための特別な機関が置かれており、近年ではその効率の向上を図るため、運営や人事に関する独立性を高めてきている。旧社会保険庁で行っていた年金と政府管掌健康保険の業務は、2008年と2010年にそれぞれ移管され、現在は**日本年金機構**と**全国健康保険協会**が担っている。日本年金機構は全国に312カ所の年金事務所、全国健康保険協会は各都道府県に事務所を有している。

　そのほか、特別の法律に基づいて設立された法人として、福祉医療機構、年金積立金管理運用独立行政法人、社会保険診療報酬支払基金などがある。

2　社会保障における実施主体と行政

2.1　公私の役割分担

社会保障における公私の役割分担

　社会保障給付のすべてが国または自治体によって直接に行われるわけではない。わが国の社会保障における基本的な公私の役割分担を見ると、財源は公的なものを中心としているものの、給付の実施主体が国または自治体であるものはむしろ少なく、民間法人が給付の実施主体となるものが多く、また、近年その方向が強化されてきている。

　各制度における具体的な**公私の役割分担**を見てみると、まず年金分野においては、公的年金が老後生活保障の中心であり、企業年金や個人年金などの私的

年金が補完的役割を果たしている。しかしながら、公的年金の負担・給付水準の限界が認識されるようになるとともに、負担に理解が得られるよう、拠出と給付の強い対応関係が求められるようになってきているため、高齢期所得保障を公的年金だけでなく、**公私年金の組み合わせ**で考えるようになってきている（➡ 第2章）。

　医療分野においては、サービスの供給主体は民間事業者であり（**自由開業制**）、公的医療機関による提供は少ない。ただし、病院・診療所の経営主体には**営利企業の参入が禁止**されているほか、供給や価格などに対する強い規制が行われている。一方で財源については**公的医療保険**など公的なものが中心であり、医療保険の自己負担分を補填する民間保険商品の提供は厳しく制限されているほか、社会保険診療における保険外診療（自由診療）の併用は、例外を除き認められていないことに特徴がある（**混合診療の禁止**。➡ 第5章）。

　福祉分野においても、従来からサービスの供給主体は**社会福祉法人**（➡ 2.2）を中心とする民間事業者であった。施設サービスについては営利企業の参入が規制されているのは医療と同様であるが、介護保険導入などの社会福祉基礎構造改革（➡ 3.1）以来、在宅サービスの経営主体規制は緩和され、株式会社や NPO など**多様な主体が参入**するようになっている。財源は介護保険や一般財源など公的なものが中心である。従来は措置方式（➡ 3.1）の下に一般財源の予算内で給付が行われ、財源に制約があったが、介護と障害の領域で利用方式が契約方式化し、利用されたサービスに対して公的な財源で支払われるようになり、医療と同様の仕組みになってサービスが拡充された。

行政と民間実施主体の関係──準市場と民営化

　わが国の社会保障制度においては、実施主体は民間事業者を中心としながらも、財源は公的なものが中心となっているが、**民間実施主体と行政との関係**はどのようになっているだろうか。ここでは、①委託、②準市場、③民営化の3つを見てみたい。

　①**委託**は、行政が本来行うべきサービスの提供などを民間事業者に代わりに行わせるものである。現在では、要保護児童の児童養護施設や児童自立支援施設などへの入所措置、養護老人ホームへの入所措置などがこれにあたる。

②**準市場**は、公的サービスの一部に市場原理を取り入れているものをいう。公的財源で給付が行われる市場の内部に多様な実施主体間の競争を取り入れるものであるため、内部市場・擬似市場ともいう。わが国における医療や福祉には、公的財源を中心とし、民間事業者が主にサービスの提供を行っているため、準市場であると言える。

③**民営化**は、それまで公的財源で賄われていたものを、民間主体から個人が自らの財源で自由に購入するようにすることをいう。厚生年金の民営化、公的医療保険で賄われる部分と賄われない部分を併用する混合診療などがこれにあたる。行政と民間事業者の給付する領域はそれぞれ別々であり、直接の関係はない。なお、公的な経営主体から民間事業者に経営を移譲するものも民営化というが（国立病院の民間移譲など）、サービスの財源が依然として公的に賄われるものは、ここで言う民営化とは異なる。ここでは特に、②の準市場と③の民営化の違いが重要である、実施主体にかかわらず公的財源で賄われるかどうかに注意する必要がある。

このように、行政が直接給付するのではなく、多様な実施主体が給付を行う場合には、行政は費用負担、許認可等による事業者規制、基準設定による質の確保、供給確保のための地域計画の策定などを行うとともに、利用者のニーズの確認、権利擁護、情報提供などを行って利用者が民間事業者のサービス提供を確実に受けられるようにすることにより、**公的責任**を果たすことが求められる。言い換えれば、行政の社会保障に関する責任は単なる給付ではなく、規制や計画等多様な政策手段を用いて多様な事業者によるサービス供給の**条件整備**を行うことに変化してきているのである。

2.2　社会保障における民間法人と行政 ────────●

上記のように、日本の社会保障制度においては、必ずしも公的機関が社会保障給付の直接の実施主体になることはなく、民間法人が実施主体となることが多い。こうした法人が公的な役割を果たすことにかんがみ、社会福祉法人や医療法人など特別に規制された法人が中心となっていることが日本の特色となっている。

社会福祉法人

社会福祉法人は、社会福祉事業を行うことを目的とした特別な法人であり、施設福祉事業を中心とした第1種社会福祉事業の主要な経営主体となっている。設立は行政庁（国または地方自治体）の認可によるほか、厳格な規制・監督の下に置かれ、役員や資産、会計処理、財産分与の禁止などについて規制があり、役員解職勧告や解散命令などの強力な公的関与手段が法律上与えられている。一方、社会福祉法人による施設整備に対する補助金や、法人税・固定資産税・寄付金等に対する税制上の優遇措置、職員を対象とした退職手当共済制度などが設けられ、安定的な事業実施のための支援・助成が行われている。

社会福祉法人は、戦後社会事業の実施責任は公にあるとした**公私分離原則**に抵触しないように作られた。この原則はGHQ（連合国軍最高司令官総司令部）が示し、憲法第89条（「公金その他の公の財産は、……公の支配に属しない慈善、教育若しくは博愛の事業に対し、これを支出し、又はその利用に供してはならない」）にもりこまれたものであった。社会福祉法人は強い公的関与により「公の支配」に属するものとされ、**措置方式**（➡ 3.1）により行政からの事業委託の受け皿になると同時に、施設整備に対する公的助成を行えるようにするという意味があった。

その後、戦後の社会福祉は行政からの委託により社会福祉法人がサービスを提供する措置方式を中心に運営されてきたが、2000年代になって、介護保険制度の導入などにより利用者との契約によるサービス提供が主流になり、自主的な判断による事業経営を行う必要があるようになったことから、事業運営の透明性の確保や公益事業・収益事業の規制緩和が図られた。多様な経営主体が参入する中で、社会福祉法人と他の経営主体の**イコールフッティング**が求められるようになり、社会福祉法人は他の事業主体では対応できないニーズを充足する役割を果たしていくべきとされ、これまで以上に**公益性**の高い事業運営が求められるようになってきたことを受け、経営組織のガバナンスの強化、事業運営の透明性の向上、計画的な再投資など財務担保の強化、低所得者に対し無料または低額な料金で福祉サービスを提供するなど地域における公益的取り組み、責務などを求められるようになってきている。

医療法人

医療法人は、医療事業の非営利性の観点から営利企業が病院等の経営主体となることを認めない中で、病院等の経営主体が法人格を取得できるようにしたものである。社団と財団があり、資産要件などを満たして都道府県の認可を得て設立される。病院の6割、診療所の3割が医療法人による経営であり、医療の主な担い手となっている。2006年の医療法改正で、救急医療等を行う公益性の高い医療法人として、収益事業を認めるなど特別の類型である**社会医療法人**が設けられたほか、医療法人を新設する場合の持分権は否定された。2015年の改正では、病院等の医療機関を開設する医療法人等の非営利法人が参加法人となり、病院等相互間の機能の分担および業務の連携の推進を行う**地域医療連携推進法人**制度が創設されたほか、医療法人の経営の透明性の確保およびガバナンスの強化が図られることとなった（➡ 第5章）。

営利法人

医療・福祉分野の事業実施主体としては、医療機関や福祉施設の経営への営利企業の参入は認められていないが、在宅福祉サービスについては、特に介護分野を中心に多くの企業が参入し、サービス供給の増加に寄与している。保育所についても株式会社の経営が認められており、数は少ないが大都市部を中心に参入が見られる。

営利法人を含む多様な経営主体が参入するようになっている現在、2007年にコムスンが介護報酬の不正受給問題をきっかけに撤退を余儀なくされ、法令遵守のための業務管理体制の強化のための規制強化が行われた際に論じられたように、基準と規制、監査の強化が行われるようになっている。

2.3　地域と社会保障行政

地域社会と地域福祉

医療や福祉サービスの推進にあたり、その基盤としての地域社会は、「問題発生の場であると同時に問題解決の場」である。利用者が福祉サービスを「受ける」場であるのみならず、問題解決の「主体」であるととらえることができる。個々人の生活全体に着目して、できるかぎり地域の中でその人らしい暮ら

しができるような基盤を整備していくことが基本的な考え方になってきているためである。

　地域福祉論を1970年代に展開した岡村重夫は、地域社会は地域福祉にとって、生活問題発生の根源、対象者のすべての社会関係の維持発展、予防的福祉、制度施策への住民参加という点で重要であるとした。そのうえで、地域社会における一般的な相互援助関係は社会福祉的援助を支持する基盤であるとする一方、一般的なコミュニティだけでは十分ではなく、その下位集団として福祉的援助を行うための**福祉コミュニティ**を組織していくことが必要であるとした（岡村重夫『地域福祉論』）。福祉サービスの対象が普遍的なものになっている現代では「一般」と「福祉」の区別はあまり意味を持たなくなってきていると思われるが、地域福祉の要素として、地域における具体的援助だけでは足りず、地域組織化によって地域住民が社会福祉の対象者と支援者を支えていくことを重視している点は現在でも重要である。

　最近では、地域における公的な福祉サービスでは対応できない生活課題、総合的対応の不十分さ、社会的排除や地域の無理解から生まれる問題などに取り組むことで、支援に取り組む者と支援される者の双方の地域での自己実現が求められており、ボランティアやNPO、住民団体による活動や地域福祉計画策定への住民参加による「**新たな支え合い**」を確立する必要があるとされている（厚生労働省「これからの地域福祉のあり方に関する研究会報告書」2008年）。「基本的な福祉ニーズは公的な福祉サービスで対応する」と留保しつつも、地域社会における民間主体が公的福祉サービスを補完して自ら地域福祉を作り上げていく機能を重視したものである。

　近年の政策動向に目を向ければ、社会福祉法第4条において、地域住民、社会福祉事業者、社会福祉活動を行う者の相互協力による地域福祉の推進が定められたことを受けて、地域密着型サービスや地域包括支援センターの創設などの公的サービスの拡充のほかに、**地域福祉計画**の策定や**地域包括ケアシステム**（➡ 第6章）の構築、高齢者のみならず全分野における**地域共生社会**の構築など、地域社会における行政と住民の協働によるネットワークの構築も進められている。

　このように、地域社会を地域福祉の提供主体としてとらえることが重要であ

る一方、その際には政府や自治体などの公的責任の所在を明確にし、地域への公的責任の転嫁にならないようにすることにも留意していく必要がある。最近の社会保障制度の考え方として、**自助・互助・共助・公助**の適切な組み合わせが必要であるとされるが、こうした自助・互助・共助・公助がそれぞれその範囲を限定するのではなく、自助を支えるための共助や公助として、連携していくものとして考えていくことが必要である。

社会福祉協議会と民生委員

　地域における民間の活動主体でありながら、行政の活動を補完するものとして制度に規定されたものとして、社会福祉協議会と民生委員がある。

　社会福祉協議会は、地域福祉の推進を図ることを目的とした民間組織であり、市町村、都道府県、全国単位で組織されている。地域住民の福祉活動の組織、ボランティアセンターの運営、福祉教育などの地域活動の推進、総合相談、生活福祉資金貸付、日常生活自立支援事業などの住民支援、在宅福祉サービスの実施などを行っている。人材や財源について行政に多くを依存しているため自立的な組織と言えるか、住民を組織する運動体なのか自ら事業を行う事業体を目指すのか、といった課題がある。

　民生委員は、民生委員法に基づき地区ごとに大臣によって委嘱される無給のボランティアであるが、身分としては特別職の地方公務員とみなされる。住民の生活状態の把握、相談・助言・情報提供、行政の業務への協力、その他住民の立場に立った活動、行政と地域をつなぐ活動など多様な職務を行っており、地域において重要な役割を果たしている。地域によっては地域の名士とされるが、人材難で定員（全国で23.9万人）を満たしていない（委嘱数22.9万人、2020年3月現在）という問題などがある。

地域のインフォーマルな活動主体

　このほか、町内会、特定非営利活動法人（NPO法人）などの各種団体、ボランティア・グループなど様々な市民活動があり、時に行政との連携も持ちながら、地域におけるインフォーマルな活動主体として、地域を支え、地域において様々なサービスを提供する役割を果たしている。

2.4　社会保障における専門的人材と行政 ─────────────●

　社会保障においては様々な専門的人材がその役割を果たしており、安全性や専門性の担保のため行政により規制されているものも多い。資格を有する者のみが業務を行うことができる**業務独占資格**、資格がなくても業務を行うことはできるが資格取得者のみ特定の名称を用いることができる**名称独占資格**、ある職務に任用されるために必要な**任用資格**などがある。医療分野（医療職）における専門的人材については第5章で扱われているので、ここでは福祉分野について述べることとする。

　医療分野の資格に業務独占資格が多いのに比べ、福祉分野においては業務独占資格はない。従来は日常生活援助として家族が行っていたものが、近年になって社会化・専門化され、専門職種が担うようになっていったものが多いためであろう。**社会福祉士、介護福祉士、保育士**は名称独占資格であり、**介護支援専門員**（ケアマネジャー）は任用資格の例である。名称独占資格のうち、社会福祉士と介護福祉士は職種の名称というよりも、幅広い福祉関係職種において専門性を高める手段として資格が活用されることが期待されている。

　公務員は定員管理や昇進システムの特殊性を有しているために、採用時に専門職種として採用される場合以外には、公務員としての仕事をしていく中で特定分野の専門性を高めていくことにはなじみにくいとされてきた。特定分野の専門性を有するサービスについては、民営化されたり外部委託されることも多くなっている。福祉に関わる専門職種としては、医療職のほか、生活保護のケースワーカーなどの権限行政やサービス行政にもっぱら携わる**福祉職**が採用されている自治体があり、その役割が期待されている。

3　社会保障行政の実施方法

3.1　社会保障行政における実施方式 ─────────────●

　社会保障行政の実施については、これまでは、行政から国民に対する公権力

図10-1　実施主体と受給者の関係——措置から契約へ

・措置制度

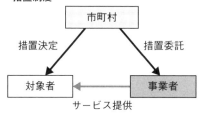

・介護保険

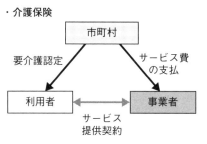

・保育所

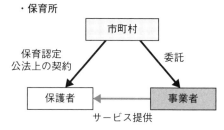

（出所）　筆者作成。

の行使または給付であるとし、生存権保障の観点からどのようにそれを統制するかという、行政—国民関係からの見方が中心的であった。しかしながら、行政機関が直接的な給付主体ではなくなり、民間企業など**給付主体が多元化**していることから、利用者のサービスの利用を行政がどのように支援するか、といった視点で見ることが重要になっている。いわば、行政と国民の間のタテの関係の統制から、利用者と多様な供給主体の間のヨコの関係を**行政が支援**するという姿への変化である。例えば、高齢者介護の分野においては、従来は行政が措置という行政処分によって要介護者を施設に入所させ、措置費（委託費）を施設に支給する仕組みによって、行政が必要なサービスを保障しようとするものであったが、介護保険制度の導入以降は、要介護者自身がサービス事業者と契約を結ぶことによってサービスを受け、行政は要介護認定、介護給付費の支給、事業者の監督などによってサービス利用を支援する仕組みとなっている（➡ 第6章）。

　このように、行政の役割が民間サービスを支援することが中心になっている現在では、行政から国民への給付関係だけではなく、社会保障の行政過程全体

を広く見ることが必要である。1つには、給付だけではなく、行政による給付主体の規制・監督などを含めた一連の行政過程を見る必要がある。もう1つには、行政と国民だけではなく、事業者、保険者、地域住民など、多様なプレイヤーの関わりを見る必要がある。

社会福祉分野における措置と契約

　社会保障の実施方式については、社会福祉分野における**措置から契約へ**という流れを押さえておく必要がある。戦後日本で確立した福祉の各分野（老人、児童、障害者など）におけるサービス給付方式は、行政がニーズのある者を行政処分によって施設に入所させるものであり、行政は自ら福祉サービスを提供するか、社会福祉法人に委託して自らの代わりにサービス提供を行わせるものであった。これを措置方式という。これは、戦後社会事業の実施責任は公にあるとした公私分離原則に抵触しないように作られたものであり（➡2.2）、行政の直接給付または社会福祉法人への行政からの委託による給付という仕組みを取ることで公的責任を果たそうとするものであった。

　このような**措置方式**は、①行政が措置により一方的にサービスの可否や内容を決定するものであり、利用者の決定権や選択権を認めていない（利用者の受給権は認められず、行政処分の反射的利益であるとされていた）、②行政が社会福祉法人に委託する形式のため、多様な民間経営主体の参入と競争が行われない、③行政のサービス供給能力の制約により利用者のニーズに応じたサービスの確保が行われにくい、といった問題があり、2000年頃からの**社会福祉基礎構造改革**（➡COLUMN）の中で、まず老人介護の分野で（介護保険の創設）、次に障害者福祉の領域で（支援費制度→障害者自立支援制度→障害者総合支援制度）改革が行われた。利用者が直接事業者と契約を結んでサービス提供を受ける仕組みとし（**契約方式**）、①利用者が契約当事者として決定権や選択権を持つ、②多様な民間事業者が契約によるサービス提供者として参入して競争を行う、③ニーズに応じて利用者と民間事業者がサービス提供契約を結び、行政は経費負担や事業者の監督などで利用を支援する、ということになった（ただし、緊急時など一部措置方式も残されている）。これは、医療分野の仕組みを福祉分野にも導入したものである。

　一方、**保育分野**においては、現在に至るまで措置制度の仕組みは基本的に変わっていない。1997年の制度改正以降、利用者が市町村に申し込みを行うことになったことをもって、「公法上の契約」による利用方式になったとの行政解釈が行われているが、利用者と保育所の間の契約関係は存在しない。2015年施行の「子ども・子育て新制度」においても、私立保育所における契約方式の導入は見送られた（公立保育所は利用者と市町村の間の契約関係であり、これは従前と変わらない）。

　契約方式の下では、行政は給付を直接、あるいは委託して行わないので、行政の役割は背後に退いているように見え、こうした観点から契約方式を批判する意見がある。しかしながら、契約方式は上記①②③のような狙いで導入されたものであり、規制や計画等多様な方法によりサービス利用支援を行うことにより、行政の公的責任を果たすように変化してきているものと考えられる。このような支援としては、個人の利用支援と地域における供給支援の両方が重要である（➡ 3.2、3.3）。

社会保障における給付と規制

　1980年代に体系的な社会保障法学を始めた荒木誠之が「社会保障とは、国が、生存権の主体である国民に対して、その生活を保障することを目的として、社会的給付を行う法関係である」（荒木誠之『社会保障の法的構造』）としていたように、これまでの社会保障行政は、もっぱら生存権保障のために現金や現物サービスを給付する**給付行政**であるととらえられていた。そのため、主に議論されるのは給付水準や給付方法についてであった。近年においては、実施主体の多様化と実施方法の契約化に伴い、行政は自ら給付する主体であるというよりも、民間の事業主体が適切なサービスを提供されるように**規制**などの条件整備を行うという機能が注目されるようになってきている。事業主体の認可と監督、サービスの質の規制と評価、地域計画による供給確保と連携体制づくり、情報提供や権利擁護などである。直接の給付でなく、各種規制など多様な手法によって公的責任を果たそうとするものである。実施主体の多様化が進むことは規制緩和ではなく、かえって規制強化が求められていることに留意する必要がある。

COLUMN 社会福祉基礎構造改革

　戦争直後の生活困窮者に対する公的責任による救済を基本とした戦後社会福祉制度の枠組みからの脱却と、国民全体を対象にした福祉制度を目指し、2000年前後から行われた改革を広く社会福祉基礎構造改革という。基本的方向としては、①サービスの利用者と提供者との間の対等な関係、②地域での総合的な支援、③多様なサービス提供主体の参入、④専門性、質と効率性の向上、⑤情報開示による事業運営の透明性、⑥費用の公平・公正な負担、⑦住民参加を通じた地域に根差した個性ある福祉文化の創造、が目指された（中央社会福祉審議会「社会福祉基礎構造改革について（中間まとめ）」1998年）。こうした方向性に基づいて、具体的な制度改正としては、①高齢者介護・障害者福祉分野における利用契約方式の導入、②利用援助、苦情解決、契約説明、サービス評価、情報提供などの利用者支援の仕組みの法定化、③地域福祉計画の法定化や事業の小規模化などの地域での支援の仕組みの導入などが行われた。

　社会福祉基礎構造改革によって、戦後の社会福祉制度の枠組みは大きく変化したが、その理念に基づく改革はなお十分に行われているとは言えない。介護保険の導入でサービス供給量と利用者の選択の幅は大きくなったが、障害分野においては税方式の下に、利用者負担は応能負担でかつ大きく軽減されているなど、高齢者介護に比べ契約方式が徹底されていない。保育分野においては依然として措置制度が行われており、供給量も選択の幅も小さい。サービス提供の要を占める人材確保については、質的にも量的にもなお課題が多い。地域の中で障害の有無や年齢にかかわらずその人らしい安心のある生活が送れるようにすることは、最近「地域包括ケア」の理念の下にさらに進めようとされているが、社会福祉基礎構造改革はなお未完の改革であると言えよう。

社会保険方式と税方式による社会保障の実施

　社会保障の実施方式としては、**社会保険方式と税方式**の区分が重要である（➡ 第1章3）。社会保険方式の社会保障制度においては、行政が自ら実施主体となって給付を行う場合（年金・労働保険）のほか、給付を行うのは民間事業者や保険者であり、行政が財源確保やこれらの者の規制のみを行う場合（医療・介護保険）がある。

3.2　社会保障の受給権 ─────────────────────────────●

社会保障の受給権の性格

　社会保障給付を受ける権利は、それぞれの給付の受給要件を満たせば抽象的には発生するが、どの時点で具体的な**請求権**が発生するかは制度ごとに異なっている。事業者がサービス提供を行い行政が保険給付を行う医療保険や介護保険では、サービスを受けた時点で保険給付の請求権を得る。ただし、医療保険においては専門家である医師が給付の必要性を判断すれば足りるのに対し、介護保険においては事前に行政による要介護認定が必要である。行政が直接給付を行う年金や労働保険では、受給要件を満たしただけでは抽象的な権利を得るだけであるとされ、行政による給付決定があって初めて請求権を得る。この決定は法的には確認行為であるとされ、権利の発生は受給要件を満たした時に遡る。ただし、給付決定により生じるのは**基本権**であり、具体的には毎月の到来によって**支分権**としての請求権が生じることになる。生活保護や児童手当も、行政の給付決定があって初めて請求権を得るとされるが、この決定は法的には設権行為であるとされ、権利の発生は申請時までしか遡らない。年金などとの違いは、拠出に基づく権利である社会保険の給付であるかどうかによるものとされている。

　社会保障給付は生活保障を目的としていることから、譲渡・担保付与・差押えの禁止により**受給権が保護**されていることが多い。また、**租税公課が禁止**されていることが多い（老齢年金は例外的に課税されるが、税制上優遇されている➡第2章）。受給権は**一身専属的**であり、死亡すれば消滅して相続されない点も、受給者の生活保障という目的に由来する社会保障受給権の特色である。

　受給権が制限される場合としては、複数給付が重複して発生する場合に一方のみが支給される併給調整、不正受給などの場合の給付制限、第三者である加害者から損害賠償を受けた場合には社会保障給付が行われない免責などがある。

社会保障における利用者支援

　社会保障の受給者は、身体的・精神的・社会的な弱者であることが多く、サービスの利用を支援する仕組みが重要である。このような考え方は、「利用者に力を与える」という意味で、**エンパワメント**と呼ばれている。特に社会福祉分野の実施方式の措置から契約への変化の中で、契約による利用という制度だけでは、専門家であるサービス供給者に対し自分の権利を主張できるようにはならないため、**利用者支援**はとりわけ重要になってきている。

　専門的知識および技術をもって利用者の福祉に関する相談、助言、指導、関係者の連絡調整などの援助を行う相談援助（**ソーシャルワーク**）は、それ自体が福祉サービスであるとともに、他のサービスの利用の支援であり、利用者個々人のニーズを最も適切なサービスに結び付ける重要な役割を果たしている。**ケアマネジメント**は、このような支援を介護保険制度や障害者総合支援制度の中にサービスとして位置づけたものである。医療分野においては、専門家である医療職（特に医師）と患者の間の情報の非対称性が大きく、治療方針などについて説明を行ったうえで、利用者である患者の同意を得てその選択を尊重した医療を提供すること（**インフォームド・コンセント**）が特に重要である。また、サービスの質と効率について評価を行い、利用者が選択できるようにするための情報提供や、そのためのサービスの標準化やIT（情報技術）を利用したデータの分析などが行われるようになっている。

　このほか、受給者の権利を擁護するための成年後見制度、日常生活自立支援事業、苦情解決、虐待防止、情報公開などの仕組みも重要であり（➡ 第9章）、いずれも公的責任として行われるべき部分が大きい。

3.3　地域における支援と地域計画 ──────────●

　サービスは個人に対して行われるものであるが、その利用の支援は個人に対してだけ行われるのではなく、医療や福祉サービスの基盤である地域における支援が重要である。特に、多様なサービスの利用が個人の選択による契約に委ねられるようになっている現在、利用者が個別のサービスを連携の下で受けられるよう、地域においてコーディネートすることがきわめて重要になっている。地域社会の役割については本章で（➡ 2.3）、地域における医療・介護

サービスの連携（地域包括ケア）については第6章で扱ったので、本節では行政の実施方法としての各種の地域計画、特に福祉分野の計画について述べることとしたい（医療計画については■➡第5章3）。

　地域における福祉計画は自治体が作成するものであり、①自治体の地域総合計画（基本構想や基本計画）、②部門別の上位計画や指針（基本指針・都道府県計画）、③自治体内の他の福祉計画との整合・連携が行われることが求められる。

　介護保険法に基づく**介護保険事業計画**は、市町村が介護保険の運営期間である3年を1期として策定する。都道府県は介護保険事業支援計画を策定する。市町村介護保険事業計画には、介護保険の給付の対象サービスの種類ごとの量、その費用、保険料の水準の見込みと、その確保のための方策、事業者間の相互連携に関する事項などが定められる。日常生活圏域を設定して地区ごとのニーズ調査を行ったうえで、サービス供給量と介護保険料の具体的な見込みを示すものであり、現場への影響も大きい。国が定める基本指針の中で、施設サービス利用者数の割合や給付費の基準が参酌標準として示されている。また、市町村の区域において確保すべき老人福祉事業の量の目標を定める**市町村老人福祉計画**（老人福祉法）と一体のものとして策定されることとなっている。2015年度からの第6期介護保険事業計画は「地域包括ケア計画」と位置づけられ、在宅医療・介護連携の推進などに関する事項を重点的な取り組み事項とした。2021年度からは第8期計画が進められている。

　障害者福祉分野では、障害者総合支援法に基づき、市町村と都道府県は**障害福祉計画**を策定し、サービス供給量の見込みと確保のための方策を定めることになっている。障害者基本法に定める障害者のための施策に関する基本的な計画である**障害者計画**と整合性の取れたものである必要があり、中長期の計画である障害者計画の一部として3年を1期とする障害福祉計画が定められることが多い。また、児童福祉・少子化対策分野では、子ども・子育て支援法に基づき市町村**子ども・子育て支援事業計画**（都道府県は子ども・子育て支援事業支援計画）が5年ごとに策定されることになった。

　このほか、**地域福祉計画**は、社会福祉法に基づき市町村が策定するものである（都道府県は地域福祉支援計画を策定する）。内容としては、「地域における

福祉サービスの適切な利用の推進に関する事項」として、情報システム、苦情
対応、相談援助、第三者評価など利用者の権利やサービスの質に関すること、
「社会福祉を目的とする事業の健全な発達に関する事項」として、地域の課題、
サービス圏域の設定、ニーズ把握、福祉人材の育成など、「地域福祉に関する
活動への住民の参加の促進に関する事項」として、NPOやボランティアへの
支援、福祉のまちづくりへの支援などが定められることが期待されている。分
野ごとには個別の計画があるため、地域福祉計画は各分野に横断的な事項や、
個別計画に規定されていない事項が定められることになり、量的な数値目標を
定める個別計画と比べて、自治体により多様なものになっている。住民参加に
よる地域づくりの指針という意義のある計画であるが、策定は努力義務なの
で、2020年4月現在で全市町村の81％の策定済みにとどまっており、6％の市
町村には策定の予定がないといった問題がある。

3.4　社会保障行政における裁量と統制

　社会保障行政の基準としては、法令（法律、政令、省令［規則］、条例など）
のほかに、国から自治体への指導や情報提供を含む通達・要綱・内規などが、
本来は行政内部の規則であるにもかかわらず、実際には利用者に対する給付の
あり方を決めるものとして大きな影響を持っている。また、社会保険制度にお
いては、形式的な要件を満たした場合に給付される類型的な給付であるため、
行政の裁量の余地は大きくはないが、生活保護や措置制度の福祉サービスなど
においては、現場において個別の状況に応じて給付の可否や給付内容について
の判断が行われるので、**行政による裁量**が大きくなりがちである。法令に反し
た行政裁量に対しては、**行政外部からの統制**が行われなければならない。
　ただし、社会保障給付の実施主体が多様化し、行政により直接の給付が行わ
れない場合が多くなっており、従来のような司法（裁判）を中心とした行政権
力に対する統制手段では、不適切なサービスに対する統制や防止ができない場
合がある。例えば介護保険のサービスにおける事故のように、行政は直接サー
ビスを提供していない場合には、行政はサービスに関しての直接当事者ではな
いし、サービス実施主体は契約によってサービスを提供しているので、法令に
基づく権限を逸脱しているかどうかという行政裁量統制では責任を問えないか

らである。したがって、評価基準の設定とそれに基づく第三者評価、説明や書面交付など利用契約に関する規制、情報公開など、民間サービスに対する品質保証に関する統制が行われることが必要である。

　行政に対する統制としては、**行政不服審査**や**裁判**などの争訟手続が従来から中心である。特に、不服審査については多数の専門的な処分に係る簡易迅速な解決という観点から、**社会保険審査官**など特別な不服申立機関が設けられている。しかしながら、こうした争訟は手間と時間がかかる場合があり、また専門的・個別的な判断であるために行政裁量が容認されがちであるうえに、事後救済であるため実効性が低い場合があり、限界がある（なお、苦情処理や苦情解決の仕組みについては➡第9章）。

　そのため、行政処分が行われる前の**手続きへの参加**の保障も重要である。地域計画や政策の決定における住民・当事者の参加、国民健康保険運営協議会など管理運営における参加のほか、サービスの決定・受給に至るまでの間の相談援助、情報提供、権利擁護、意見開陳手続などの手続保障が重視されるようになっている。

4　社会保障の政策決定過程

4.1　社会保障の政策手段

　社会保障の政策手段としては、**立法**が大きな役割を占めている。その理由としては、急速な少子高齢化と雇用の不安定化に対応したニーズの変化と財政制約のため制度の絶えざる見直しが迫られていること、制度の枠組みが現場を拘束して運用されていること、給付の比重が高く予算の根拠が必要であることといった社会保障分野の特色があげられる。社会保障法には、基本的理念や国の責務を謳った基本法、規制の枠組みを規定した規制法、給付や負担・財源を規定した給付法があり、これらをあわせて一本の法律で制度の枠組みを規定しているものもあるが、近年は実施主体は民間主体で、財政措置のみを公的責任として行う場合が多くなり、この3者が分離する形も多くなっている（高齢社会

対策基本法／老人福祉法／介護保険法、少子化社会対策基本法／児童福祉法／
子ども・子育て支援法など）。

　社会保障行政は給付の比重が高いので、政策手段として**予算**の役割も大きい
（➡第11章）。高齢化により制度を変更しなくても社会保障の所要額は毎年1
兆円以上増加する（自然増）ため、国家予算全体の中での社会保障予算の確保
が毎年の政策プロセスの中で大きな課題になる。国の予算の編成方針は漸増主
義（インクリメンタリズム）というよりもあらかじめ上限が決められたゼロ・
サムであり、通常毎年8月末までの各省の財務省に対する概算要求段階で枠組
みが決まるが、制度改正を行わなければ予算の範囲内に収まらない場合は制度
改正になる。このほか、**税制**（社会福祉法人への優遇税制等）や**政策融資**（医
療法人への低利融資等）も政策手段として活用され、予算編成プロセスの中で
決定される。

　法令（法律と政省令）は基本的・一般的なことのみを決めているため、制度
や財政措置の詳細は**通達**や**補助金の要綱**において決められていることが多い。
性格的には利用者を縛る法規ではなく自治体等を縛るだけのものであるが、現
場の行動に対する実質的な影響は大きい。特に最近は、補助要綱や診療報酬な
どの財政措置の要件として規制的要素が定められるものも目立つようになって
きている（例：診療報酬の入院基本料の算定要件としての在宅復帰率）。

　なお、具体的な事例に対する裁判所の**判決**が政策に影響することもあるが
（例：薬局距離制限違憲判決による薬事法改正）、社会保障分野における法は紛
争処理規範よりも日常的な行動規範としての役割が大きい。制度立案に関する
行政の裁量の大きさや、判決まで時間がかかる間に法改正が行われることが多
いこともあり、判例による制度改正への影響には限界がある。

4.2　国における政策決定過程

　本節においては、立法による政策決定を主に念頭に置いて、国における政策
決定過程について説明する。

　社会保障の**立法の契機**としては、①見直し規定による改正、②予算編成上の
必要性、③状況の要請の3つがあげられる。①は法律上、または法案採決時の
国会の付帯決議における「〇年以内に見直す」という規定に基づき見直しを行

うものである。②は現行制度の見直しによる支出の抑制がなければ予算が枠内に収まらず、予算編成が行えない場合である。③は事件、外圧、政治的な要請などの状況から制度改正に至るものである。医療については2年に1度（診療報酬改定年）、介護については3年に1度（介護報酬改定年）、年金については5年に1度（財政検証年）に制度改正の議論が行われることが多いが、これはいわば①と②の複合である。また、最近の政治主導で社会保障諸分野を包括的に見直す構造改革的手法は、②と③の複合ということができる。議院内閣制の日本では、厚生労働省が立案して内閣・与党と調整して国会に提出する内閣提出法案が主流を占め、議員提出法案は基本法や予算を要しないものなどを中心に少数にとどまっている。

　厚生労働省における政策立案過程の中では、**審議会**が重要な役割を果たしてきた。審議会は厚生労働省の事務局が提出する資料を基に、専門家と利害関係者が政策案の審議を行うもので、専門家（公益委員）と利害が対立する両者からなる3者構成の審議会（中央社会保険医療協議会など）とそれ以外のものがある。論点の整理、利害関係者の事前調整、政策立案過程の公開といった意義があるが、政府の提案の追認になっている、意見対立が審議会では調整できず両論併記のまま政治的判断に委ねられることが多くなっている、などの批判がある。

　厚生労働省において立案された政策は、内閣の中で調整される。社会保障は給付が中心であり、政府予算（一般歳出）の半分以上を占める大きなものであるから、**財務省との調整**が重要である。また、最近は、首相官邸・内閣官房・内閣府における改革本部等の**政府横断的な戦略との調整**が重要になってきている（経済財政諮問会議、規制改革会議、子ども・子育て本部など）。内閣内の調整を終えると、**与党審査**を経て政府提案となり、法律案として**国会に提出**される。

　国会に提出された法律案の審議順は、各党国会対策委員会同士の舞台裏の協議によって決定される。内閣提出法案のすべてが野党が反対する与野党対決法案になるわけではないが、厚生労働委員会への付託のタイミング、委員会での審議時間、採決のタイミングのそれぞれが、委員会における質疑の内容以上に与野党の駆け引きの対象になる。

　国会を通過した法律案は、法律として公布され、施行までの間に自治体や実施主体など現場における運用が可能になるように、政省令や通達等で詳細が決められ、説明会などを通して周知が行われた後、現場における体制整備を経て実施に移されることになる。

4.3　政策立案過程におけるプレイヤーの役割 ─────────●

　このような政策立案過程におけるプレイヤーの役割として、まず**政官の関係**はどうなっているのだろうか。国会と行政の関係については、日本のような議院内閣制においては、国会が決めて行政が執行するというよりも、行政の決定を国会がチェックするというのが実態である。一方で、政府内における政治家と官僚の関係については、社会保障は制度で運用されているために、従来は制度を熟知している官僚主導であったと言えるが、近年は**政治主導**が進んできた。これは、社会保障が限られたパイの分配によるゼロ・サム・ゲームになってきたために、行政による利害関係者の全員一致の調整が難しくなり、政治的決断が求められるようになってきたことが大きな原因であると思われる。とりわけ、政治主導を標榜した2009年と2012年の政権交代を経て、政治主導の決定方式は定着したように見える。ただし、給付の効率化と負担の抑制を進めて現行制度を微調整していくという政策の大きな方向性が変化したわけではない。

　社会保障には**多様な当事者・利害関係者**が関わっており、社会保障政策を理解するためには、単に行政と受給者の関係だけでなく、こうした多様なプレイヤーの役割の分析が必要である。とりわけ現物サービス（医療や福祉）においては、多様なサービス提供者と支払者が入り乱れて関わっている。特に職能団体（日本医師会、薬剤師会など）、地方3団体（知事会、市長会、町村会）、労使代表（日本経団連、連合）などの影響力が大きい。このほか、研究者（学者）やマスコミも、社会保障政策の決定に一定の役割を果たしている。

4.4　社会保障における政策立案過程の特色と課題 ─────●

　社会保障分野においては、1990年代から**抜本改革**の掛け声の下に、社会保障の枠組みを問う声が大きいが、掛け声が大きい割には大きな枠組みの変更は行われてきていない。これは、社会保障が制度で動いているために継続性と現場

の体制が重要であることや、給付の効率化と負担の抑制という大きな方向性は立場の相違にかかわらず一致せざるをえないためであると思われる。こうした社会保障分野の特色から、政権交代を超えて2012年から行われている「**社会保障・税の一体改革**」のように、与野党一致の取り組みが求められている（➡第11章）。

　一方で、予算編成をクリアするために毎年のように細かい制度改正が行われ、現場の混乱を招くとともに、国民の制度の持続可能性についての不安をあおる結果になっていることは否めない。このような「猫の目改正」は、予算の都合や性急な政治的判断に基づくものも多く、現場の実態や統計的なエビデンスに基づく政策立案が求められている。

5　社会保障の政策決定基準

　社会保障の政策決定の過程や方法と並んで重要なことは、**政策の決定基準**である。これは、政策がどのようなものであるべきかということであり、社会保障の根拠となり、どのような基準で政策を決め、評価していくかという実際の政策決定にあたっての指針にもなるものである。

　政策決定基準として、3つのものをあげることができる。第1は**政治的基準**であり、民主的な合意形成が行われているかどうかを基準とする。熟議と利害調整により合意を取り付けていく手続きが重視される。第2は**経済的基準**であり、効率性（費用対効果）を基準とする。効率性にはミクロ（現場）的なものとマクロ（全体）的なものがあり、個々のミクロ的な政策決定が効率的なものであったとしても、社会全体のマクロ的な政策決定が効率的かどうかはわからない。一方、社会保障は多数の利害関係者が多様な意見を有するものであり、また多額のコストを要するものであるから、いかに納得してもらうかという政治的基準と、いかに少ない費用で最大の効果をあげるかという経済的基準は重要であるが、社会保障は強制的な負担に基づく財政移転により要支援者のニーズを満たそうとするものであるから、何が正しい給付であるかという**規範的（法的）基準**が政策の内容にとってきわめて重要であり、これが第3の基準で

ある。

　規範的基準として最も重要なものは自由と平等であるとされてきた。自由には、個人の自由な生き方は国家や他者からの侵害を受けないという**消極的自由**と、個人の自由な生き方の追求のための阻害要因を国家が排除するという**積極的自由**があるとされる。この両者の区別は相対的なものであるが、社会保障は積極的な自由の確保のための最も重要な手段であるとされてきた。また、平等には、**機会の平等**と**結果の平等**の観念があるが、これらを両立させて、個人の自由を抑圧せずに理にかなわない差別や格差を是正しようとするリベラルな平等の観念が、社会保障の規範的根拠と密接な関係を持つ。

　リベラルな平等の観念は、自由と平等の両立を考える**リベラリズムの正義論**として展開され、社会保障の規範的根拠とされてきた。人々の効用を総計してその最大化を目指す**功利主義**、個人の自由を至上のものとして国家による介入を否定する**リバタリアニズム**に対抗して論じられてきたものである。個々人なりの善き生の見方を抱く多様な人々の間での公正な社会のあり方として、個人の自由の最大限の尊重のうえで、社会で最も不利な立場にある人々の利益が最大にされる限りで結果の不平等が認められる（**格差原理**）とする**ロールズ**のリベラリズムが代表的なもので、社会保障による再分配を正当化する根拠とされてきた。また、ロールズの主張は資源の平等にすぎないとした**セン**は、同じ資源を与えられても人によって能力が異なり機能を実現できないことに着目し、**潜在能力の平等**を主張し、障害者福祉など個人の能力に応じた支援を行う社会保障の根拠として有力になっている。これに対し、**ラズ**らは、個人の善の追求はまったく無価値なものではなく、倫理的に卓越した自律的な生き方の追求の促進のために、国家が積極的な役割を果たすべきだとする**卓越主義的リベラリズム**を主張し、いずれも社会保障のある面を強調しつつ、個人の生の追求の条件整備として社会保障を正当化する根拠となっている。

　以上のようなリベラルな正義論は、個人の生き方に対する社会的支援を正当化しているものの、自由や自律を強調するあまり個人が社会と無関係に相互に孤立して存在していることを前提としている面があることは否めない。これに対し、社会と個人の相互関係を重視して公共性を根拠づけようとする**公共性論**がある。サンデルらの**コミュニタリアニズム**は、人々の価値体系は個人がまっ

たく自由に決めるのではなく、共同体の中で形成されることを強調し（共通善）、共同体による福祉を重視する。マーシャルに由来し近年積極的な読み直しが行われている**シティズンシップ論**では、社会に貢献することで社会の成員として認められることを重視し、保険料拠出や就労努力といった社会に対する貢献の見返りとしての社会保障給付を正当化する（➡第1章1）。また、ホネットなどによる**承認論**は、愛・法的権利・社会的業績に基づき社会に承認されることで人は肯定的な自己を確立するとし、自己と異なる他者を尊重するものであり、社会保障の根拠として最近注目されている。さらに、ギリガンに始まる近年の**ケア論**は、母子関係をモデルに、人と人との具体的な関係を引き受け、具体的な状況の中で他者のニーズに応答する責任を負うケアの倫理に着目するもので、その中にはケアをする権利を認めてケアのための社会の制度のあり方を論じようとするものもある。

　自由・平等・効率といった規範的概念は共通であっても、上記のように規範的概念をどのように解釈するかによって社会保障の具体的なあり方に対する含意は異なってくる。社会経済の変化に伴ってこれまでの社会保障の規範的根拠に対して国民の合意が失われつつある現在、こうした規範理論を参考に社会保障の理念を立て直し、広く国民が納得できる社会保障の政策決定基準を作り上げることが重要になってきていると言えよう。

キーワード

地方分権　福祉事務所　公私の役割分担　社会福祉法人と医療法人
ソーシャルワーク　地域包括ケアシステム　地域福祉計画　措置から契約へ
社会福祉基礎構造改革　請求権　裁量統制　審議会　政官関係　規範的基準

復習問題

1　地方自治体が行っている事業のうち、生活保護など国が本来果たすべき役割に係る事務を□□□□事務、介護保険や国民健康保険などその他の事務のことを□□□□事務と言う。

2　社会福祉法人は、厳格な規制・監督の下に置かれる一方、税制上の優遇措置などの支援や助成が行われており、特に近年、□□□□の高い事業運営が求められるようになってきている。

3　社会保障における専門的人材の資格には、看護師など資格を有する者のみが業務を行うことができる［　　　］資格と、社会福祉士など資格取得者のみが特定の名称を用いることができる［　　　］資格がある。

4　社会福祉分野においては、行政が自らあるいは社会福祉法人に委託してサービスを提供する［　　　］方式から、利用者が直接事業者と契約を結んでサービスを受ける［　　　］方式へと移行してきている。

5　市町村介護保険事業計画は、［　　　］年に1回策定され、給付の対象サービスの種類ごとの量、費用、保険料の水準の見込みなどが定められる。

練習問題

1　あなたの住んでいる市町村の福祉サービスにはどんなものがあるか調べてみよう。また、地域福祉の計画にはどのようにあなたの町らしさが出ているかを調べてみよう。

2　営利法人にはなぜ病院や福祉施設の経営が認められないのか、その理由とされているものを整理してみよう。

3　地域福祉への住民参加を進めるためには、どのようなことが必要であるかを考えてみよう。

4　福祉施設への入所が措置方式になっているものと契約方式になっているものを1つずつ取り上げて、具体的な手続きを比較してみよう。

Further Readings

荒木誠之『社会保障の法的構造』有斐閣、1983年

岡村重夫『地域福祉論』（新装版）、光生館、2009年

菊池馨実『社会保障法』（第2版）、有斐閣、2018年

塩野谷祐一・鈴村興太郎・後藤玲子編『福祉の公共哲学』東京大学出版会、2004年

高橋紘士編『地域包括ケアシステム』オーム社、2012年

中島誠『立法学──序論　立法過程論』（第4版）、法律文化社、2020年

西村淳『所得保障の法的構造』信山社、2013年

社会保障と財政

第11章

本章では、日本の社会保障給付費が増加している「実態」について説明し、社会保障給付費を分類して、増加の要因について検討する。さらには、その社会保障給付費の財源として、主に社会保険料と税財源が「制度」として存在することを説明する。

年金、介護、医療といった社会保障制度において、国と地方の役割分担はどのようになっているのかの「実態」を示し、「制度」と「意義」について述べる。特に、社会保障制度において、社会保険制度の「制度」は重要であり、民間保険との違いなどに注目しながら、社会保険制度の「意義」を示す。「歴史と政策動向」においては、社会保障・税の一体改革に言及する。「課題」に関しては、社会保障給付費の財源不足問題はいまだ解消し切れていないこと、また少子高齢化によって、財源問題が深刻化することなどについて指摘する。

【キーワード】

財政　租税　社会保険料　財政の3機能　社会保障給付費
社会保障関係費　国と地方の役割分担　社会保険制度
社会保障財政　社会保障・税の一体改革　消費税

1 社会保障における財政の役割

1.1 政府が社会保障に関わる理由 ─────────●

　社会保障制度の発展は国の発展とともにある。これまで、多くの先進国でも、福祉国家の建設が掲げられ、社会保障制度が充実してきた。この点は日本も例外ではない。

　特に1973年（昭和48年）の福祉元年は、社会保障サービスを一気に増やすことで、日本が福祉国家建設に大きく舵を切る契機となった。年金給付の充実や老人医療費の自己負担の無料化が、この時に実現している（➡ COLUMN 1）。

　その一方で**福祉元年は、社会保障制度の財政面での持続可能性が問われるきっかけにもなった。**社会保障サービスは、いったん充実した給付制度を作ってしまうと、家計にとっては充実した給付水準が当然になってしまう。その一方で、負担が増えなければ、制度を財政面で維持できない。給付には負担を対応させることが、**財政の持続可能性**である。老人医療費の自己負担の無料化は、後に解消となっている。

　財政の持続可能性の要請があるにせよ、本質的に社会保障サービスは国民生活にとって不可欠である。政府が行っている社会保障サービスは民間企業などの経済主体による単独の供給が困難である。または、民間主体で供給ができても、その財源を調達することが難しい。もしくは、民間主体による供給は、社会的に望ましくない判断が下されるという性質を持つ。

　例えば医療サービスは、民間主体によっても供給可能であり、一般的な財・サービスと同様に価格を媒介にして取引できる。しかし、政府からの補助金がなければ、サービスの価格が高額になる可能性が高く、その場合は一部の裕福な家計しか医療サービスを購入できないおそれがある。介護サービスや保育サービスも、民間主体による単独の供給は可能であるが、価格は高くなるだろう。

　政府の関与がなければ、裕福な家計だけが民間主体が供給するサービスを利用することになるが、そのことが社会的に望ましいかどうかは、賛否が分かれ

COLUMN 1 かつて老人医療費の自己負担は無料だった

1973年（昭和48年）の福祉元年には、70歳以上の高齢者の医療費の自己負担が無料となった。当時の日本は高度経済成長のまっただ中にあり、政府は豊富な税収をかかえていた。また、東京都をはじめとした老人医療費の自己負担の無料化が、地方自治体の単独事業として広がっていた。以上が老人医療費の自己負担の無料化に国が踏み切った背景である。

ところが、無料化によって多くの高齢者が医療サービスを利用するようになり、医療機関の「サロン化」が問題となった。一般的に「サロン化」とは、社交の場となる状況を揶揄する表現である。その結果、医療費が増大するようになる。「医療」の社会保障給付費は、1973年度は21.97%、1974年度は37.76%、1975年度には20.99%というきわめて高い増加率を記録している（➡ 図11-1）。

老人医療費の自己負担の無料化が実現してから10年となる1983年、医療費の抑制を図るため、高齢者の自己負担が定額負担として復活し、1986年に定額負担の金額が引き上げられた。その後、70〜74歳は2割の定率負担、75歳以上は1割の定率負担が原則の時期が続き、2022年度後半からは75歳以上も2割負担となった。

るところだろう。とはいえ、健康を害した家計の増加や、生活に困窮する家計の増加は、社会不安を増幅させるため、現代国家においてはそのような社会は望ましくないという判断が下されると考えられる。それゆえに、政府が社会保障サービスに関わることで、社会全体に対してサービスを供給する社会保障制度が誕生するのである。

一方、生活保護や年金や児童手当のように、民間主体が全国民を対象に、これらのサービスを供給することは困難な社会保障サービスも存在する。年金に関しては、民間保険会社が私的年金を提供することはもちろん可能であり、現実的にも供給がなされているが、全国民が加入する年金を構築するには、政府の関与が不可欠である。生活保護や児童手当についても、給付の財源を確保するには、政府の強制力が必要であるから、政府の関わりは不可欠である。

以上の理由から政府は、社会保障に何らかの形で関与する。その方法は、大きく分けて2つある。1つは規制である。特に、社会保障サービスの供給を民間主体に委ねる時には、一定の質の保証が必要になり、そのために政府は規制

をかけている。医療や介護、保育がその例である。

　もう１つは財政である。**政府は財政の仕組みを通して、社会保障の財源を調達し、給付を行う。**社会保障サービスの給付に関しては、政府が直接、供給に関わることもあるが、民間主体に委ねる場合も多い。医療、介護、保育は、政府が直接にサービスを供給しなくても、民間主体によって供給できるサービスである。しかし、全国民にサービスを利用できる状態にするためには、財政による補助金を活用することになる。

　現実的には、規制と財政を組み合わせて、政府は社会保障に関わっているが、本章では後者の財政に焦点を当てる。社会保障を財政から眺めることで、財政において社会保障がどのような役割を持ち、どのような意義を持っているのか、さらにはどのような実態となっていて、制度として機能しているのか、最後に今後の課題について示す。まずは財政そのものの概要について、社会保障を例にしながら見ていこう。

1.2　財政とは何か

　一般的な財政学の教科書をひもとけば、「財政」は "Public Finance" の日本語訳だとされている。財政とは何かを知るには、"Public Finance" の日本語訳について検討することがわかりやすい。

　まずは後半の "Finance" の意味を検討しよう。"Finance" の日本語訳は「金融」であり、国語辞書で「金融」とは、「資金を融通・調達すること」とある。「融通」または「調達」とは、「必要に応じてやりくりすること」であり、何らかの必要のために、資金を調達することが「金融」の意味である。

　前半の "Public" は「公的」であるから、"Public Finance" は「公的金融」と訳したいところである。しかしながら日本では、公的金融とは、日本政策投資銀行や日本政策金融公庫といった、政府が株式を保有している政府系金融機関の機能を指すことが通常である。政府系金融機関は、中小企業や大規模事業への投融資を実施しており、政府の信用力を用いて低金利で貸し出しを行うことで、金融的手段によって政策を実現する金融機関である。

　公的金融も、財政の役割の１つではあるものの、財政が持つ役割のかなり狭い範囲でしかない。そのため、"Public Finance" を「公的金融」と訳すこと

はできない。そこでいったん、"Finance" は「資金調達」とし、"Public Finance" は「公的資金調達」とするほうが、表現としてはベターである。

すなわち**財政は、「公的」に「資金調達」を実施する仕組みである**。「公的」は「民間」の対義語として使われる。経済学では、公的部門といえば政府であるが、民間部門といえば主に家計と企業である。したがって「公的資金調達」とは、政府による「資金調達」となり、政府の会計では**歳入**と呼んでいる。

ここで政府がなぜ、「資金調達」を行う必要があるかを考えなければならない。このことは、政府の存在意義にも関わることである。端的に言えば、家計や企業などの民間部門に公共サービスのニーズがあるからである。何らかの公共サービスを実施するためには資金が必要であり、それを「公的」に行うところに財政の特徴がある。政府の会計では、公共サービスにかかる費用は**歳出**に含まれる。

家計や企業でも、何らかの必要のために資金調達は行うが、それを「公的」に実施するのが財政である。この側面から「公的」の意味を考えれば、そこに何らかの強制性が関わっていることに気がつく。

公共サービスの供給のための財源は、強制的に徴収されるという側面がある。古い財政学の教科書では、財政は「強制獲得経済」であるとも説明されている。強制的な資金調達の方法として、具体的には租税や社会保険料などを想起できよう。後にも述べるように、**租税や社会保険料は、社会保障サービスの重要な財源である**。

特に租税が持つ強制性は、民間部門の資金調達には見られない特徴である。民間の資金調達は、何らかの対価があって成立する。例えば、家計や企業が銀行から資金を借りるにも、金利を負担することが前提である。銀行は金利を得るために資金を貸す。借り手と貸し手の双方にニーズがあり、市場を経由することで金利が対価となって、民間の資金調達が成立する。

ところが租税は、そのような対価を求めず、国民に負担を課している。租税を負担しているからといって、何か特別な公共サービスを政府から提供してもらうわけではない。対価が得られないのに、負担を強制されるのが租税である。

社会保障サービスを対価だととらえれば、社会保険料は租税とは異なる特徴

を持っている。なぜなら、原則的には、社会保険料を拠出しなければ、社会保障サービスを受けることはできないからである。ただし、租税も社会保険料も、政府が強制力を発揮できることは共通である。強制力を発揮し、民間部門の家計や企業から、租税や社会保険料などの資金を調達することが、政府の「公的資金調達」なのである。

とはいえ、「公的資金調達」の資金調達の部分のみに注目することは、財政の役割を過小評価している。財政は資金調達を行うだけが役割ではない。**公共サービスの供給も重要な役割である**。社会保障に関して言えば、社会保障という公共サービスが必要だと社会が判断する時に、その供給のために必要な財源を政府が調達し、社会保障サービスを供給することが、財政の役割となる。

公共サービスの供給に関しては、前近代国家と近代国家では、財政の役割がまったく異なる。前近代国家では、国家を支配する王朝を維持するための資金調達が財政の役割であったが、前近代国家が近代革命を経て近代国家になることで、国民への公共サービスの供給が、財政の重要な役割として昇格した。その後、二度の世界大戦を経た現代国家では、社会保障サービスの供給が、福祉国家における財政の大きな役割となった。

以上のように財政をとらえるならば、租税や社会保険料といった資金調達（歳入）と、社会保障サービス（歳出）の両面から、社会保障を考察することが必要である。具体的には、次のような視点が考えられる。

第1に財政の歳出としての社会保障サービスである。どのような社会保障サービスが、どのようになされているのか、どのぐらいの規模なのか、これらの視点を考察することが必要である。第2に社会保障サービスを賄うための歳入としての資金調達である。社会保障サービスのために、どのような財源が、どのようにして調達されているのか、それは家計や企業といった民間部門にどのような影響をもたらすのか、これらの視点を考察することが必要である。

1.3　財政の3機能から見た社会保障 ─────────────────●

財政学の祖と呼ばれる**リチャード・マスグレイヴ**は、財政は3つの機能を持つと述べた。**財政の3機能**とは、**①資源配分機能**、**②所得再分配機能**、**③経済安定化機能**である。マスグレイヴによる財政の3機能の分類は、その後の財政

学の発展に大きな影響をもたらし、現在の財政学にも引き継がれている。その
ため以下では、これらの財政の3機能について、社会保障との関わりを検討し
よう。

　第1の資源配分機能の具体例は、政府による公共サービスの供給であり、公
共財とも呼ばれる。公共財は純粋公共財と準公共財に分けられるが、まずは純
粋公共財の特徴を考えてみよう。具体的な純粋公共財には、国防や外交などが
あげられる。

　純粋公共財は非競合性を持つ。非競合性とは、誰かが消費しても、ほかの誰
かが消費できるような特徴である。個人Aが道路を歩いても、個人Bは同じ
道路を歩くことができる。

　反対に私的財は競合性を持つ。誰かが消費すれば、ほかの誰かは消費できな
い。例えば、個人Aが食べた弁当を、個人Bは食べることができない。しか
しながら、純粋公共財の場合は、ある人の消費がほかの人の消費と競合しな
い。

　また、純粋公共財は非排除性を持つ。非排除性とは、いったん供給された公
共財について、対価を支払わずに消費する誰かを排除することができない、も
しくは困難だという性質である。例えば、道路がいったん供給（すなわち建
設）されれば、この道路整備の財源となる租税などの負担を逃れている個人
（例えば外国人旅行客）でも、道路の消費（すなわち通行）は可能である。

　反対に私的財は排除性を持つ。対価を支払った個人だけが、その財・サービ
スを消費できる。例えば、個人Cがケーキを食べるには、そのケーキの対価
を支払うことが必要である。対価を支払わずに、そのケーキを食べることはで
きない。

　以上のように、純粋公共財は非競合性と非排除性という特徴を持つ。そのた
めに民間企業などの民間主体によって供給することができず、政府が供給しな
ければならない。純粋公共財を供給する費用についても、政府が調達しなけれ
ばならない。

　ところで、社会保障サービスは純粋公共財に該当するのだろうか。医療、介
護、保育といった社会保障サービスに関しては、政府が関わらずとも、民間主
体によって供給できると考えられる。そのため、これらの社会保障サービスは

純粋公共財には該当しない。

　とはいえ、政府は完全に社会保障サービスから手を引いているわけではない。例えば、国公立の医療機関や公立の保育所など、政府によって供給されている社会保障サービスも多い。それらとともに、政府とは異なる民間主体が、社会保障サービスを供給している。

　財政による関わりで言えば、社会保障サービスを供給している民間主体にも、何らかの補助金が投入されている。この点から言えば、社会保障サービスには必ず財政が関わっていると言えよう。民間主体によって供給ができるにもかかわらず、政府が供給に関わっている公共サービスは、価値財と呼ばれることがある。この種の社会保障サービスは価値財としてとらえられる。

　第2の所得再分配機能の具体例は、生活保護サービスや児童手当のような所得移転である。例えば生活保護制度は、生活に困窮する家計に対し、その困窮の程度に応じて必要な保護を行うことで、健康で文化的な最低限度の生活を保障することが目的となっている。仮に生活保護サービスがなければ、生活が困窮した家計は最低限度の生活すら営むことができなくなる。

　このような生活保護サービスは、民間主体は供給することができない。その理由は、該当する家計が対価を負担できないためである。例えば、労働の対価として所得を分配することが企業の役割であるが、そもそも生活に困窮する家計は、所得や資産を十分に持たない家計が多いことが特徴である。したがって、企業などによる所得分配と、政府による所得再分配は、「再」の1文字に大きな違いがある。いったん、企業などによって分配された所得を、再び分配することが、政府による再分配である。

　生活に困窮する家計が多く存在することは、社会的には許しがたいことだと政府が判断する時には、生活保護サービスが財政によって供給される。その財源は、一般的には租税であり、所得稼得能力のある家計からの負担によって賄われる。

　生活保護サービスのみならず、例えば所得税のような税制も、結果的に所得再分配機能を持っている。所得税は高所得者になるほど負担が重くなり、低所得者になれば負担が軽い、もしくは税額がゼロになる。そのため、収入から税額を差し引いた可処分所得では、税制が所得再分配機能を持つことになる。

　第3の経済安定化機能の具体例は、雇用保険（失業保険）における失業給付である。景気の低迷によって失業者が増える場合には、失業給付も増加する。失業給付によって、家計の消費はある程度は維持することができ、消費の低迷によるさらなる景気の悪化を防ぐことができる。逆に、景気が過熱した時には、失業給付が減少することで、家計の消費の増加を抑制できる。

　同じような効果は、生活保護制度や超過累進の税率構造を持つ所得税にも期待できる。景気の低迷と過熱に対応して、税制や社会保障制度が自動的に経済の安定化に寄与する仕組みを、財政の自動安定化装置と呼んでいる。

　また、景気の低迷と過熱に対して、政府が積極的に対応する裁量的な財政政策も考えられる。景気の低迷に対しては、減税や公共事業の実施が景気を下支えする効果を持つ。逆に、増税や公共事業の抑制は、景気の過度な過熱を防ぐ効果を持つ。

　以上のように、**政府による社会保障サービスは、財政の①資源配分機能と②所得再分配機能、③経済安定化機能を持っている。**とはいえ、現時点の財政が供給している社会保障サービスが、必ずしも望ましい形で供給されているとは限らない。

　その意味では、①資源配分機能によって行われている社会保障サービスの供給の効率性を高めることは重要である。また、②所得再分配機能によって行われている所得移転については、どの程度の家計を所得移転の対象にするのかという点が、常に議論となる。さらに、③経済安定化機能についても、例えば政治はどうしても社会保障サービスを拡充し、減税や公共事業を行うことを考えがちである。その結果、社会保障をはじめとする財政の持続可能性に問題が出てくる。

1.4　社会保障における公平性と効率性 ─────────●

　先に所得再分配機能について検討した。所得再分配の程度は、社会が持つ価値判断に委ねられるものの、所得再分配が強ければ強いほどよい、というわけではない。確かに、所得再分配を強化するほど、課税後または所得移転後の所得は平等化し、公平性は確保できる。しかしながら、事後的に所得が再分配されるのならば、家計の労働意欲は減退し、効率性が阻害されるかもしれない。

　このような**所得再分配と労働意欲の関係は、公平性と効率性のトレードオフ
として知られる問題であり、社会保障の制度設計にも深く関わってくる。**

　例えば、生活保護サービスは、生活に困窮した家計には必要不可欠な給付で
あるが、過度もしくは不適切な給付がなされれば、その家計の自立を損ね、労
働意欲を奪うかもしれない。移転所得の財源にもなる所得課税についても、高
所得者だからといって、あまりに重い税負担を課してしまうと、高所得者の労
働意欲を減退させるかもしれない。

　公的年金についても、支給開始年齢後に働くことで、年金の一部が減額され
るならば、働く意欲は損なわれるかもしれない。公的年金については、貯蓄と
の関係も指摘されている。退職後の年金給付が充実しすぎていると、家計は現
役期に十分な貯蓄を残さないかもしれない。

　所得再分配を強化し、公平性を追求するほど、労働意欲や貯蓄意欲の減退と
いうように、効率性が損なわれる。そのため、公平性と効率性のバランスを取
りながら、所得再分配のあり方を検討しなければならない。特に、所得移転や
課税といった事後的な所得再分配には、公平性と効率性のトレードオフの問題
が横たわっている。

　また、公平性を目指す社会保障による給付が、効率的に実施されることが必
要である。例えば、生活に困窮していない家計に、生活保護サービスが給付さ
れることは効率的ではない。逆に、生活に困窮している家計がいるのに、生活
保護サービスが給付できていないことも効率的でない。この概念を**ターゲット
効率性**と呼ぶ。

　貧困を削減することを目的とする社会保障給付が、貧困でない家計に給付さ
れたり、貧困である家計に給付できなかったりすることは、制度として問題が
ある。社会保障も政策であるから、政策目標を定め、その目標が達成できてい
るかを絶えずチェックしなければならない。

2 ┃ 社会保障給付費と社会保障の財源

2.1　社会保障サービスの規模 ──────────────●

　前節では、社会保障における財政の役割や意義について述べた。本節では、社会保障における財政の歳出面に注目し、社会保障サービスが一国全体でどの程度の規模なのか、実態を把握してみよう。そのためには、まずは社会保障サービスを定義することから始めなければならない。

　一国の社会保障サービスを支出の側面から包括的にとらえる概念に**社会保障給付費**がある。社会保障給付費の範囲は、国際労働機関（ILO：International Labour Organization）の社会保障の基準に基づいている。

　国際労働機関の基準では、(1)高齢、(2)遺族、(3)障がい、(4)労働災害、(5)保健医療、(6)家族、(7)失業、(8)住宅、(9)生活保護その他、といったリスクやニーズに対する給付として、社会保障制度を位置づけている。社会保障とは、制度が法律として定められ、何らかの機関が実行をしていることが基準となっている。

　図11-1には、日本の社会保障給付費の推移（左軸）が示されている。図で社会保障給付費は、「年金」「医療」「福祉その他」の3つに分けられている。社会保障給付費は、基本的に個人に帰属する給付であって、制度の管理費や施設整備費は除外されている。具体的には以下のとおりである。

　図の「年金」には、厚生年金、国民年金などの公的年金、恩給や労災保険の年金給付が含まれる。「医療」には、医療保険や後期高齢者医療制度の医療給付、生活保護の医療扶助、労災保険の医療給付、公費負担医療や公衆衛生サービスに係る費用が含まれる。「福祉その他」には、社会福祉サービスや介護費用、医療扶助以外の生活保護の各種扶助、児童手当などの各種手当金、医療保険の傷病手当金、労災保険の休業補償給付、雇用保険の失業給付が含まれる。

　図にあるように、**社会保障給付費は年々増加しており、2009年度（平成21年度）には100兆円の大台を突破した。**日本の名目GDPは、2021年度で536兆円（内閣府）であることからも、社会保障給付費の規模がいかに大きいかがわかる。

図 11-1　社会保障給付費の推移：1964年度～2018年度

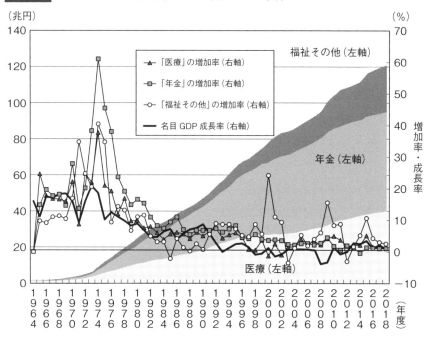

（注）　名目 GDP 成長率は、1964～1980 年度は 1968SNA、1981～1994 年度は 1993SNA、1995～2018
　　　年度は 2008SNA より取得。
（出所）　国立社会保障・人口問題研究所『社会保障費用統計』「社会保障給付費の部門別推移」、内閣府
　　　『国民経済計算』「主要系列表」より筆者作成。

　図11-1には、それぞれの社会保障給付費の増加率（右軸）も示されている。
非常に高い増加率を記録している1973年（昭和48年）は福祉元年であり、社会
保障サービスの大幅な充実が図られた。また、「福祉その他」には介護サービ
スが含まれており、2000年（平成12年）に「福祉その他」の増加率が高くなっ
ているのは、介護保険制度が始まったことが影響している。

　図には、名目 GDP 成長率（右軸）も示されている。社会保障給付費は、お
おむね名目 GDP 成長率よりも高い伸び率で増えていることがわかる。近年で
は、社会保障給付費は毎年数兆円の規模で増加している。

　社会保障給付費と名目 GDP（国内総生産）の関係は次のようになっている。
GDP を測定するための国際的なルールである国民経済計算（SNA：System of

National Accounts）によれば、支出面の名目 GDP は

名目 GDP ＝消費＋投資＋政府支出＋純輸出（輸出－輸入）

として示される。社会保障給付費は、主に政府支出に含まれる項目であり、名目 GDP の構成要素となる。

　この関係から、社会保障給付費が伸びれば名目 GDP も伸びる関係となっている。ならば、名目 GDP を伸ばすために、社会保障給付費の高い伸びは許容するべきなのだろうか。この問題に回答するには、社会保障給付費の財源について知らねばならない。財政に財源がなければ、社会保障給付費を支出できないからである。

2.2　社会保障の財源

　社会保障サービスの供給には財源が必要である。図11-2には、社会保障給付費の財源の推移（左軸）が示されている。社会保障給付費は、大きく分けて、社会保険料と公費によって賄われている。医療や介護に見られるように、社会保障の財源には自己負担もあるが、社会保障給付費は自己負担を除いた費用である。

　図からも明らかなように、社会保障サービスの財源の確保が日本財政における重要な課題となっている。年金、医療、介護、雇用保険（失業保険）においては、社会保険料が重要な財源である。社会保険料には、事業者拠出と被保険者拠出があり、被保険者（被用者）と被保険者の勤め先の事業主も負担することが原則となっている。

　例えば、公的年金（厚生年金および共済年金）、健康保険、雇用保険（失業給付）の保険料は労使折半、雇用保険（雇用保険二事業）や労災保険の保険料は全額事業主負担となっている。ただし、低所得者の社会保険料は軽減・減免・免除がなされることで、国や地方自治体が負担している。

　事業主負担は、労働者を雇用する事業主（個人事業主もしくは法人）による社会保険料の負担である。事業主は、社会保障サービスの直接の受益者ではないことからも、なぜ事業主が保険料を負担しなければならないのかについては論争がある。

　また、事業主負担は誰が負担しているのかという、転嫁または帰着の問題も

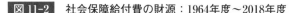

図 11-2 　社会保障給付費の財源：1964年度～2018年度

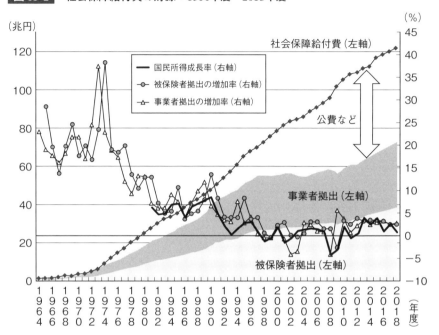

（注）　国民所得成長率は、1981～1994年度は1993SNA、1995～2018年度は2008SNAより取得。
（出所）　国立社会保障・人口問題研究所『社会保障費用統計』「社会保障給付費の部門別推移」、内閣府
　　　　　『国民経済計算』「主要系列表」より筆者作成。

指摘されている。企業の場合、事業主負担は企業負担なのか、それとも労働者
負担なのか、という問題である。法律上、事業主負担は事業主の負担である。
しかしながら、経済学の考え方によれば、転嫁の程度は、労働市場における労
働需要曲線と労働供給曲線の傾きの大きさに依存し、事業主負担とはいえ、労
働者が負担している可能性は捨てきれない。

　さて、図にあるように、**社会保険料だけでは社会保障給付費を賄うことがで
きていない**。社会保険料の推移は1990年代後半をピークとして頭打ちとなって
おり、国民所得の成長率（右軸）に連動し、社会保険料の増加率（右軸）も低
迷している。

　年々膨張する社会保障給付費に対し、社会保険料の収入が低迷していること
から、**国と地方自治体から公費が投入されている**。ここで公費とは、主に国や

図11-3　国の一般会計の社会保障関係費と社会保障給付費の関係

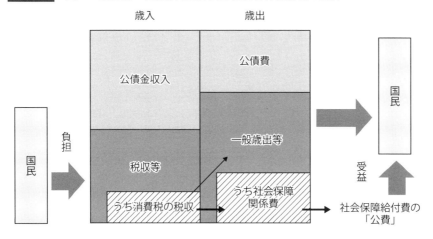

　地方自治体の負担を意味している。社会保障給付費の財源構成としては、社会保険料の収入が約6割、国の公費約3割、地方自治体の公費は約1割となっている。

　公費の例をあげる。例えば基礎年金の財源は国からの公費が2分の1（残る2分の1は年金保険料）、介護保険の財源の4分の1は国、都道府県と市町村が8分の1ずつ（残る2分の1は介護保険料）となっている。公費のみで賄われる社会保障サービスもある。生活保護は国が4分の3、地方自治体が4分の1、児童・障害福祉は国が2分の1、地方自治体が2分の1を賄っている。

　国の公費は、国の一般会計歳出にある社会保障関係費によって賄われている。図11-3に国の一般会計のイメージを示している。一般会計とは、国の会計で最も主要な予算である。

　2021年度の一般会計予算の歳出総額は106.6兆円だが、社会保障関係費は35.85兆円であり、実に33.6%を占めている。高齢化に伴い、社会保障関係費の金額も歳出に占めるシェアも増加している。

　なお、2021年度の国の一般会計の歳入は、租税および印紙収入57.5兆円、国債による収入（公債金収入と呼ばれる）43.6兆円となっている。図11-3にあるように、社会保障関係費には、主に消費税の税収が充てられている（▮➡ COL-

COLUMN 2　消費税と社会保障費の関係

　消費税は1989年度に３％の税率で導入され、1997年度に５％に引き上げられた。その後、2014年度より８％となり、2019年10月から10%となった（食料品などは８％の軽減税率）。

　消費税の税収の大部分は社会保障費に充てられている。1999年度より、消費税の収入（ただし地方交付税交付金の部分を除く）は、高齢者３経費（基礎年金、老人医療、介護）に充てることが、予算総則に記された。後述する「社会保障・税の一体改革」の下では、消費税の税率引き上げ分の税収は、社会保障４経費（年金、医療、介護、子ども・子育て支援）に充てられることが決まった。なお、予算総則とは、毎年度の財政運営に必要な基礎的事項であり、国会の議決対象である。

　消費税は、正確には国の消費税と地方消費税に分けられる。2019年10月より、全体の税率は10%となったが、その内訳は国の消費税の税率は7.8%、地方消費税の税率は2.2%である。

　国の消費税の税収のうち、約２割の地方交付税率（2021年度は19.5%）の部分は地方交付税交付金となり、地方自治体へ交付され、一般財源となっている。

　しかしながら、地方交付税交付金を除く消費税の税収は社会保障費に充てられており、地方消費税の税収も地方自治体の社会保障費に充てられている。したがって、全体の税率10%のうちの８割に相当する税収は、国と地方の社会保障費の財源となっている。

UMN 2）。しかしながら、消費税の税収だけでは、すべての社会保障関係費を賄うことができない。そのため、ほかの租税による収入と公債金収入が財源として充てられている。

　図11-3にあるように、一般会計の社会保障関係費は、社会保障給付費の「公費」に充てられる。**社会保障関係費が、社会保障給付費の国の公費負担を賄う以上、社会保障給付費にも公債金収入による財源がはいり込むことになる。**

　社会保障関係費または社会保障給付費のどの部分が税財源で、どの部分が国債による財源で賄われているかは、明示的には知ることができない。しかし、部分的でも赤字国債によって社会保障サービスが賄われていることは、財政運営の問題であると言える。また、地方自治体の公費は、都道府県や市町村の一

般財源が充てられる。こちらは、主に地方自治体の税収によって賄われている。

　社会保険料の収入と国および地方自治体の公費以外の社会保障給付の財源には、年金積立金の運用収益がある。公的年金には積立金があり、年金積立金管理運用独立行政法人（GPIF：Government Pension Investment Fund）によって運用がなされている。

　さらに、医療や介護のサービスを受けるには、**自己負担**（利用者負担）が必要である。社会保障給付費は、自己負担分を除いた財源で賄われる給付として定義されており、そのために自己負担は図11-2の財源には反映されていない。自己負担は、社会保障サービスの大切な財源であるだけでなく、社会保障サービスを受ける家計の経済行動に影響を与える重要な位置にある。

　介護サービスの自己負担割合は、2000年の制度創設以来、1割であったが、2015年8月より、一定以上の所得者は2割、それ以外は1割となった。また、医療サービスの自己負担割合は、現役世代ならば3割、義務教育就学前の子どもは2割、70歳以上は2割が原則となっている。ただし、現役世代並みの所得を持つ高齢者は3割である。また高額療養費については、自己負担額の上限が設定されている。

　なお、生活保護世帯の介護および医療サービスの自己負担額については、それぞれ生活保護制度の介護扶助と医療扶助により、全額給付がなされている。そのため、生活保護世帯については、介護および医療サービスにかかる自己負担は存在しない。

　さて、特に小学校や中学校に就学する子どもの医療費の自己負担については、地方自治体によっては単独で補助を行っていることもある。子どもの医療費の無料化は、東京都区部など都心部で実施され、今や全国的に広がっている。財政力の豊かな地方自治体ほど、子どもの医療費の無料化に踏み切る傾向が強い。このことが、結果的に地域間の医療費の格差を生じさせている。

　子どもの医療費の自己負担への補助は、地方自治体の財源が必要であり、財政力の格差が医療費の格差をもたらす事例となっている。地方自治体によって医療費の自己負担割合に差があることが望ましいのかどうかは、医療費の無料化の是非とともに、議論の余地がある。

3 　国と地方の役割分担

　各種の社会保障サービスは、政府が関与して財源の確保と供給がなされている。日本の場合は、国、都道府県、市町村といった多段階の政府が存在するため、社会保障サービスについても、どの段階の政府が財政面の関与を行うかは、財政制度によって定められている。

　図11-4には、国と地方の純計歳出規模が示されている。ここで、「純計」と「総計」を区別しなければならない。例えば、地方自治体が100億円の社会保障サービスを実施していて、その2分の1の50億円について、国が地方自治体に補助金を支出しているとしよう。したがって、地方自治体が負担している金額は50億円である。この時、社会保障サービスの歳出規模は、150億円だろうか、100億円だろうか。

　150億円は、地方自治体による社会保障サービス100億円に加えて、国から地方自治体への補助金50億円が含まれている。この概念は総計である。一方、100億円は、地方自治体による負担50億円と国による補助金50億円の合計である。この概念は純計である。純計は、総計の二重計算を排除する。

　国民に対する公共サービスを金額ベースで把握するには、純計のほうが望ましい。図11-4は純計歳出規模であるから、二重計算を排除した純計で示されている。

　図11-4にあるように、純計歳出規模は、地方の割合のほうが、国の割合よりも大きい。そのため、あらゆる公共サービスを金額ベースで見た場合には、地方自治体による公共サービスのシェアが大きい。ただし、個々の公共サービスで見れば、国と地方自治体のシェアに違いがある。

　政府の経費の分類には、様々な方法があるが、「目的別分類」と「性質別分類」は特に重要である。目的別分類は行政目的による経費の分類方法であり、「議会費」「総務費」「民生費」「衛生費」「労働費」「農林水産業費」「商工費」「土木費」「消防費」「警察費」「教育費」「災害復旧費」「公債費」などに分けられる。性質別分類は経費の経済的な性質による分類方法であり、「義務的経費」「投資的経費」「その他の経費」に大別され、義務的経費は「人件費」「扶助費」

図 11-4 国と地方の純計歳出規模（2019年度決算）

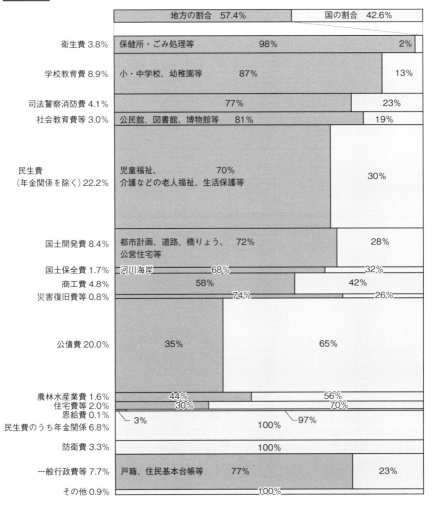

（出所）　総務省編『令和3年度版　地方財政白書（令和元年度決算）』（2022年）より引用。

「公債費」、投資的経費は「普通建設事業費」「災害復旧事業費」「失業対策事業費」などに分けられる。

　図11-4は目的別分類によって経費が区分されているが、目的別分類の経費の中には、性質別分類の経費が含まれることに注意しなければならない。例え

ば、目的別の「学校教育費」には、性質別の「人件費」や「普通建設事業費」などが含まれている。以下、図11-4を基に、社会保障に関わる経費に注目し、国と地方の役割分担を検討してみよう。

　保健所やゴミ処理などにかかる経費である衛生費は、その98％が地方自治体によって支出がなされている。公衆衛生は、地域住民の健康の保持や向上を目指すものであり、住民にとって身近な公共サービスである。衛生の状況は地域性を持つことから、公衆衛生は地方自治体の事業となっている。

　反対に、民生費のうち年金関係については、その100％が国によって支出されている。公的年金制度は地域性を持たない制度となっていることから、国によってなされる事業となっている。

　年金関係を除く、児童福祉、介護などの老人福祉や生活保護などの民生費は、約３割が国、約７割が地方自治体によって支出されている。事業実施主体が地方自治体であっても、その事業費に対して国が補助金を支出することがある。ここでの民生費には、国による補助金が約３割だけはいっていることになる。

　ただし、国による補助金は、個々の事業によって異なる。例えば、保育所運営費は２分の１が国庫負担金であり、生活保護費の４分の３は国庫負担金である。国庫負担金とは、国が地方自治体に対して支出する補助金であり、国が一定の責任を持つ事業に対して支出される。また、市町村に対して都道府県が支出する都道府県負担金もある。

　図11-5には、国、都道府県、市町村をめぐる社会保障財政における資金の流れを示している。

　第１に、社会保障に関連する国の財政には、一般会計、年金特別会計、労働保険特別会計がある。国民は、一般会計に租税などの負担、特別会計へ社会保険料を拠出し、年金給付や失業手当の給付を受ける。一般会計は、特別会計や都道府県および市町村の財政に対して国庫負担を支出する。

　第２に、都道府県の財政にも一般会計があり、国民は租税などを負担して、生活保護、社会福祉、公衆衛生などの社会保障サービスを受けている。また、都道府県の財政は国民健康保険特別会計を持ち、市町村の国民健康保険特別会計と連携して、国民健康保険事業を展開している。都道府県の国民健康保険特

図 11-5　社会保障財政における資金の流れ

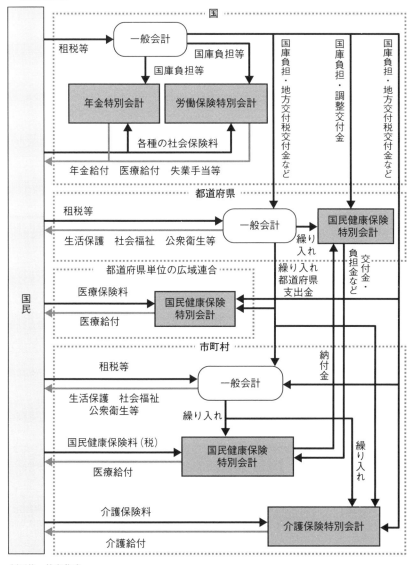

（出所）　筆者作成。

別会計は、市町村の国民健康保険特別会計に交付金を支払い、国民健康保険料（税）を原資とした納付金の給付を受ける。

第3に、都道府県単位の広域連合が、75歳以上の後期高齢者の医療に関する後期高齢者医療制度を担当し、医療保険料と医療給付を行う後期高齢者医療特別会計を持っている。ここで広域連合とは、複数の都道府県、市町村、特別区が、広域にわたる事務を処理することが適当である場合に設定できる地方自治体である。

第4に、市町村の財政にも一般会計があり、国民は租税などを負担して、生活保護、社会福祉、公衆衛生などの社会保障サービスを受けている。市町村にも国民健康保険特別会計があり、国民健康保険に加入する国民が国民健康保険料（税）を拠出し、医療給付を受けている。

また国民は、介護保険特別会計に対して、介護保険料を拠出し、介護給付を受ける。国民健康保険制度や介護保険制度は、市町村による広域連合によって運営されることもある。なお、都道府県や市町村の一般会計は、国民健康保険特別会計や介護保険特別会計に対して繰り入れを行っている。

後期高齢者医療制度、国民健康保険制度、介護保険制度は、いずれも地域保険であり、広域連合や市町村などが保険者となって、被保険者の資格の管理、保険給付、保険料率の決定、賦課・徴収といった制度を運営している。都道府県に居住する75歳以上の住民はその都道府県の広域連合である後期高齢者医療制度に、市町村に居住する40歳以上の住民はその市町村の介護保険制度に加入する。

しかしながら、医療保険制度に関しては、企業などの被用者は企業の健康保険制度に加入するために、国民健康保険制度には、その市町村のすべての住民が加入しているわけではない。また、医師、歯科医、弁護士、美容師、大工、芸能に従事する人などが、同業者間で都道府県ごとに設立できる国民健康保険組合もある。

後期高齢者医療制度、国民健康保険制度、介護保険制度は、地方自治体が保険者に位置づけられている。保険者は、保険料の設定や保険制度の運営を行っている。

4 | 社会保険制度

　社会保障制度は、歴史的には、生活に困窮する少数の人々を救うための制度として発足したが、その後に国民全体を網羅する制度に拡大した。その拡大において、最も重要な役割を果たしたのが**社会保険制度**である。

　第2節で見たように、日本の社会保障給付費の財源には、大きく分けて社会保険料の収入と公費がある。特に、公的年金、医療保険、介護保険、労働保険は社会保険料が主たる財源となっている。これらの制度は、社会保険に位置づけられており、日本の社会保障制度でも重要な地位にある。

　社会保険とは、人々の人生において遭遇する様々な危険（リスク）に備えるために、人々が事前に保険料を拠出し合い、事後的に事故などにあった人々に対して、現金やサービスを給付する仕組みである。すなわち社会保険制度は、国民が生活に困窮しないよう、事前に対応する社会保障制度の仕組みである。

　例えば私たちは、死亡する年齢を事前に知ることはできない。死亡年齢を事前に知ることができれば、計画的に貯蓄や消費を行うことができよう。しかしながら、いつまで生存するかわからないため、何らかの収入を確保しなければならず、その意味でのリスクをかかえている。また、私たちは、いつ、どのような病気やケガを負うか、障害を負うかどうか、要介護状態になるかどうかも、事前にはわからない。

　これらのリスクを軽減するために、社会保険は存在している。ここでリスクとは、これまでの経験や過去のデータに基づいて、将来の発生確率が予測できる事象であり、確率的に予測できない不確実性とは区別される。日本においては、病気やケガには医療保険、加齢や障害には年金保険、失業には労働保険、要介護状態には介護保険が制度として運営されている。

　社会保険は、国民が社会保険料を拠出し、必要ならば給付を受けられる仕組みを持っている。社会保険がなければ、個々人はリスクをまともに受けることになり、その結果、最低限度の生活を営めない状態に陥るかもしれない。社会保険は、個々人のリスクをプールする**リスク・プーリング機能**を持ち、個人の生活水準が最低限度以下に陥ることがないようにする**リスク軽減機能**を持って

いる。また、社会保険料の拠出と給付に伴い、社会保険は所得再分配機能をもたらすことになる。

　社会保険の最大の特徴は、政府が関与することで、保険者がある程度の強制力を持っていることである。一方、民間保険の加入は任意である。例えば年金保険は、民間金融機関によっても提供されているが、その年金保険に加入するかどうかは、加入者の選択による。しかしながら、公的年金においては、20歳以上の国民は、全員の加入が法律によって義務づけられている。介護保険や労働保険、医療保険も同様である。

　社会保険においては任意加入を認めず、国民全員が加入することが義務づけられていることは、保険における**逆選択**を防ぐためでもある。保険の加入者にリスクの高い人が多ければ、保険料が高くなる傾向がある。そのため、任意加入ならば、リスクの低い人は保険に加入せず、リスクの高い人だけが保険に残ってしまうという逆選択が生じる。その結果、保険料はますます高騰し、リスクの高い人すら脱退することで、保険は機能しなくなる。

　そして、社会保険のもう1つの特徴は、税財源に代表される公費が投入されていることである。図11-6には、社会保障財源の全体像が示されているが、特に社会保険については、保険料が主たる財源となっていることがわかる。しかし、その一方で、国庫負担、地方負担、資産収入といった公費も投入されている。国庫負担と保険料の割合は、社会保険制度によって異なる。例えば基礎年金の国庫負担は2分の1、後期高齢者医療制度の国庫負担は3分の1、介護保険制度の国庫負担は4分の1などとなっている。

　このような公費の投入は、民間保険では見られない社会保険の特徴である。社会保険は、国民全員の保険加入を目指し、社会保険料の拠出を強制する。そのため、場合によっては社会保険料の負担を抑制することが、政策として要請されることがある。そこで公費が財源として投入されることになる。

　社会保険方式は、社会保険料の拠出と給付に対応関係があることから、給付の権利性が強いという特徴がある。例えば、公的年金にしても、年金保険料を拠出しているからこそ、年金給付を受けることは当然のことである。医療保険にしても、医療保険料を拠出しているからこそ、医療給付を受けることができる。そのため、給付を受ける際の**スティグマ**（恥辱・汚名）が存在しない。一

図 11-6　社会保障財源の全体像（2019年度当初予算ベース）

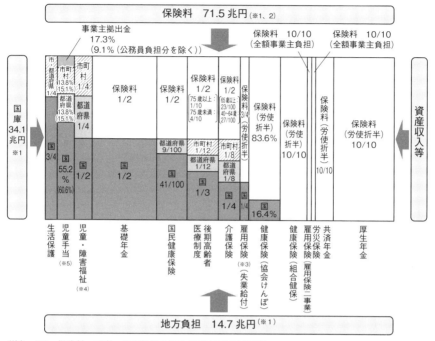

(注)　※1　保険料、国庫、地方負担の額は 2019 年度当初予算ベース。
　　　※2　保険料は事業主拠出金を含む。
　　　※3　雇用保険（失業給付）については、2017～2019 年度の 3 年間、国庫負担額（1/4）の 10％に相当する額を負担。
　　　※4　児童・障害福祉のうち、児童入所施設等の措置費の負担割合は、原則として、国 1/2、都道府県・指定都市・中核市・児童相談所設置市 1/2 となっている。
　　　※5　児童手当については、2019 年度当初予算ベースの割合を示したものであり、括弧書きは公務員負担分を除いた割合である。
(出所)　厚生労働省作成資料より引用。

方、税方式の場合には、社会保険料の拠出を伴わず、給付を受けることになるために、場合によってはスティグマの問題を生じることがある。

　社会保険方式の社会保険は、生活困窮者への事後的な救済手段であった社会保障を、その対象を国民一般に広げ、社会保険料の拠出と給付といった形で、事前に対応することで、将来の生活困窮者の増加を予防する仕組みである。社会が連帯することで、国民 1 人ひとりの生活を守る共助の制度であると言えよう。

　しかしその一方で社会保険方式では、低所得など何らかの事情によって社会保険料を拠出できない者については、給付の対象にすることができない。そのために、公費の投入が避けられなくなる。例えば生活保護世帯は、社会保険料の拠出を免除されており、生活保護給付によって介護や医療といった給付を受けることができるようになっている。

　さらに、社会保険料の未納問題や徴収漏れが生じることも、社会保険方式の特徴である。特に、公的年金のように、社会保険料の拠出履歴が給付に関わる制度においては、拠出履歴の記録が重要となる。そのため、拠出履歴を行政機関（日本の場合は日本年金機構）が保持することが、適正な給付には不可欠となる。

5 社会保障・税の一体改革

　図11-2でも示したように、日本の社会保障の財源は、社会保険料収入が頭打ちになっており、今後に多くの収入を見込むことが難しくなってきた。その一方で、社会保障給付費は高齢化に伴って増加しており、その財源を確保することは日本の財政における最大の問題でもある。

　財源不足によって、社会保障サービスを供給することができなければ、国民生活に支障が出てくる。そこで、2012年8月に社会保障制度改革推進法案が成立し、**社会保障・税の一体改革**が進められた。社会保障・税の一体改革の特徴は、次の3点をあげることができる。

　第1に、**消費税の税率引き上げ**を実施し、安定財源を確保する。第2に、消費税の増税による増収は、すべて社会保障財源とする（➡COLUMN 2）ことで、社会保障サービスの充実と安定化を実現する。第3に、財政の大きな部分を占める社会保障財政の安定化を目指すことで、将来世代への負担の先送りの軽減を行い、財政再建を達成する。

　ここで社会保障の安定化とは、実質的に赤字国債に依存している社会保障を、消費税の増税により、将来世代への負担の先送りから脱却することを意味する。また、社会保障の充実とは、子ども・子育て支援をはじめとした全世代

型の社会保障制度を目指す方向性を指している。

　すなわち、社会保障・税の一体改革が持つ財政面の意義は、消費税の税率引き上げによる財源の確保により、社会保障の安定化と全世代型の社会保障制度の構築にある。

　社会保障・税の一体改革では、社会保障サービスの財源として、消費税の増税が選ばれた。消費税が税率１％で約2.6兆円の税収を確保できる高い税収調達能力を持つことと、税収が景気変動や人口構成の変化に左右されにくいことが、主な理由である。

　さらに消費税は、特定の世代に負担が偏ることがない。全世代型の社会保障制度を目指すうえでは、全世代が共通して負担する消費税が、受益と負担のバランスを考えるならば、好ましい財源だと言えよう。

　とはいえ、社会保障・税の一体改革が行われたとしても、社会保障財政には課題が残る。2019年10月に、消費税の税率は10％に引き上げられた。この増税によって社会保障財政は安定化へ向かったが、高齢化率（65歳以上人口割合）はまだまだ上昇する。

　そのため、社会保障財政の財源不足は持続するだろう。社会保障・税の一体改革は、一度きりの改革ではなく、将来的に継続して実施しなければならないところに、社会保障財政の課題がある。社会保障財政の財源不足に対して、どのような政策を展開するか、引き続き検討しなければならない。

キーワード

財政　租税　社会保険料　財政の３機能　社会保障給付費　社会保障関係費
国と地方の役割分担　社会保険制度　社会保障財政　社会保障・税の一体改革
消費税

復習問題

1　1973年は□□□□元年と呼ばれ、社会保障サービスの大幅な充実が図られた。

2　給付には負担を対応させることが、財政の□□□□性である。

3　財政において、□□□□や社会保険料は、社会保障サービスの重要な財源である。

4　財政の3機能とは、資源配分機能、_____機能、経済安定化機能である。

5　社会保障サービスや課税には、公平性と効率性の_____の問題が横たわっている。

6　社会保障サービスが、その目的に沿った形で効率的に給付されているかについて、_____効率性の概念がある。

7　社会保障給付費の財源には、社会保険料と国や地方自治体が負担する_____が投入されている。

8　国の一般会計で、最大の歳出項目は_____関係費である。

9　社会保険は、リスク・_____機能とリスク軽減機能を持つ。

10　社会保障・税の一体改革の目的の1つは、_____の税率引き上げであった。

練習問題

1　財政の3機能について、社会保障制度の具体例を掲げながら説明せよ。

2　租税と社会保険料の共通点と相違点について説明せよ。

3　社会保険制度の意義について説明せよ。

4　社会保障財政をまかなう財源調達としての社会保険方式と税方式の違いを説明せよ。

5　社会保障財政において、国と地方自治体にはどのような役割分担がなされているか、説明せよ。

Further Readings

上村敏之『コンパクト財政学』（第2版）、新世社、2013年

小塩隆士『社会保障の経済学』（第4版）、日本評論社、2013年

厚生労働省『厚生労働白書』（各年版）

索　引

各章のキーワード項目の頁は太字で示している

執筆者略歴

西村　淳（にしむら　じゅん）――編著者、第1章、第2章、第10章

1986年東京大学法学部卒業。2013年早稲田大学大学院法学研究科博士後期課程修了、博士（法学）。現在、神奈川県立保健福祉大学教授。主要著書に、『地域共生社会と社会福祉』（編著、法律文化社、2021年）、『雇用の変容と公的年金』（編著、東洋経済新報社、2015年）、『所得保障の法的構造』（信山社、2013年）、『社会保障の明日（増補版）』（ぎょうせい、2010年）、『社会保険の法原理』（共著、法律文化社、2012年）、『自立支援と社会保障』（共著、日本加除出版、2008年）など。

上村　敏之（うえむら　としゆき）――第11章

1999年関西学院大学大学院経済学研究科博士課程後期課程単位取得退学、博士（経済学）。現在、関西学院大学経済学部教授。主要著書に、『公的年金と財源の経済学』（日本経済新聞出版社、2009年）、『検証　格差拡大社会』（共編著、日本経済新聞出版社、2008年）、『消費増税は本当に必要なのか？』（光文社、2013年）、『税と社会保障負担の経済分析』（共著、日本経済評論社、2015年）など。

田中　伸至（たなか　しんじ）――第5章

1988年京都大学法学部卒業。現在、新潟大学人文社会科学系法学部教授。主要著書に、『世界の病院・介護施設』（共著、法律文化社、2020年）、『新 世界の社会福祉 第2巻 フランス／ドイツ／オランダ』（共著、旬報社、2019年）など、主要論文に、「医療の質の確保と医療保障法(1)～(3・完)」（『法政理論』52巻2号、3号、2019年、53巻1号、2020年）など。

田中　聡一郎（たなか　そういちろう）――第4章

2008年慶應義塾大学大学院経済学研究科後期博士課程単位取得退学、修士（経済学）。現在、駒澤大学経済学部准教授。主要論文に、「生活保護受給世帯の中学生の学習・生活実態と教育支援」（『社会政策』第5巻第2号、2013年）、「市町村民税非課税世帯の推計と低所得者対策」（『三田学会雑誌』第105巻第4号、2013年）。

常森　裕介（つねもり　ゆうすけ）──第8章

2012年早稲田大学大学院博士後期課程修了、博士（法学）。現在、東京経済大学現代法学部准教授。主要論文に、「社会保障法における児童の自立」（『社会保障法』第28号、2013年）、「働く児童と教育を受ける権利」（『季刊労働法』第246号、2014年）、『雇用の変容と公的年金』（共著、東洋経済新報社、2015年）。

長沼　建一郎（ながぬま　けんいちろう）──第6章

1984年東京大学法学部卒業。2007年早稲田大学大学院社会科学研究科博士後期課程単位取得退学、博士（学術）。現在、法政大学社会学部教授。主要著書に、『介護事故の法政策と保険政策』（法律文化社、2011年）、『図解テキスト　社会保険の基礎』（弘文堂、2015年）、『個人年金保険の研究』（法律文化社、2015年）、『ソーシャルプロブレム入門』（信山社、2021年）。

西森　利樹（にしもり　としき）──第9章

2014年横浜国立大学大学院環境情報学府博士課程後期修了、博士（学術）。現在、熊本県立大学総合管理学部准教授。主要著書・論文に、『高齢者法　長寿社会の法の基礎』（共著、東京大学出版会、2019年）、「高齢期の生活継続性の確保と法人後見の果たすべき役割」（『臨床法務研究』第18号、2017年）、「社会福祉サービスとしての公的後見制度の導入可能性─アメリカ公的後見制度を手がかりに─」（『社会保障法』第32号、2017年）、「高齢者の意思決定支援における法的課題」（『社会保障法』第35号、2019年）など。

福島　豪（ふくしま　ごう）──第7章

2010年大阪市立大学大学院法学研究科後期博士課程所定単位取得後退学、修士（法学）。現在、関西大学法学部教授。主要著書に、『よくわかる社会保障法（第2版）』（共著、有斐閣、2019年）、『障害法（第2版）』（共著、成文堂、2021年）、『雇用の変容と公的年金』（共著、東洋経済新報社、2015年）、『社会保険の法原理』（共著、法律文化社、2012年）。

丸谷　浩介（まるたに　こうすけ）──第3章

1998年九州大学大学院法学研究科博士課程退学、博士（法学）。現在、九州大学大学院法学研究院教授。主要著書に、『ライフステージと社会保障』（放送大学教育振興会、2020年）、『求職者支援と社会保障』（法律文化社、2015年）、『ナショナルミニマムの再構築』（共著、法律文化社、2012年）など。

入門テキスト　社会保障の基礎（第2版）

2022 年 4 月 21 日発行

編著者———西村　淳
発行者———駒橋憲一
発行所———東洋経済新報社
　　　　　〒103-8345　東京都中央区日本橋本石町 1-2-1
　　　　　電話＝東洋経済コールセンター　03(6386)1040
　　　　　https://toyokeizai.net/

装　丁…………吉住郷司
DTP・印刷……東港出版印刷
製　本…………積信堂
編集担当………村瀬裕己
Printed in Japan　　　ISBN 978-4-492-70154-6